单项冠军

——制造业单项冠军企业发展蓝皮书

机械工业信息研究院　编

机械工业出版社

本书通过研究制造业单项冠军企业，对其创新研发、质量管理、知识产权管理、品牌管理、人才培养、企业决策管理等多方面的"特质"进行总结提升，基于关键点，通过广泛、深入的调研和采访，梳理重点单项冠军企业的历史发展脉络，阐述其成为国内外行业翘楚的历史动因。本书旨在加快提升制造业单项冠军培育企业管理创新水平，推动其向具有国际先进水平的单项冠军示范企业迈进。同时，本书积极总结制造业单项冠军企业现有的成功经验，在行业内进行示范推广，以带动更多企业快速发展，带领中国制造走向世界，提升我国制造业的核心竞争力，实现我国制造业向高质量发展，为制造强国建设提供重要支撑。

图书在版编目（CIP）数据

　　单项冠军：制造业单项冠军企业发展蓝皮书／机械
工业信息研究院编．—北京：机械工业出版社，2019.7
　　ISBN 978-7-111-63193-4

　　Ⅰ.①单…　Ⅱ.①机…　Ⅲ.①制造工业-工业企业-
经济发展-研究报告-中国　Ⅳ.①F426.4

中国版本图书馆 CIP 数据核字（2019）第 140697 号

机械工业出版社（北京市百万庄大街22号　邮政编码100037）
策划编辑：赵　龙　　　　　　　责任编辑：赵　娟
责任校对：李　伟　　　　　　　版式设计：张文贵
北京圣夫亚美印刷有限公司印刷
2020 年 1 月第 1 版第 1 次印刷
170mm×240mm·18.625 印张·300 千字
标准书号：ISBN 978-7-111-63193-4
定价：88.00 元

电话服务　　　　　　　　　网络服务
客服电话：010-88361066　　机　工　官　网：www.cmpbook.com
　　　　　010-88379833　　机　工　官　博：weibo.com/cmp1952
　　　　　010-68326294　　金　书　网：www.golden-book.com
封底无防伪标均为盗版　机工教育服务网：www.cmpedu.com

前 言 | PREFACE

从世界范围看，新一轮科技革命和产业变革蓄势待发，经济增长的新动能正在孕育发展。我国经济已由高速增长阶段转向高质量发展阶段，正处在转变发展方式、优化经济结构、转换增长动力的攻关期。在新工业革命与我国实施制造强国战略形成历史性交汇的时刻，我们必须把握变革趋势和时间窗口，抓住新产业革命的重大机遇，强化制造业作为实体经济主体和技术创新主战场的重要作用，努力抢占新一轮产业竞争制高点。

2016 年 3 月，工业和信息化部发布了《制造业单项冠军企业培育提升专项行动实施方案》，旨在以企业为主体，以市场为导向，引导制造企业专注创新和产品质量提升，推动产业迈向中高端，带动中国制造走向世界，这为我国发现、培育和提升一批细分领域全球冠军企业提供了良好契机，也为实施制造强国战略提供了坚实的载体支撑。

自 2018 年起，为贯彻培育单项冠军工作要求、更好地发挥产业政策作用，机械工业信息研究院受工业和信息化部产业政策司委托，对单项冠军企业发展情况及培育提升进行了研究，并在总结单项冠军实践发展经验的同时，拟通过树立标杆企业促进行业内示范、推广与交流，构建良好的产业生态，推动制造业高质量发展。

毋庸置疑，单项冠军企业是推动我国制造业转型升级、参与全球制造业竞争的主力军。单项冠军企业强调"专业化 + 全球化"，通过专注细分领域市场，并在全球范围内扩大市场、整合资源，进而占据全球产业链重要地位，提升我国制造业的国际竞争力。同时，单项冠军企业不仅组成产业链，而且引领产业链突破发展，在当前国际分工体系加速演变、全球价值链深度重塑的关键时期，培育和发展单项冠军有利于我国制造业深入参与全球价值链，这既符合中国发展的现实需要，又有利于世界经济发展。单项冠军企业更多专注于价值链上的技术知识密集环节，把技术和工艺层层做专、做精、做强，它们已成为产业破壁、强基、升级的中流砥柱，也成为制造业创新发展的主角，更成为推动我国产业结构加快由中低端向中高端迈进的基础，是我国推动制造业高质量发展的核心。

单项冠军企业也是助推我国培育若干世界级先进制造业集群的领先力量。从发达国家经验看，随着产业的发展迈向较高阶段，具有领先企业、专业化分工系统、协作网络、核心技术和持续创新能力的产业集群的数量将会逐渐增多。依据书中的研究，我国不少单项冠军企业已经发挥龙头企业的作用，促进形成集聚效应强、分工专业化的产业集群，且这些产业集群将以集合形式嵌入全球价值链。由于单项冠军企业在行业细分领域扎根深入和全球前瞻性战略布局，因此以单项冠军为核心形成产业集群，在生产技术水平、系统技术水平等方面具有天然优势，特别是在集群内部组织能力与战略协调能力方面。因此，未来以我国单项冠军企业为首的产业集群将在全球竞争与合作中不断提升能力和水平，不断涌现出世界级的先进制造业集群，并推动我国经济发展跃上新高度。

本书通过综合篇、专题篇、案例篇、政策篇四部分内容，以研究制造业单项冠军企业为核心，对其创新研发、质量管理、知识产权管理、品牌管理、人才培养、企业决策管理等多方面的"特质"进行总结提升；同时，基于关键点，通过广泛深入的调研采访，梳理重点单项冠军企业的历史发展脉络，深入剖析了我国单项冠军企业成为国内外行业翘楚的历史动因。

"综合篇"重点介绍我国单项冠军企业的成因特质以及未来发展之路。"持续创新，不断追求卓越"是单项冠军企业的重要显著特征，单项冠军企业深耕细作专业化领域，在基础和关键核心技术的研发力度投入大，不仅创造产品，而且创造知识。它们重视创新，主要侧重于集成创新和消化吸收再创新，因此在创新的过程中，单项冠军企业能够造就强有力的"创新消化系统"，消化新知识为已有知识，再产出新知识，提升自身在行业技术研发和应用中的创新能力，成为推动我国制造业爬坡过坎、转型升级的战略着力点。

"专题篇"重点分析我国单项冠军企业的行业特征以及区域差异。全球经济发展动力正在由资本驱动向以技术驱动、商业模式驱动为特征的创新驱动演变，制造业单项冠军企业作为我国制造业中的佼佼者，要想在产业变革中稳固自身市场地位，实现可持续发展，最根本的是要不断提升企业的核心竞争力。从企业发展角度来说，企业有必要提升产品的高科技含量和高附加值，有必要形成智能制造示范引领之路，有必要打造"制造业+服务业"的产业生态；从企业引领带动的角度来说，首先需要带动企业梯队的形成，其次需要做好经验的总结推广，最后是对于西北、西南、东北等单项冠军企业相对稀缺、成长缓慢的区域要充分挖掘资源禀赋优势，积极培育良好的市场环境，努力扶持潜在的制造业单项冠军企业。

"案例篇"重点强调我国单项冠军企业成功案例与历史动因。通过对安利股份、舜宇光学、海天塑机、卫华集团、威猛股份、龙净环保等典型案例进行深入剖析，最大限度地彰显了我国单项冠军企业深厚的发展底蕴以及较高的借鉴价值。

"政策篇"重点梳理我国单项冠军企业培育发展支撑政策。

总的来说，中国由制造大国转变为制造强国任重道远，需要更多专注创新的单项冠军企业不断涌现出来。本书针对单项冠军企业成功特质和规律的总结分析，为我们今后摸清并深入剖析产业发展脉络、科学探索研究优秀企业的成长历程提供了重要的文献基础。

《单项冠军——制造业单项冠军企业发展蓝皮书》编委会

编 委 会

目 录 | CONTENTS

政策篇

附 录

Part One

综合篇

单项冠军

制造业单项冠军
企业发展蓝皮书

第一章
关于制造业单项冠军

决定一个国家竞争力的，始终是制造业。

制造业是立国之本、兴国之器、强国之基。处于工业中心地位的制造业，既是国家工业化、城镇化和现代化建设的发动机，也是国民经济的核心主体，更是中国技术创新与国际竞争力的基础。

自18世纪中叶开启工业文明以来，世界强国的兴衰史和中华民族的奋斗史一再证明，没有强大的制造业，就没有国家和民族的强盛。

1990年，中国制造业增加值占世界的比重仅为2.7%，居世界第九位。

1994年，中国制造业增加值占世界的比重仅为3.64%。

2000年，中国制造业增加值占世界的比重上升至6.00%，高出德国位居世界第三。

2006年，中国制造业增加值占世界的比重达到11.26%，超过日本居世界第二位。

2010年，中国制造业增加值占世界的比重达到19.8%，跨越美国成为世界第一制造大国。

2017年，中国制造业增加值占比约为33%，已经超过排名第二、三位的美、日制造业增加值总和，也超过全球第四至第十五位12国之和。

1997—2015年中美制造业增加值对比如图1-1-1所示，中国近年工业增加值及增长率如图1-1-2所示。

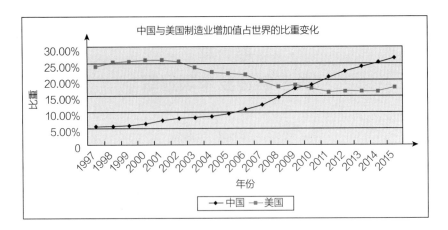

图 1 - 1 - 1　1997—2015 年中美制造业增加值对比

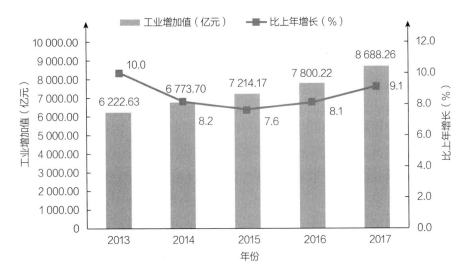

图 1 - 1 - 2　中国近年工业增加值及增长率

（一）中国制造大而不强的成长之痛

目前，中国具有全部工业门类（41 大类、191 中类、525 小类），已建立了完整、雄厚的工业体系，是无可争议的全球第一制造大国。但是，我们也需要正视以下现实：

在集成电路领域，2016 年，我国第一大半导体公司海思半导体销售额为 303

亿元人民币（约 43.9 亿美元），而世界第一大半导体公司英特尔营收为 549.8 亿美元，是我们的 12.5 倍。同年，我国第一大进口工业品就是集成电路，总额达到 2 271 亿美元，占整个工业品进口总额的 19.3%，国内芯片 95% 依赖进口。在集成电路这样的核心部件领域，无论是芯片设计、制造还是封装，我国都离"强大"二字相差甚远。

当前，高铁已成为我国尖端技术走出国门的新名片，在世界高铁总里程中，中国的高铁轨道长度已过半。但是，高铁的核心动力系统、控制系统却是来自德国西门子等公司，甚至连螺母都需要从日本的哈德洛克公司进口。

虽然我国钢铁产量世界第一，但特种钢却大量依赖进口。国际钢铁协会数据显示，2016 年我国特种钢产量仅占我国 2016 年粗钢总产量的 4.61%，远低于日本、法国、德国、瑞典等发达工业国家。我国特种钢产品结构以中低端为主，高端特种钢产量仅占 3%，远远落后于日本 25% 的高端合金钢占比。

在全球知名品牌咨询公司英图博略（Interbrand）发布的 2017 年度"全球最具价值 100 大品牌"排行榜中，我国制造业产品品牌只占 2 席。

大而不强，是中国制造业需要经历的成长之痛。

2017 年，《中国制造业为何"大而不强"，如何突围》一文提到，我国制造业在核心部件方面的缺乏导致了生产成本偏高。工业和信息化部资料显示[一]，我国高端芯片与通用芯片的对外依存度高达 95%，近 95% 的高档数控系统、高档液压件和发动机都依靠进口。而进口材料的成本上升、社会资产价格上涨等因素又直接导致我国制造业的成本优势逐渐消失，产业竞争力被削弱。

与此同时，制造业科技研发投入不足导致了研发水平低下。2017 年，我国大中型工业企业的研发投入强度（R&D 经费与主营业务收入之比）为 1.24%，远低于发达国家 2.5% 的平均水平，在研发经费的拨付及人员的配备方面，也与发达国家存在较大差距。科技创新能力的不足直接影响了制造业技术水平的提升，而研发投入不足则是导致研发水平低下和技术创新不活跃的关键因素。

如何改变中国制造业的"大而不强"？如何有力推动中国制造业的高质量发展？这一次，我们把目光投向中国制造业的单项冠军企业。

2016 年 3 月 16 日，工业和信息化部印发了《制造业单项冠军企业培育提升

一　工业和信息化部对全国 30 多家大型企业 130 多种关键基础材料的调研。

专项行动实施方案》，先后遴选出了三批共 390 家（个）制造业单项冠军企业（产品）。"制造业单项冠军"正式走进公众视野。

这是一批专注于细分领域的企业，往往不为大众所知，却以执着的创新精神和出色的创新能力牢牢占据着全球市场的霸主地位。它们在产业链中承上启下，是中国制造转型升级的重要一环。这些单项冠军企业是制造业创新发展的中流砥柱，代表着产业的核心竞争力。

（二）细分行业的领军企业

从德国的隐形冠军企业到日本的国际利基领军企业，再到中国的单项冠军企业，这些在制造业中处于高效供应链的企业，凭借工匠精神在自身领域多年深耕，始终保持产品的独特性。这些企业所表现出来的巨大潜力不容忽视。

1. 德国的隐形冠军企业

无论是在银行的借记卡还是护照的芯片上，使用者未必会注意到，德国 Delo 公司生产的黏合剂是不可或缺的。在智能卡领域，全球 75% 的芯片都使用 Delo 公司生产的黏合剂。

德国旺众公司生产的购物手推车和机场行李车位居世界第一，甚至在制造强国日本的成田机场和东京羽田国际机场，行李车也来自"德国制造"。

在德国，有 1 300 多家企业被称为隐形冠军，和世界 500 强企业相比，它们规模不大，年销售额也不是很高，但却在细分市场牢牢占据霸主地位。它们是德国保持强劲出口实力的源泉，是德国经济的主力军。

1986 年，赫尔曼·西蒙第一次提出隐形冠军的概念，含义包括：①产品占据国际市场份额前三或本大洲第一；②营业额低于 50 亿欧元；③不为一般社会公众所熟知。

在这些隐形冠军中，大部分企业不与终端消费者产生直接联系，因而不易为普通消费者所知晓。但在其客户眼中，它们却享有至高无上的声誉和不可替代的地位。赫尔曼·西蒙花费 25 年的时间收集和整理了全世界 3 000 家隐形冠军企业的数据（见图 1 - 1 - 3），其中德国拥有 1 307 家隐形冠军企业，是数量最多的国家；美国有 366 家，位居世界第二；日本以 220 家位居世界第三；中国以 68 家位居世界第八（现已评选出 193 家单项冠军示范企业）。

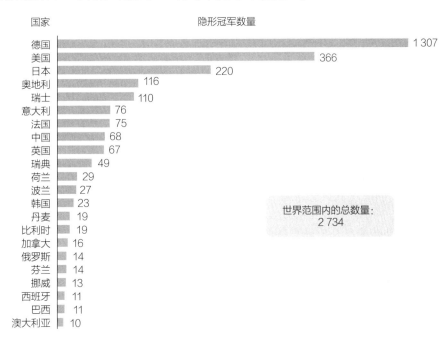

图 1-1-3　各国隐形冠军的数量

　　德国的隐形冠军企业之所以能占据半壁江山，主要源于执着的"工匠精神"和出色的创新能力，莱茵河流域孕育的产业集群和强大的生产基地也为其生长提供了深厚的历史土壤。这些企业往往具有超强的生命力，其中有 38% 的企业是百年老店。

　　赫尔曼·西蒙认为，集中专注和全球化是隐形冠军企业的两大战略支柱。这些企业选择了一个市场，就表明它们对该市场做出了坚决的长期承诺，进而依靠精确的市场定义和重点专注策略成为领导者并持续地占据这一地位。"我们总是只有一个客户，将来我们也会只有一个客户，就是制药行业。"德国 Uhlmann 是专注于医药包装的隐形冠军，它的口号里包含着这样的专注："只有一个，就是正确的这个。"

　　通过聚焦形成有深度的专注，这是实现和保持世界一流制造水平的前提。但是，仅仅只是集中会使市场变小，面对比本国市场大出好多倍的全球市场，专注狭小领域的隐形冠军企业必须走出去，全球化成为它们最重要的增长动力。

　　当然，世界经济一体化的趋势也使世界市场得以公平地对所有企业敞开大门。劳伦斯·C.史密斯在《2050人类大迁徙》中指出："世界正处于经济转型的初期阶段，而且今日的世界比我们经历过的以往任何时期联系都更加紧密。全球化进程比人类历史上出现过的所有地区联合都更广泛、更复杂。"

要想在未来世界经济共同体中保持竞争力，需要有恒心和长远战略，一向执着的隐形冠军企业，正因为全球化的"基因"而异军突起成为先锋，并对德国的整体出口增长做出卓越贡献。

2. 日本制造背后的利基企业

谈及"工匠精神"，就不能不说到日本的"职人气质"，它是理解日本制造业隐形冠军的关键词汇。"职人气质"直译成中文就是"匠气"，它也代表了日本企业家独特的精神世界——精益求精，对某一种技艺近乎执拗地钻研，一辈子只做一件事。

日本的哈德洛克公司是一家只有40多人的小公司，60多年来一直钻研螺母技术。在日本引以为豪的新干线中，16节车厢需要使用2万个哈德洛克公司的螺母，正是这些螺母凭借低成本和坚实可靠支撑着日本新干线的安全行驶。该公司的螺母还出现在澳大利亚、英国和波兰的铁路中，甚至中国的高铁也使用了其产品。

在日本，这些隐形冠军企业被称为"国际利基领军企业"。"利基"一词是英文"Niche"的音译，译为"合适的位置（工作）；有利可图的缺口、商机等"，有拾遗补阙或见缝插针的意思。利基战略是以专业化战略为基础的一种复合战略，企业选定一个特定的产品或服务领域，集中力量进入并成为领先者，从当地市场到全国再到全球，同时建立各种壁垒，逐渐形成持久的竞争优势。它们与德国隐形冠军企业的专注集中是非常相似的。

2014年上半年，日本经济产业省评选出了100家"国际利基领军企业"，入选者均为市场规模不大但以优势产品进军国际市场的企业，海外市场销售额平均占比达到45.1%。考虑到当时日本制造业整体出口增长乏力，日本政府力图培育和扶持利基产业，为入选企业提供人才和金融等方面的支持。

与全球化促进德国隐形冠军企业繁荣有所不同，日本的隐形冠军企业主要诞生于产业序列制的金字塔格局。在日本，每个行业就是一座金字塔，塔尖上是丰田、松下、索尼和佳能这样的大企业，这些企业将核心技术之外的零部件生产和加工工序全部外包给供应商，供应商进一步将核心技术之外的零部件和工序层层下包，越往下走，企业数量越多，规模越小，如图1-1-4所示。这些中小企业间密切的分工协作，构成了日本产业金字塔牢固的塔基，在日本的制造业中起着重要的支撑作用。

图 1-1-4 汽车行业的供应链体系

以丰田为例，丰田的一级零部件制造商有 168 家，二级零部件制造商有 5 437 家，三级零部件制造商多达 41 703 家。丰田主要扶持帮助一级骨干零部件制造商，众多二三级零部件制造商主要通过一级零部件企业进行管理。稳定、优质、及时的零部件供应体系极大地提高了丰田的竞争力。

产业序列制是第二次世界大战后日本产业飞速发展的重要因素之一。上游的企业往往把每一种零部件仅交给一两家值得信赖的供应商，因此供应商的归属感很强。这种明确的归属感导致企业间的交易关系极其稳定，订单稳定、市场风险也小，企业便可专注于技术研发，甚至数十年如一日只生产一种产品、专攻一门技术、磨炼一项工艺，从而成就了日本的隐形冠军企业。

日本一桥大学教授西口敏宏曾经做过调研，美国通用公司在 1986 年为生产 600 万辆汽车需要通过 6 000 名采购人员向 3.7 万家供应商采购零部件和相关服务；而同年在日本，丰田仅依靠 300 名采购人员向 300 家一级供应商采购，便实现了 360 万辆汽车的产量。支持这些一级供应商的，正是深入到第四级乃至第五级的中小配套企业群。反观中国产业链，却经常出现大量的中小企业涌向终端市场与大企业展开激烈价格竞争的局面。

3. 中国的制造业单项冠军

中国经济总量在 2018 年已经突破 90 万亿元大关，和世界第一经济大国美国的数据越来越接近。在新形势下，经济发展需要从追求"数量"过渡到追求"质量"，制造业也需要由大国向强国蜕变。这就要求我国不仅要发展一批世界级的大型龙头企业，还应培育一批长期专注于制造业特定细分领域、能够引领该领域发展并占据全球市场领先地位的单项冠军企业。

什么是单项冠军企业？按照工业和信息化部《制造业单项冠军企业培育提升专项行动实施方案》的定义，单项冠军企业是指长期专注于制造业某些特定细分产品市场，生产技术或工艺国际领先，单项产品市场占有率位居全球前列的企业。单项冠军企业的内涵有两个：一是单项，企业必须专注于目标市场，长期在相关领域精耕细作；二是冠军，要求企业应在相关细分领域中拥有冠军级的市场地位和技术实力。

"制造业单项冠军企业培育提升专项行动"实施以来，先后有三批制造业单项冠军企业入选。第一批制造业单项冠军包括示范企业 54 家、培育企业 50 家。第二批制造业单项冠军包括示范企业 71 家、培育企业 20 家、产品 35 个。第三批制造业单项冠军包括示范企业 68 家、培育企业 26 家、产品 66 个。

需要说明的是，我国强调的"单项"，赫尔曼·西蒙强调的"隐形"，内涵基本相似，意指这类企业专注细分产品，多以中间产品为主；但也略有不同，我们引导单项冠军企业加强品牌建设，不将业务完全局限在中间产品领域。

武汉长飞光纤光缆股份有限公司是目前世界上唯一一家拥有三种主流预制棒制备技术的企业。2016 年，其棒、纤、缆三项核心业务的产销量首次全面超越行业标杆——美国康宁公司成为全球第一。在这一荣誉的背后，是该公司每年坚持将不低于 5% 的营业收入用于技术创新，而 2017 年中国制造业企业研发投入占销售额的平均比重仅为 1.14%。

宁波德鹰精密机械有限公司是第一批入选的单项冠军示范企业。这家成立近 30 年的企业多年来一直专注于旋梭——这个半径不超过 2 厘米的部件，工艺极其复杂，必须经过 250 多道工序，而它之于缝纫机，就犹如"心脏"，直接决定了缝制的效果。正是这家装配缝纫机"心脏"的企业，占有全球 36% 的市场份额，稳居世界第一。甚至连工业缝纫机界的龙头企业——日本重机，装配的也是该企业制造的旋梭。

科技创新一直是中国单项冠军企业的标签，目前入选的 193 家单项冠军示范企业研发投入占销售额的平均比重为 5%。在全球 1 000 强企业中，该数据为 3.6%，而赫尔曼·西蒙所研究的德国隐形冠军企业，研发投入占销售额的比重为6%。

目前，三批单项冠军示范企业以0.06%的企业数量占比，创造了同年全国规模以上工业企业约0.81%的主营业务收入、约1.24%的企业利润，对制造业整体带动作用显著（见图1-1-5）。毫无疑问，单项冠军企业是中国工业的佼佼者，也是推动中国制造业由大变强成长的主导力量。

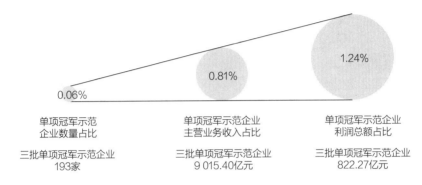

0.06%

单项冠军示范
企业数量占比

三批单项冠军示范企业
193家

0.81%

单项冠军示范企业
主营业务收入占比

三批单项冠军示范企业
9 015.40亿元

1.24%

单项冠军示范企业
利润总额占比

三批单项冠军示范企业
822.27亿元

图1-1-5　中国制造业单项冠军示范企业的行业营收和利润情况

中国单项冠军企业中，橡胶和塑料制品业，金属制品业，石油、煤炭及其他燃料加工业，非金属矿物制品业，电气机械和器材制造业，通用设备制造业，专用设备制造业等行业的单项冠军企业利润率[⊖]普遍较为突出，一般为同一行业平均水平的2~3倍；在计算机、通信和其他电子设备制造业，有色金属冶炼和压延加工业，黑色金属冶炼和压延加工业的单项冠军企业利润率明显突出，远超行业平均水平，能够达到3~5倍。整体来看，中国单项冠军企业的平均利润率为12.28%，基本是同行企业的2~3倍、全国工业企业的2倍、世界500强企业的2~3倍，在盈利方面表现得非常优异。

（三）我国培育单项冠军企业的意义

我国开展制造业单项冠军企业培育提升专项行动，有利于弘扬工匠精神，突破关键重点领域短板，在全球范围内整合资源，促进我国制造业迈向中高端。

　⊖　这里的利润率为销售利润率。

1. 弘扬工匠精神，十年磨一剑

赫尔曼·西蒙指出，隐形冠军企业不是奇迹公司，它们的成功不是通过一个神奇的公式建立起来的，而是一贯坚持把许多看起来毫不起眼的事做到了极致。世界营销大师西奥多·莱维特也曾说过："连续的成功主要就是一件事，把注意力始终放在正确的事情上，每天都做一些不引人注意的小改进。"

专注重点也就意味着放弃边缘，时刻保持产品的独特性。事实上，中国企业在自己的发展历程中，经常难以克服多元化发展的冲动，追求在不同领域、不同行业全面开花，较少埋头钻研于自己专长的领域，这也导致了很多具有成为冠军"潜力"的企业中途夭折。

1973 年，宁波海天塑机集团有限公司创始人张静章在一个农村小作坊里成功试制了第一台 60 克直角式注塑机，生产出了当时市场上紧缺的第一只塑料凉鞋。在此后的 40 多年时间里，虽然也面临过各种外界诱惑，但该公司都没有离开过注塑机这一领域。在塑机行业大发展的年代里，行业里原有的一些强势企业未能乘势而上，许多甚至销声匿迹，而海天塑机却后来居上成为行业排头兵。目前，该公司已经成为产量世界第一的塑机生产基地，国内市场占有率超过 60%，31% 的产品远销海外。

1996 年以前，佛山市恒力泰机械有限公司的液压自动压砖机业务一直处于亏损状态，而研发又需投入大量的人力和资本，是选择继续坚持还是放弃项目？对此，该公司的领导团队始终认准液压自动压砖机是产业的发展方向，宁可依靠压机以外的业务支撑企业生存，也要保证对核心业务的研发投入和技术攻关。最终，当年的坚守促成了如今的恒力泰在液压自动压砖机全球市场占有率达到51%，居世界第一。

2. 突破关键短板，推动高质量发展

建设制造强国既是全面建设社会主义现代化国家的重要支撑，也是高质量发展阶段增强我国经济质量优势的关键。2015 年 6 月，为推进实施制造强国战略，加强对有关工作的统筹规划和政策协调，国务院决定成立国家制造强国建设领导小组。通过政府引导、整合资源，实施国家制造业创新中心建设、智能制造、工业强基、绿色制造、高端装备创新五项重大工程，实现长期制约制造业发展的关键共性技术突破，提升我国制造业的整体竞争力。

突破制造业关键重点领域短板，促进制造业迈向中高端，已经被明确纳入中国制造的第一个十年行动纲领，是中国能否迈入制造强国的关键。

单项冠军企业将在突破关键重点领域扮演什么样的角色？

单项冠军企业专注细分领域研发，创新投入大、能力强，从而更容易突破制造业关键重点领域。与"工业强基工程"异曲同工，我国的单项冠军政策鼓励中间制造商发展，目的是突破关键核心技术与提高质量控制，促进主机和功能部件产业形成有机配套链。

在浙江桐乡有一种"双环效应"，伴随着双环传动的落户，吉利集团嘉兴轩孚自动变速器有限公司、江苏保捷汽车零部件有限公司等合作伙伴相继签约落户，至此，50多家相关配套项目"比邻而居"，新能源汽车智造的产业集群初显规模。桐乡还有一种"双环标准"，产品从原材料就开始把关，与钢厂联合开发牌号，从钢材生产开始就是"双环标准"。浙江双环传动机械股份有限公司38年来只专注于机动车辆齿轮制造，是我国规模最大的齿轮散件生产企业。2017年，全球500强企业、德国汽车零配件供应商采埃孚公司首次将乘用车高端变速器的齿轮制造转移出德国，双环传动成为国内唯一一家承接生产的齿轮供应商。"德国制造"转移到"中国制造"，意味着中国在机动车辆齿轮制造领域开始走向高端。

西安陕鼓动力股份有限公司从事轴流压缩机生产32年，是全球最大的轴流压缩机制造商，2012—2017年，该公司研发投入占当年销售收入比重平均高达7.44%。它为宝钢湛江钢铁有限公司5 050立方米高炉提供的轴流压缩机组，是目前国内高炉冶炼行业最大的国产化轴流压缩机组，在多项关键技术领域打破了国外垄断，实现了进口替代，推动了国产大型高炉轴流压缩机技术的发展。

不论是浙江双环将深度创造的独特性延伸至供应商的价值链，还是西安陕鼓与用户一起实现市场和技术需求的整合创新，都充分表明单项冠军企业在突破制造业的关键重点领域中扮演着重要的角色。

在单项冠军企业的遴选中，结合工业和信息化部的相关工作，对于符合"工业强基工程"等重点方向，以及生产属于打造"制造强国"重点领域技术路线图中有关产品的企业，予以优先考虑；对公告为工业和信息化部工业品牌建设和培育示范的企业，予以优先考虑；要求企业近三年应没有环境违法记录，产品能耗达到能耗限额标准先进值。

中国企业以前一直处在全球产业链中加工装配等生产的终端，基本属于高技术产业的低端环节。而单项冠军企业则是中高端产业的生力军，它们的队伍壮大了，中国就有了更多迈向中高端的实力。此外，中国的战略性新兴产业不可能都通过依赖投资或收购兼并下游的加工厂和零售店来实现，而是需要培育更多的单项冠军企业来突破发展瓶颈，迈向中高端。基于中国制造的长远考虑，专注核心技术、突破重点关键领域，成为入选中国单项冠军企业的重要条件。

众所周知，半导体产业一直是我国受制于人的核心关键领域，但是在用于制造半导体硅器件的原料——单晶硅领域，中国却有着自己的"隐形冠军"。西安隆基硅材料股份有限公司是第一批入选单项冠军的示范企业，该公司专注单晶硅18 年，以西安为中心布局全球产能，目前已发展成为全球最大的太阳能单晶硅制造商，国际市场占有率达到30% 以上。不仅仅应用于半导体领域，单晶硅还被广泛应用于光伏电站。2013 年，隆基公司开启光伏业务项目，2014 年正式进军光伏电站。值得一提的是，目前全球晶硅光伏电站约有七成使用多晶硅，三成使用单晶硅，单晶产品有高转换效率优势，但价格较高，市场主要集中在美国、日本等少数发达国家。未来，随着成本的降低，单晶硅在光伏电站中的应用势必增加，隆基公司的产品优势将进一步凸显。

3. 拓展海外市场，参与全球高端

赫尔曼·西蒙认为，一个只在家里等着客户敲门的企业是不会成为世界市场领导者的，进军世界市场已经被证明是德国隐形冠军企业最重要的增长动力。

单项冠军企业是我国企业参与全球化的先锋，这是由其基因决定的。它们对核心市场的高度依赖导致高风险的存在，只有走出去面对更大的世界市场，才有可能成为真正的"冠军"。事实上，作为"走出去"的先行者，很多单项冠军企业已经历经磨难，探索多年了，它们的全球化经验丝毫不逊于中国 500 强的大企业。

以下数据就很有说服力：

- 北京大豪科技股份有限公司在工业缝制设备领域占全球份额70% 。
- 佛山市恒力泰机械有限公司在液压自动压砖机领域占全球份额51% 。
- 北新集团建材股份有限公司的石膏板业务规模年产达到 16.5 亿平方米，超越两家老牌外资世界 500 强企业，石膏板业务跃居世界第一。
- 作为世界上产量最大的注塑机制造企业，宁波海天塑机集团有限公司

2015 年为市场提供了 2.6 万台注塑机，其中约 31% 出口至 130 多个国家和地区。

通过全球化扩大市场，上述企业并不是个例。据统计，入围的中国制造业单项冠军企业近三年[○]主营产品出口额与主营业务收入之比平均达到了 25.49%。

2018 年 1 月，美国彭博新闻社一篇题为《当心，中国版 LVMH 集团即将到来》的报道在时尚圈刷屏。文章透过山东如意毛纺服装集团股份有限公司过去几年频繁收购奢侈时尚品牌、目前已成为全球收入排名前 20 的时尚奢侈品集团的案例，指出主导时尚行业的三大集团 LVMH、历峰集团和开云集团需警惕来自中国的潜在竞争者。令美国忧心忡忡的山东如意毛纺服装集团股份有限公司就是中国单项冠军示范企业。这家成立于 1972 年的企业，凭借着海外扩张一路开疆拓土，弥补缺少有强溢价能力的自有品牌的短板。据德勤发布的"2017 年全球奢侈品百强"榜单，该公司于 2010 年、2017 年收购的日本服饰公司瑞纳（Renown）、法国轻奢集团 SMCP 分别位列第 58 位和第 51 位，2018 年对瑞士著名奢侈品牌 Bally 的收购更是在时尚界引起轩然大波。已经在纺织生产领域做到第一的如意集团，沿供应链向下扩展至与消费者认知度联系紧密的品牌营销领域，完成了从生产到品牌的跨越。甚至有业界人士警告在亚洲认知度很高但表现持续低迷的 PRADA——小心下一个被收购的就是你！

单项冠军企业的全球化先锋作用将会对中国制造业迈向全球产业链的中高端产生深刻影响。在以往的全球产业分工中，德国、美国和日本占据高端，主要是研发与分销，包括制造业中的核心技术与关键设备零部件，附加值高并且收益大；中国处于中低端，主要从事中低端制造加工，附加值低收益也低。但近年来情况有所变化，中国的制造业在完成了一定程度的积累之后，加大了科研投入，技术不断进步，逐步向价值链的高端发展，这对原有的全球制造业价值链均衡是一个巨大的冲击。

未来全球的竞争，实际是核心技术的竞争、创新的竞争。面对全球制造业发展的新变化，面对新一轮技术革命，我国制造业应以此为契机迈向世界先进制造

○ 本书中的近三年是指单项冠军企业获批的前三年，例如 2016 年获批的第一批单项冠军企业的前三年分别为 2013 年、2014 年和 2015 年；2017 年获批的第二批单项冠军企业的前三年分别为 2014 年、2015 年和 2016 年；2018 年获批的第三批单项冠军企业的前三年分别为 2015 年、2016 年和 2017 年。

业的价值链高端。经济学家刘志彪认为,在核心关键领域,可以以单项冠军企业为突破口,逐步向上延伸产业链,专注于链上的技术知识密集环节,把技术一层一层地往上做,掌握链条中不易被取代的最重要的价值环节。

两院院士、中国产学研合作促进会第二届理事会会长路甬祥在 2018 年 6 月的智能制造国际会议上指出,中国正在全面融入全球市场经济,中国制造也即将全面融入全球化产业链,成为全球制造产业链的重要组成部分,中国制造将成为新高地。

(四)谁能成为单项冠军

工业和信息化部《制造业单项冠军企业培育提升专项行动实施方案》的主要目的,一方面是引导企业注重细分产品市场的创新、产品质量提升和品牌培育,带动和培育一批企业成长为单项冠军企业;另一方面是促进单项冠军企业进一步做优做强,巩固和提升其全球地位,加强企业发展模式和有益经验的总结推广,让更多的单项冠军企业带领中国制造走向世界,提升我国制造业核心竞争力,促进制造业提质增效升级。

为做好制造业单项冠军企业培育提升工作,工业和信息化部采取了三方面措施:

一是加强政策支持。对两类企业申报国家有关技术改造、工业强基工程、重大专项、节能减排等资金支持的项目,以及申报国家级工业设计中心、技术创新示范企业的,予以优先支持。

二是开展总结示范。加强对两类企业的跟踪管理,认真总结企业在培育提升工作中的典型经验和好的做法,每年选择一批典型经验,通过编写案例集、召开经验交流会等多种形式进行示范推广。总结归纳世界其他国家单项冠军企业的成功经验,组织企业学习交流。

三是强化组织领导。要求各级工业和信息化主管部门做好组织实施,加强对两类企业的指导、跟踪和服务,建立工作阶段性总结和监督检查制度。鼓励地方对两类企业给予政策支持。行业协会要加强服务,指导企业开展对标,提供培育提升诊断咨询服务,推广典型经验。同时,工业和信息化部也加强对企业的跟踪,分析企业发展面临的突出问题,研究出台促进制造业单项冠军企业创新发展的政策措施。

那么，究竟什么样的企业能成为单项冠军企业？

《制造业单项冠军企业培育提升专项行动实施方案》坚持培育与提升相结合的原则，既重视单项冠军企业的巩固提升，也重视发现和培育一批有潜力的企业，引导和支持其发展成为名副其实的单项冠军企业。因此，专项行动将企业分为单项冠军示范企业和培育企业两类，从目标市场、主营产品市场占有率、创新能力、经营业绩、专注主营产品的时间、重点业务领域、品牌培育、环保能耗、管理制度九个方面提出了具体标准。与示范企业相比，培育企业的条件适当放宽。具体条件见表1-1-1。

表1-1-1　选单项冠军示范企业及培育企业的具体条件

示范企业的具体条件	
1	聚焦有限的目标市场，特定细分产品销售收入占企业全部业务收入的比重在70%以上
2	在相关细分产品市场中，拥有强大的市场地位和很高的市场份额，单项产品市场占有率位居全球前3位
3	生产技术、工艺国际领先，产品质量精良，相关关键性能指标处于国际同类产品的领先水平。企业持续创新能力强，拥有核心自主知识产权（在中国国境内注册，或享有5年以上的全球范围内独占许可权利，并在中国法律的有效保护期内的知识产权），主导或参与制定相关业务领域技术标准
4	企业经营业绩优秀，利润率超过同期同行业企业的总体水平。企业重视并实施国际化经营战略，市场前景好
5	企业长期专注于瞄准的特定细分产品市场，从事相关业务领域的时间达到10年或以上，或从事新产品生产经营的时间达到3年或以上
6	符合"工业强基工程"等重点方向，从事细分产品市场属于制造业关键基础材料、核心零部件、专用高端产品，以及属于重点领域技术路线图中有关产品的企业，予以优先考虑
7	制定并实施品牌战略，建立完善的品牌培育管理体系并取得良好绩效，公告为工业和信息化部工业品牌建设和培育示范的企业优先考虑
8	企业近3年无环境违法记录，企业产品能耗达到能耗限额标准先进值
9	具有独立法人资格，具有健全的财务、知识产权、技术标准和质量保证等管理制度

（续）

	培育企业的具体条件
1	聚焦有限的目标市场，特定细分产品销售收入占企业全部业务收入的比重在50%以上
2	在相关细分产品市场中，拥有较高的市场地位和市场份额，单项产品市场占有率位居全球前5位
3	生产技术、工艺国内领先，产品质量高，相关关键性能指标处于国内同类产品的领先水平。企业创新能力较强，拥有自主知识产权
4	企业经营业绩良好，利润水平高于同期一般制造企业的水平。企业重视并实施国际化经营战略，市场前景好，有发展成为相关领域国际领先企业的潜力
5	长期专注于企业瞄准的特定细分产品市场，从事相关业务领域的时间达到3年或以上
6	符合"工业强基工程"等重点方向，从事细分产品市场属于制造业关键基础材料、核心零部件、专用高端产品，以及属于重点领域技术路线图中有关产品的企业，予以优先考虑
7	实施系统化品牌培育战略并取得良好绩效，公告为工业和信息化部工业品牌建设和培育的企业优先考虑
8	企业近3年无环境违法记录，企业产品能耗达到能耗限额标准先进值
9	具有独立法人资格，具有健全的财务、知识产权、技术标准和质量保证等管理制度

1. 单项——长期聚焦细分市场

单项冠军企业入选最重要的条件是，应长期聚焦有限的目标市场，重点体现"单项"方面的要求。对于示范企业，要求特定细分产品销售收入占企业全部业务收入的比重应在70%以上，原则上从事该领域的时间要达到10年或以上；对于培育企业，特定细分产品销售收入占比放宽至50%以上，从业时间放宽至3年或以上。

中建材（合肥）粉体科技装备有限公司是第一批入选的单项冠军示范企业，该公司专注于粉磨领域的辊压机已经有40多年时间，在消化吸收国外技术的基础上潜心钻研，最终以350吨/小时单套产量刷新了世界最大单套水泥粉磨系统的纪录。

第二批入选单项冠军示范企业的哈尔滨东盛金属材料有限公司成立于1995年，2014—2016年，该公司铝合金添加剂的产品销售收入已占其全部业务收入的86.7%。2016年，东盛国内市场占有率为30%，全球市场占有率达到20%排名第一。号称掰不弯的iPhone6s系列采用铝镁锌铜合金机身，强度可达到钢筋的2/3，就是采用了该公司的添加剂。

无论是德国的"隐形冠军"企业，还是日本的"利基企业"，再到中国的"单项冠军"企业，专注都是其第一特质，在自己的领域默默耕耘，并且深深认同只有通过业务的聚焦和深耕才能成为世界一流企业。

2. 冠军——全球市场和技术领先

"冠军"，顾名思义，意味着在自己所处的领域拥有毫无争议的优势。对于示范企业，单项产品市场占有率应位居全球前3位，生产技术、工艺国际领先，产品质量精良，持续创新能力强；对于培育企业，单项产品市场占有率应位居全球前5位并在国内顶尖，生产技术、工艺国内领先，产品质量高，创新能力较强。

河北省晨光生物科技集团股份有限公司将食品着色剂作为核心产品已有17年，在2016年的国内市场份额就高达80%，在全球占有率为55%，排名第一。

福建龙净环保股份有限公司扎根在除尘设备行业长达47年，目前在国内以45.02%的占有率排名第一，全球占有率21.31%，同样排名第一。

在大型集装箱的安全检查领域，北京同方威视技术股份有限公司占有绝对的技术优势，以此为基础，同方威视开始向安全检查领域继续发展。目前，安全检查仪器占该公司全部业务收入比重的99.8%，国内市场占有率74%，全球占有率32%，排名第一。

天津汽车模具股份有限公司在汽车冲压模具领域深耕了21年。汽车冲压模具是一个在国内和国外竞争都异常激烈的行业，模具产品高端化的趋势也日益明显。目前，该公司的国内市场占有率为18%，在全球市场虽然只有6%的份额，却已是杀出重围排名第一。

有必要说明的是，在以往的全球产业链分工中，我国很多的中小企业是蜂拥至同质化市场，与大企业一起展开血淋淋的价格战来争夺客户，导致中国制造被贴上了"低价、低端"的标签。但如今单项冠军企业所获得的市场份额和领导地位并不是依靠低价或攻击性的价格获取的，而是依靠产品和服务的优势，它们的"脱颖而出"是因为高价值的良性市场占有率。

目前入选的单项冠军企业的市场份额如图 1-1-7 所示，全球市场份额近三年平均值为 23.15%，而德国的隐形冠军企业在全球的市场份额是 33%，在欧洲的份额更是高达 38%。相较于发达国家的隐形冠军，中国的单项冠军企业在全球领先的道路上还需要努力迈进。

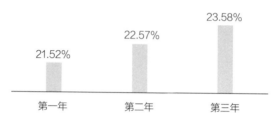

图 1-1-7　单项冠军企业的市场份额○

3. 高价值——健康高效的企业经营

三批单项冠军示范企业三年平均主营业务收入增长率为 19.62%，远高于规模以上工业企业的主营业务收入三年平均增长率（5.39%）。单项冠军示范企业中，三年平均主营业务收入在 10 亿~20 亿区间的占比近 1/4，三年平均利润总额在 1 亿~5 亿区间的接近一半，如图 1-1-8 所示。

当然，单项冠军示范企业仍有较大的成长和提升空间。

单项冠军对企业经营业绩要求很高。对于示范企业，利润率应超过同期同行业企业的总体水平；对于培育企业，利润水平应高于同期一般制造企业的水平。

业界曾对市场占有率这一评判指标有很大的质疑，主要因为有不少市场占有率高的企业未必是良性循环的企业，高市场占有率并不必然带来高利润，如果长期徘徊在产业链的中低端，靠低价赢得市场份额，确实不能带来企业的健康高效。

单项冠军的高利润是通过以性能、品质、创新和服务提高客户价值为基础的

○ 本书图表中所标注的第一年、第二年和第三年分别是指单项冠军企业获批的前三年，例如 2016 年获批的第一批单项冠军企业的第一年、第二年和第三年分别为 2013 年、2014 年和 2015 年，2017 年获批的第二批单项冠军企业的第一年、第二年和第三年分别为 2014 年、2015 年和 2016 年，2018 年获批的第三批单项冠军企业的第一年、第二年和第三年分别为 2015 年、2016 年和 2017 年。

良性竞争获得的，它所产生的是高价格的成本差价和高利润；与此相反，那些通过低价而非低成本来获取市场份额的竞争则是非良性的，带来的将是毁灭性的价格成本差价，而且"非良性"的市场份额也不能长久维持，只能使企业跌入更低的价格深渊。因此，专项行动对于单项冠军企业的入选依据定位在高占有率并拥有高利润是比较科学的。统计数据也说明，我国的单项冠军企业确实是经由良性的市场占有率带来了企业的高利润。

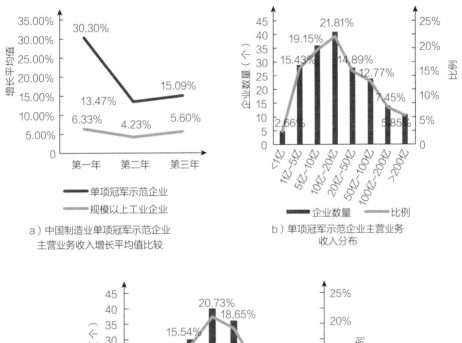

a）中国制造业单项冠军示范企业
主营业务收入增长平均值比较

b）单项冠军示范企业主营业务
收入分布

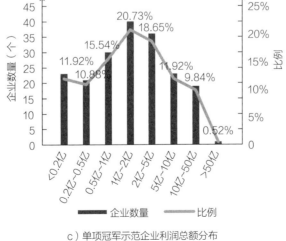

c）单项冠军示范企业利润总额分布

图1-1-8 单项冠军示范主营业务收入和利润情况

我国单项冠军示范企业的平均利润率为 12.28%，见表 1-1-2。单项冠军示范企业的利润率基本是同行企业的 2~3 倍，也基本达到了国内工业企业的 2 倍，是世界 500 强企业的 2~3 倍。

表 1-1-2　中国单项冠军示范企业和其他企业的销售利润对比情况

对比组	时间段（年）	销售利润率（%）
中国单项冠军示范企业	3	12.28
中国工业企业	2	5.87
德国隐形冠军企业	10	8.0
德国工业企业	9	3.3
瑞士工业企业	9	9.4
世界 500 强企业	8	4.7

第一批单项冠军示范企业中，有 60% 企业的利润率超过行业利润率，企业平均利润率达到 10.89%；第二批单项冠军示范企业中，有 73% 企业的利润率超过行业利润率，企业平均利润率达到 11.38%。第三批单项冠军示范企业中，有 85.29% 企业的利润率超过行业利润率，企业平均利润率达到 13.89%。

结　语

在我国经济高速发展的进程中，我们看到了太多大而全的企业，业务范围横跨制造业、房地产、金融等多个领域，甚至很多耳熟能详的集团公司的经营也是包罗万象。但就制造业而言，注重工匠精神，走专业化道路的单项冠军企业才是大势所趋。它们肩负着树立我国制造业品牌形象、提升我国制造业核心竞争力、带领中国制造业走向世界的重任。

Chapter Two

第二章
单项冠军企业的成因特质

单项冠军企业之所以能够在激烈的全球竞争中拨得头筹，必然有其独到之处。本章将通过梳理和研究我国单项冠军企业的成长历程，归纳并总结出其走上成功之路的"成因"与"特质"。

（一）专注执着

在行业细分领域钻研产品，能持之以恒地追求发展目标是单项冠军企业不断赢得市场、取得成功的重要特质。单项冠军企业多讲究"一指宽、一尺深"，力图在一个具体的产品或业务上通过反复打磨形成绝对的竞争优势。同时持之以恒，单项冠军企业大多是行业细分市场的深耕者，如坚持 10～30 年的企业占比就达到 74.6%，如图 1-2-1 所示。

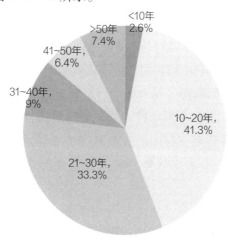

图 1-2-1　单项冠军企业从事主营产品领域的时间情况

1. 有所作为，有所不为

"不谋全局，不足谋一域；不谋长远，不足谋一时"。单项冠军企业基本都制订和部署了系统性的战略策划，科学而长远的发展目标助推企业实现竞争实力的持续增强。单项冠军企业的目标定位特点是"有所作为，有所不为"，它们大多在产品开发方面竭尽所能，强调产品的深度而非广度，通过仔细观察客户的需求和相关的技术定义细分市场，长期专注于此，并制订企业发展战略和方向。

中信戴卡股份有限公司以全球性发展的目标定位实现企业在零部件产品领域的成长。该公司是中国中信集团于 1988 年投资的国内第一家铝合金车轮制造企业。经过 30 年的发展，目前在全球共有制造基地近 30 个（其中海外基地 7 个），为全球前十大知名汽车厂提供产品配套服务。中信戴卡将"打造成为全球领先的具有核心技术、民族自主品牌的轻量化、模块化创新型综合零部件制造服务企业集团"作为企业的发展愿景。企业的生产技术工艺、产品质量、关键性能等指标均位居国际领先水平。其主营产品占企业全部营收的 98%，产品市场份额也连续 8 年居全球第一。"外国人能做的，中国人也能做。"在公司成立初期，这句话一直是戴卡人奋斗的目标，既体现了戴卡人的国际化视野，也彰显了戴卡人敢想、敢为的创业精神。

上海集优机械股份有限公司以业务和产品升级应对细分领域发展新形势，跨入全球高端价值链。业务转型方面，通过并购海外优质资产、一流企业，实现国际优质资源与中国市场的有效对接，使部分业务板块位居全球市场占有率首位，稳步推动公司业务向国际化转型；产品升级方面，提高高端产品的占比，并以此优化客户结构，扩大高端客户和海外客户比重，进而优化市场结构，积极介入战略性新兴产业和高品质消费市场。在实施上述战略规划的同时，近年来该公司在产品经营和资本运作方面取得了初步成功。自 2014 年收购内德史罗夫后，上海集优的紧固件业务进一步深入汽车紧固件和航空紧固件"核心关键紧固件"领域，高端产品比重上升至 65% 以上。未来 3~5 年，上海集优将在做精、做强现有业务的基础上，进一步实施战略并购，力争成为营业收入达到 100 亿元的企业。

株洲硬质合金集团有限公司坚持"分块做强，整体做大"的发展思路，实现成为"世界钨工业领导者"产业链中的重要一环。硬质合金号称"工业的牙齿"，株洲硬质合金集团有限公司作为五矿集团的一员，始终坚持以"振兴中国钨业"为己任，实施"核心裂变，纵延横联"的发展战略，通过逐步优化产品结构，打造优化产业链，形成硬质合金原料粉末、异型合金、棒型材合金、大型制品、切削工具、难熔金属、钻掘工具、PCB微钻、进出口贸易和研发十大业务板块，持续稳固其国内行业的龙头地位，提升国际影响力，已成为中国五矿"打造世界钨工业领导者"的牵头者。

江苏鹏飞集团股份有限公司推动战略转型，在细分领域占据更大市场份额。该公司长期专注于水泥回转窑的细分市场，秉承"开拓创新，追求卓越"的经营理念，依托国家企业技术中心的科研优势，持续加大产品创新、质量提升和品牌培育，突破节能煅烧关键技术，巩固产品全球冠军的市场地位。与此同时，鹏飞集团还实施国际化经营战略，引领企业向节能环保、工程承包方向发展，建成世界一流建材装备企业，提升制造业国际竞争力，努力实现四大战略转型：

（1）由一业为主向一业特强转型。鹏飞集团初期以节能型水泥回转窑研发制造为主攻目标，此后通过开展水泥回转窑共性技术研发，从水泥专用设备向矿山冶金窑炉、固废危废回转窑跨越，实现从专一性建材机械向建材环保综合装备的战略转型，持续强化回转窑产品冠军市场地位。

（2）由单机制造向工程总包转型。鹏飞集团逐步加大工程服务业的发展力度，实现现代服务业与传统制造业的深度融合，盈利模式也从"加工制造增值"向"技术服务增值"转变。

（3）由投资驱动向创新驱动转型。鹏飞集团初期以投资驱动为主，现在逐步转向坚持创新驱动战略引领企业发展，由跟踪模仿向原始创新、集成创新和引进消化吸收再创新转变。

（4）由粗放制造向质量效益转型。在建材行业去产能增效益之际，鹏飞集团引导产业从规模扩张向质量效益转型，推动供给侧结构性改革，向精益管理和价值管理转变，形成"核心制造＋智能控制＋工程总承包"的竞争新优势，从产业链低端向中高端迈进。

2. 专注重点，全力以赴

在目标定位明确之后，企业需要做的就是在细分领域市场保持高度的专注力。单项冠军企业几乎都是所在行业的专家，长期专注于单一产品和细分领域，把有限的资源集中在核心产品上。专注重点，全力以赴，向世界级的公司发展。其实，专业化并不会比多元化发展的风险更大，多才多艺通常不如精于一门。单项冠军企业追求主业突出，专业、专注和专心，集中力量、集聚资源、聚焦企业自身重点发展方向，做专、做透、做精和做深主业。单项冠军企业的发展策略如图 1 - 2 - 2 所示。

		市场风险	
		低	高
竞争风险	低		专业化战略
	高	多元化战略	

图 1 - 2 - 2 单项冠军企业的发展策略

浙江双环传动机械股份有限公司以高度的专注力成为全球知名企业供应商。该公司自 1980 年创建初始就专注于齿轮及其部组件的研发和制造，目前已成为全球规模最大的专业齿轮散件制造商，产品涵盖传统汽车、新能源汽车、高铁轨道交通、非道路机械、摩托车及沙滩车、电动工具及工业机器人等多个领域。业务遍布全球，已成为包括采埃孚、康明斯、卡特彼勒、博世，以及上汽、一汽等国内外众多知名企业的供应商，其世界 500 强客户销售占比达 60% 以上。

3. 执着追求，坚持不懈

单项冠军企业还具备一项基本特质，就是执着追求。这与国家近年来提倡的"工匠精神"不谋而合。从中外实践经验来看，这种执着是"术业有专攻"的具体体现，表达出一种几十年如一日的坚持与韧性。"艺痴者技必良"，企业在一个细分产品上不断积累优势，坚持不懈，就会有更大的机会在其领域内成为"冠军"。

上海集优机械股份有限公司旗下的上海标五高强度紧固件有限公司是由上海标准件总公司和上海标准件进出口有限公司通过优质资产重新整合起来的一家"老字号"企业，历史悠久，是中国紧固件行业出口"龙头"，连续 15 年名列中国紧固件行业出口第一。标五公司自 1922 年建厂以来，从当初的小作坊、小工厂，发展到目前注册资本达 2.3 亿元的有限责任公司，始终在紧固件产品领域不懈努力。从建厂初期的工业制造为主，到 20 世纪 90 年代向出口贸易转型，企业目前已经发展成为以现代服务业为主、平台经济为支撑的中国最大紧固件服务商之一。

东睦新材料集团股份有限公司转型发展，打造粉末冶金机械零部件龙头。东睦集团的前身是成立于1958年的国有企业——宁波粉末冶金厂。经过多年来的发展，东睦集团已成为中国粉末冶金市场的领导者，在汽车行业的终端客户主要有通用、福特、宝马、奥迪、大众、丰田、本田、尼桑、一汽、上汽、广汽、江淮、比亚迪等；在压缩机和摩托车行业的主要客户有格力、美的、瑞智精密、松下、加西贝拉、LG电子、华润三洋、苏州三星电子、大长江、新大洲本田等。

沪东重机有限公司坚持船用柴油机的研发创新。沪东重机有限公司在1958年成功地制造出中国第一台船用大功率低速柴油机，又自1966年开始研发中速柴油机，并于1974年6月提交了第一台完全自主研发和拥有知识产权的18E390V型柴油机，至今已走过了40多年开发、研制、建造中速柴油机的历程。该公司在2014年成为了德国MTU956高速柴油机的分线生产厂商。

贵州钢绳股份有限公司长期专注钢丝绳产品，积累了丰富的生产经验。其国有控股股东贵州钢绳（集团）有限责任公司系贵州钢绳厂改制而来，后者于1966年建厂，作为中国钢丝绳始创性企业，经过50多年的发展，已拥有国内高水平的整体装备、先进的生产工艺和完善的质量管理体系。该公司应用客户涵盖了海洋工程、航空航天、重大水利工程、煤炭、有色金属、油田、港口、电梯和机械加工等国民经济的各个领域。

文登威力工具集团有限公司50年来在五金制品领域钻研，铸就行业冠军。该公司始建于1968年，1973年开始生产可调手动扳手及扳钳（活扳手），目前是全球最大的可调手动扳手及扳钳制造企业，产销量居全球首位。此外，其管钳、断线钳等产品的产销量也居全国首位。

佛山市恒力泰机械有限公司自主研发产品填补国家空白。佛山市恒力泰机械有限公司是一家专业从事建筑陶瓷机械装备研发制造的民营企业，创建于1957年，迄今已有60多年的历史。该公司于1988年研制成功我国第一台600吨级的液压自动压砖机，填补了国家空白，打破了国外品牌在该细分领域的垄断地位，荣获国家科技进步奖，是行业内迄今唯一获此殊荣的产品。该产品连续十多年保持国内市场占有率第一，连续十年创世界产销量第一，在国际上具有极高的知名度。

（二）创新驱动

对于所有单项冠军企业来说，创新是一项中心工作。一是通过技术创新，有效提高产品质量和生产效率，降低生产成本。主营显示器件的京东方科技集团，2016 年新增专利申请量 7 570 件，其中发明专利超 80%，累计可使用专利数量超过 5 万件。二是通过设计创新，提高产品和服务的附加值。山东如意毛纺服装集团股份有限公司每年开发有 3 000 多个品种、2 万多种花色、30 余项技术，达到国际先进水平，面料附加值高于行业平均水平 15%。

赫尔曼·西蒙研究发现，德国的隐形冠军企业每年研发投入占销售额的比重为 6%，这一数字是世界上 1 000 家研发最强企业的 1.67 倍（见图 1 - 2 - 3）。此外，德国隐形冠军企业每千名员工拥有 31 个专利，而大型企业只有 6 个，其单位员工的产出率要比一般的公司多出 5 倍，而且专利的成本只有一般企业的 1/5。

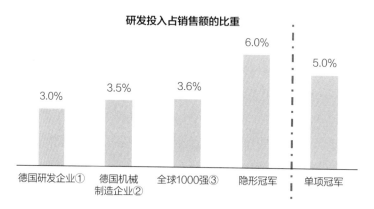

图 1 - 2 - 3　全球同类规模制造企业的研发投入情况

①德国经济研究所；②弗劳恩霍夫研究所；③博斯研究所

在中国，单项冠军企业研发投入占销售额的比重也达到了 5%，远远超过中国企业平均值 1%（见图 1 - 2 - 4）。由此可见，单项冠军企业高度重视创新投入和升级，基本形成了以创新为原动力的发展路径。

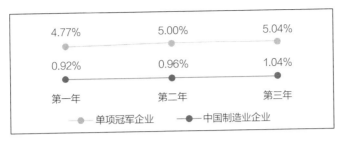

图 1-2-4　中国单项冠军企业和中国制造业企业 R&D 经费投入强度平均值比较

1. 不断改进，持续创新

技术在快速发展，用户需求在不断变化，企业很难再"一招鲜，吃遍天"，需要持续不断地改进。单项冠军企业要求每生产一种不同的产品，都要比前一种产品有所改进，通过持续创新取得世界市场的领先地位。在单项冠军企业看来，成功的秘诀在于，企业能够在远大明确的目标指引下，不断地取得各项阶段性进步。

因承担国家七五科技攻关项目，中建材（合肥）粉体科技装备有限公司从 1986 年开始研发征程，1988 年引进德国制造技术，1990 年研发的第一台国产辊压机投产，1992 年获得国家科技进步二等奖。但是，科技大奖的取得并不意味着就成为成熟技术，同时还受制于国内加工和配套件材质，其辊压机产品在应用中就出现了不少问题。对此，该公司没有泄气，而是潜心钻研，逐一解决应用中出现的设备问题。从系统工艺角度改善设备使用环境，完善电气及自动化控制系统提高自调节能力，用 10 年时间基本完成国产辊压机工业化应用，又历经 10 多年完成产品大型化系列化、多种粉磨工艺系统的开发，形成今天相对完整成熟的粉磨系统解决方案。

沪东重机有限公司以建造各种型号柴油机为主营业务，为我国海军的装备建设做出了重要的贡献。该公司自 20 世纪 80 年代初开始从法国 SEMT 公司引进 PC2-6 系列柴油机专利技术，90 年代引进 PA6 柴油机的专利技术，21 世纪初又从 SEMT 公司引进 PA6B、PC2-6B 柴油机的生产专利。自引进 PA、PC 柴油机生产专利开始，该公司就十分重视对引进技术的消化、吸收再提高以及零件的国产化转化和生产工作。迄今为止，沪东重机有限公司对 PA6 柴油机的整体铸造机身、活塞、连杆、凸轮轴以及轴瓦等重要零部件已完全国产化量产和装机使用。而且，该公司已经完全掌握了 STC 蝶阀、燃油自清滤器、滑油自清滤器、油封油滤器等 14 项零部件的国产化技术，这些零件已经在科研样机中进行了 1 000 小时可靠性考核试验，并通过了海装某部组织的专家鉴定。2016 年 4 月 25 日，沪东重机首台高速机 1 000 小时可靠性试验圆满成功，公司成为国内唯一能制造大功率高、中、低速柴油机的企业。

模锻锤作为一种高效的锻造设备而获得广泛采用，文登威力工具集团有限公司对模具材料 4Cr2MoVNi 的化学成分配比重新进行了优化，解决了传统模具材料存在的硬度低、冲击韧性不足的问题；同时还研究出模具的分段热处理方法，使模具型腔和燕尾获得不同硬度，解决了模具的高温韧性不足的问题，提高了模具寿命。该公司还在五金制品行业最先采用最先进的程控电液模锻锤代替传统的摩擦锻造设备，将行业一般产量水平由 1 800 只提高到 3 200 只，每条锻造线人员数量由此前的 7 ~ 8 人减少到 4 人，人均效率提高了 310%，能耗降低 25%。而且，锻造毛坯质量有了极大提高，有利于后续的产品质量控制，并提高机械加工效率。"模锻锤用模具材料改良 4Cr2MoVNi 在活扳手生产中的应用"项目获得中国轻工业联合会科学技术进步二等奖。

与此同时，在专利所有权客户的授权下，文登威力工具集团有限公司作为全球唯一的授权生产商对可调套筒扳手的技术进行了消化和再创新，克服了原专利产品的工艺缺陷，实现了该产品的批量工业化生产，并成功申请了新的专利。该产品成功将棘轮扳手的功能和套筒扳手的功能合而为一，一支产品即可代替 20 多个规格的套筒扳手，属于国内首创，成功出口到欧美等地后，仅两个月便收回了前期的投资成本。此外，该公司曾在 2007 年引入全套加工设备，但每台设备均需配备一名操作工，且需要手工操作，生产效率很低。针对这一情况，文登威力进行了套筒加工设备改造，设计振动上料装置，实现了工件的自动上料和夹紧；改进了机床动力系统，用 PLC 配合液压装置，代替了落后的丝杠/螺母机械传动，实现了机床自动化加工。改进后，1 个人可以同时看护 4 台机床，且无须手工操作，在提高人均效率的同时，还大大减轻了劳动强度。

2. 自主研发，引导市场

单项冠军企业并不满足于被动生产加工，而是力争成为主动的市场引导者和行业的先行者。从按顾客要求设计产品，到与顾客共同研发新产品，提供产品设计方案供客户选择，直至超前进行产品研发，引导市场消费，制定行业标准。单项冠军企业一方面坚持市场自主开发，充分满足市场和客户日益增加的需求，始终保持领先的技术优势；另一方面又充分重视和加强产学研合作以及企业间共同开发，充分借用科研机构及世界著名企业研发中心雄厚的技术力量和科研资源优势，实现与合作方的共赢。

精密减速器是工业机器人三大核心零部件之一，从成本构成来看，占到整机的近40%，其性能的好坏会直接影响到机器人的性能高低。我国工业机器人使用的精密减速器主要被国外厂家垄断。数据显示，目前75%的精密减速器市场由两家日本厂商垄断——日本 Nabtesco 的 RV（Rotary Vector）减速器和 HarmonicDrive 的谐波减速器。RV 减速器作为工业机器人可靠、精确运行不可或缺的核心零部件，是目前制约我国工业机器人技术发展最为重要的因素之一。浙江双环传动机械股份有限公司自 2011 年开始战略布局 RV 减速器的国产化研发，并于 2012 年正式立项开展 RV 减速器设计、制造及应用的研究，主要研发机器人 RV 减速器设计、制造、测试、寿命试验及应用成套解决方案。通过持续研发，双环传动取得了丰硕成果。在技术创新方面，研发了完全自主的 RV 减速器关键零部件制造工艺技术和装备，建立了 RV 减速器设计、制造、测试过程技术规范，研制出 14 个型号的 RV 减速器，覆盖目前主流机器人的需求。同时，各项性能指标达到国际先进水平，取得发明专利 3 项，实用新型专利 3 项，发表相关学术论文 3 篇；在产业化方面，目前已经形成年产 RV 减速器 1 万台的能力，并在国产机器人上实现 1 000 台套示范应用；后期产能布局将达到 6 万台/年。随着生产批量的增加、研发成本的摊销、市场的进一步开拓，RV 减速器实现完全国产化，可以给国产机器人带来 20% 的成本优势，逐步替代进口。

万丰奥特控股集团有限公司长期专注于工业铝型材市场，从事工业铝型材加工 15 年以上，近几年共承担国家科技支撑、重大装备制造、重点科技研发、863、"工业强基工程"、产业链整合、重点新产品等 18 项国家计划项目，省市区企业各类科技计划项目 50 余项，攻克了合金铝液纯净化处理、电磁搅拌、SNIF 在线除气、大直径铝合金优质锭坯熔炼铸造、大断面复杂截面型材、高品质超薄超宽铝合金构件制备和高速列车车底架用 7 000 系高性能铝合金结构材料制备等行业关键核心共性技术 40 余项，获得了 29 项授权发明专利和多项科技成果，其加工工艺和技术达到了国际先进水平。生产的工业铝型材产品质量精良，相关关键性能指标处于国际同类产品的领先水平。

ITER 又称"人造小太阳"，是目前世界上仅次于国际空间站的又一个国际大科学工程项目。核聚变装置 PF 导体 316L 不锈钢方圆管是 ITER 项目中重要的材料，对项目的成功具有重大的影响。由于该管规格非常高，全球供应商有限，世界上只有 4 家企业能够生产。浙江久立特材科技股份有限公司是全球人造小太阳 ITER 项目的唯一整体方案提供者。久立产品各项性能完全符合要求，并超越竞争对手。在投标过程中，久立均按照自己的成本和利润水平核算价格，成功地拿到了多批次订单，并成为该项目的全球唯一供应商。

长飞光纤光缆股份有限公司一直秉承"客户、责任、创新、共赢"的核心价值观，明确技术创新是提升竞争力的根本，坚持把创新型人才视为公司创新文化的最重要元素。该公司按照"引进——消化——吸收——再创新"的技术路线，逐步形成了以研发中心为主体、制造中心和特种产品事业部为辅的研发平台，不断完善"基础应用——工艺技术——产品研发"的系统化研发体系，每年将营业收入的 5% 用于技术创新。在研发过程中，采用前端介入的方法，通过定期技术交流互访的形式与客户建立沟通渠道和合作关系，共同确定前瞻性产品研发方向；同时，通过与先进企业的产品进行技术对标，不断提升产品性能，结合自身工艺特点，实现差异化开发，保证市场竞争力。长飞公司目前是全球仅有的 3 家（国内唯一）掌握下一代通信用超低衰减单模光纤和用于下一代数据中心高带宽 OM5 多模光纤制备技术的公司之一。

烟气余热利用低低温电除尘器是将烟气余热利用低低温技术与现有电除尘技术进行了有机结合，福建龙净环保股份有限公司自主开发出一种集高效除尘、节能减排于一体的产品，可实现高效除尘，关键性能指标中烟尘排放浓度≤10 毫克/立方米，能耗指标中供电煤耗降低 1.5 克/千瓦时以上，还可有效降低脱硫水耗，同时可以解决烟囱"白烟、蓝烟"污染。该技术已成功突破 1 000 兆瓦特大型机组达 22 台套。根据中国电力企业联合会火电除尘产业信息登记，龙净低低温电除尘产品累计投运排名第一。

中材（天津）粉体技术装备有限公司多年来一直致力于新型物料粉磨技术的研究开发工作，由公司开发、设计、供货的年产 30 万吨（湿）粉煤灰粉磨系统于 2014 年 3 月在浙江宁海正式投产，是国内首条采用立式辊磨处理燃煤炉渣（湿粉煤灰）的生产线，投产后经过短期调试，各项技术指标达均到设计要求，产品性能良好，实际产量远超设计能力，为客户创造了良好的经济效益。2014 年，该公司还同宁夏建材签订了 TRMF45 干粉煤灰立磨合同，该立磨是中国首台用于粉磨电厂干排粉煤灰的立式辊磨。

"行业转型、装备先行"，YP10 000 型液压自动压砖机是佛山市恒力泰机械有限公司自主研发、拥有完全自主知识产权的，同时也是亚洲首台万吨级陶瓷液压自动压砖机。该装备的研制，既是数控技术应用工程，更是机械产品创新工程。它的面世标志着中国建筑陶瓷成型装备的领域由此进入到万吨级时代。该公司此后推出的目前世界上采用模腔干压成型工艺的最大吨位压机——YP16 800 型液压自动压砖机，更是标志着中国陶瓷成型装备的领域进入超万吨的时代，中国陶瓷企业使用国产装备生产超大规格陶瓷板成为现实。

青岛明月海藻集团有限公司通过承担"海带综合利用新技术的研究与开发""经济海藻精深加工技术集成与产业化示范"等国家 863 计划、科技支撑计划和海洋公益专项课题 9 项，集成运用"膜技术""模拟移动床分离""高压过滤"及"酶法降解"等技术，解决了海带综合利用提取岩藻多糖、海藻综合利用提取海藻碘、海藻综合利用提取海藻胶及活性海藻提取物制备等关键技术，并先后获得"一种海藻综合利用提取海藻胶的方法"和"一种活性海藻提取物的制备方法"等 6 项国家发明专利，显著提升了海藻活性物质产品质量，增加了品种规格。

近年来在海洋工程领域，国外对锁紧装备技术领域的研究仅有桩腿补充锁紧装置、远距离及远程控制系统等方面，没有对锁紧装备新型式、新结构、新材料及新技术等方面的后续研究，其整体锁紧及解锁性能仍然停留在 15 年前的水平。如美国的"Rack Chock"装置，采用的是柱销等锁紧机构，需要锁紧和承载两套机构配合工作，其结构复杂、操作困难，整个锁紧和解锁过程需耗费大量的人力和时间，极易对平台造成震动和冲击，且锁紧后的钻井平台抗风浪的能力较差。广东精铟海洋工程股份有限公司综合了国内外对升降锁紧系统技术的研究成果，结合自身的技术优势，攻克项目关键技术，开发出全新的自升式海洋平台锁紧装置。该装置无论是结构、技术、性能还是建造成本、维护成本均远优于国内外同类产品。

宁波激智科技股份有限公司的关键核心技术共申请了 64 项国内外发明专利。2008 年获得中国科技创业大赛最佳奖；2009 年承担了国家发展和改革委"实施彩电产业战略转型产业化专项"项目；2010 年承担了工业和信息化部电子信息产业发展基金项目"TFT-LCD 液晶电视用光学扩散膜的研发和产业化"；2010 年获得"第六届宁波市发明创新大赛"特等奖；2011 年获得中国科技创业大赛成就奖；2012 年获得"国家重点新产品奖"、十四届中国专利奖优秀奖、宁波市科技进步一等奖；2014 年被评为国家火炬计划重点高新技术企业、浙江省专利示范企业，建立浙江省企业研究院；2015 年获批国家博士后工作站，承担国家发展和改革委增亮膜专项、国家火炬计划产业化示范项目，成为国家知识产权优势企业；2016 年获批为浙江省重点企业研究院。

江苏苏博特新材料股份有限公司累计申请专利 557 项，其中申请 PCT⊖国际专利 10 项，累计获国家授权发明专利 241 项，PCT 授权国际专利 4 项，主要集中在高性能减水剂、高效减水剂和减水剂应用领域。目前，该公司在减水剂领域专利数量居全国第一、全球第三。

我国单项冠军企业的专利分布情况如图 1-2-5 所示，平均拥有有效专利数 407.94 项，拥有自主知识产权数 234.48 项，充分利用政产学研用合作平台，利用新技术、新材料和新工艺开展新产品的研发以及老产品的改进工作。

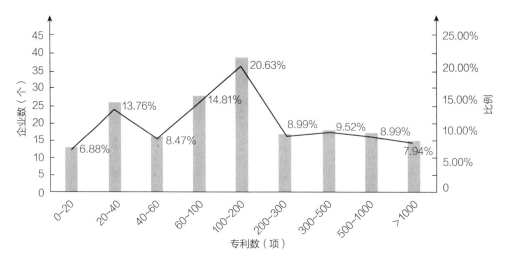

图 1-2-5 我国单项冠军企业的专利分布情况

3. 重视人才，储备技术

创新发展是一个循序渐进的过程，需要大量的资金和人力投入。企业研发机构是企业集聚创新资源的重要载体，大力推动这类机构建设，对于增强企业的核心竞争力具有十分重要的意义。单项冠军企业在注重自主研发和创新的同时，也极为重视与国内外著名的科研院所、大专院校、大公司开展科技交流和合作，不

⊖ PCT 为 Patent Cooperation Treaty 的简写，即《专利合作条约》，是有关专利的合作条约。

断引进和开发高新技术成果，并使之产业化，以满足和引导市场需求。此外，还建立了长期稳定的人才引进与培养、项目合作与知识产权共享机制，提升了企业的研发实力。

技术创新的前提在于制度创新，即技术创新机制的建立。长乐力恒锦纶科技有限公司主要做了以下工作：①制订正确的科技政策，确立"以企业为主体，市场为导向，产品开发为龙头，改革工艺为基础，采用新技术开发传统产业为手段，辅以节能降耗，最终提高经济效益为目标"的发展方针；②技术政策确定的前提下，编制以技术进步为核心的企业发展中远期规划及科研计划，并滚动实施；③建立相应的激励机制，实行课题攻关合同制、项目负责人制及配套的奖励制度，充分调动科技人员的积极性；④强化企业技术中心建设，明确指出中心的主要任务是服务企业的中长远发展目标，研究开发具有强大生命力和竞争能力的产品。

大连华阳新材料科技股份有限公司自成立之初即组建技术研发中心，开展企业技术创新和新产品研发工作。公司设立专有研发部门，人员均是国内专业从事聚酯长丝纺粘领域的顶尖人才，既有参与并主导大型项目的开发和规划设计、具有10年以上大型项目承建经验的技术骨干，也有多年聚酯纺粘研发行业从业经验的海归人员和经验丰富的管理人员，还有创新能力较强的研发新锐力量，为公司的可持续发展奠定了坚实的基础。同时始终坚持与国内著名高校院所开展产学研合作，推进企业技术进步，并储备多学科技术人才。

上海集优机械股份有限公司的内德史罗夫技术中心采用二级研发体制：总部研发中心负责基础性和前瞻性研究；各子公司、工厂技术中心负责应用研发，针对 OEM 客户需求开发应用型产品。

内德史罗夫技术中心成立18年来，其工作主要包括三个方面：①新技术研发，专注于技术革新和先进的基础技术研发，为各个能力中心（即工厂）产品开发提供新的知识和设想；②发挥专家库作用，为内德史罗夫的发展提供技术支持——技术专家通过网络形式的"咨询票"系统提供技术服务，公司内部的有关人员可以提出各种问题和请求，网络系统对这些问题和请求进行登记，由专家进行处理；③建立内德学院作为培训中心，提供技术及管理能力方面的内部培训，包括为分部的外来客户提供 NedForm（冷镦）方面的技术培训。内德史罗夫技术中心自主研发成功了紧固件行业内技术水平领先的系列产品，使内德史罗夫能够满足 OEM 厂商较高的产品要求，相对其他紧固件生产企业保持 5～10 年的技术领先优势。

万丰奥特控股集团有限公司拥有国家级企业技术中心、博士后科研工作站、院士工作站、中国合格评定国家认可委员会（CNAS）认可实验室、省级重点企业研究院及省级工程技术研发中心等 16 个省级以上研发机构，每年投入主营业务收入的 3% 以上用于技术开发。通过开展国际交流、聘请外国知名专家，与浙江大学、浙江工业大学、沈阳工业大学等开展产学研合作等方式，努力提高工艺技术水平、产品性能，使其拥有了连续式低压铸造、旋压锻造成型、镁合金压铸等技术开发和工艺优势。该公司高度重视企业标准化建设，特别是技术标准和产品标准，在国内外具有一定的权威性和代表性，曾作为中方代表参与 ISO8 644 车轮国际标准的修订，主导起草了低压铸造机技术条件、汽车车轮铸件等 10 项国家标准，主持/参与国家行业标准制定 7 项。

安徽中鼎密封件股份有限公司早在 1993 年就成立了研究所，并陆续建成了博士后科研工作站、国家企业技术中心和院士工作站等研发载体，并先后与清华大学、浙江大学及广州机械科学研究院等多家重点高校、院所建立了产学研合作关系，技术成果持续涌现。为引进国际先进技术，通过并购海外优质企业和设立研发中心的方式，不断引进、消化、吸收国外先进技术，引入了 183 项国际发明专利，300 余项关键材料配方及航空航天、石油、天然气、工程机械等高端密封件先进技术。同时，中鼎公司还在美国、德国建立了海外研发中心，与国际主机厂开展同步研发设计。

安徽安利材料科技股份有限公司主持和参与制定的国家、地方及行业标准达 40 项，其中主持制定国家及行业标准 8 项、参与制定国家及行业标准 31 项、参与制定地方标准 1 项，采用国际先进标准 3 项，是全国同行业主持、参与制定国家和行业标准最多的企业。

贵州钢绳股份有限公司重视企业技术创新工作的开展，近年来研发经费占销售收入的比重均在 3% 以上，其中 2016 年投入研发经费 9 399 万元，占主营业务收入的 6.7%。该公司技术中心鼓励科技人员积极争取各级政府部门的资金资助、技术开发与服务支持等多渠道收入，形成技术研发、成果推广、效益反馈的良性循环模式，为其自我发展提供了充足的资本保障。

宁波康赛妮毛绒制品有限公司在"借脑"上的投入不惜血本。该公司与西安工程大学、浙江工商大学等国内毛纺行业的顶尖研究团队建立了密切的合作，成为这些大学的卓越工程师培养基地、产学研合作基地、研究生培养基地。目前，康赛妮拥有 1 个国家级纺织品开发基地、1 个省级企业研究院、1 个市级企业研究院及技术创新团队，参与《马海毛拉毛纱》（FZ/T 22015—2017）、《超高支精梳羊绒针织纱》（FZ/T 22013—2017）等国家和行业标准的起草制定，以及绿色设计产品评价标准规范等课题研究。康赛妮拥有 25 项专利技术，其中发明专利 15 项。

沪东重机有限公司将研发工作作为提升企业竞争力的核心，视为重中之重，在经费管理上不断探索有效的方法，保障研发经费有序合理地投入。每年年初，该公司技术中心将根据科技发展项目的年度计划，编制预算初稿，经财务部平衡后编制年度科技发展项目费用全面预算。针对重大项目，定期组织财务人员、项目管理人员和技术负责人召开经费讨论会议，并对后阶段用款计划进行调整和安排。这些制度保障了研发经费投入合理有序，研发工作顺利进行。

单项冠军企业研发经费投入占主营业务收入比重是 5%，是全国规模以上工业企业平均水平的 5 倍；研发人员占企业全部职工人数的 18.99%，接近国家认定高新技术企业研发人员比例的 2 倍；研发机构拥有率为 97%，超过全国规模以上工业企业水平的 7 倍。单项冠军企业的研发投入、人员配置情况对比如图 1-2-6 所示。

- R&D经费支出占主营业务收入的比重为5%，是全国规模以上工业企业平均水平的5倍

- R&D人员占企业全部职工人数的18.99%，接近国家认定高新技术企业R&D人员比例的2倍

- R&D机构拥有率97%，超过全国规模以上工业企业平均水平7倍

图 1-2-6 单项冠军企业的研发投入、人员配置情况对比

（三）品质为先

单项冠军企业都认定一个浅显易懂的真理，那就是企业竞争优势首先取决于产品和服务的品质。虽然企业产品和服务的竞争力既可以体现在质量、技术、耐用性和价格等基本因素方面，也可以体现在物流、销售、广告、客户关系和培训等支持因素方面，但上述因素所形成的行业壁垒很容易被外来竞争者打破。然而通过技术、人力资源管理的升级来提升产品和服务品质所营造的行业壁垒则是难

以被复制的。

单项冠军企业追求高知名度、高信任度和高美誉度，把提高品牌附加值作为其追求目标。品牌是企业品质和产品质量的外在表现，而产品质量是创建企业品牌的保证。正是在产品和服务品质方面的不懈追求使得单项冠军企业取得了显著的竞争优势。

1. 质量为本，服务护航

很大程度上是依靠少数客户生存，促使单项冠军企业对自身产品品质有着执着的追求。例如针对特定领域的大型工程机械制造企业，其产品应用场景十分有限，而此类大型机械一旦发生事故，导致的损失又是多数企业难以承受的，所以上述因素促使该类机械装备制造企业必须以提升品质为第一要义，确保其产品在客户使用过程中不出现任何因质量问题而导致的事故，以此来树立声誉、保持竞争力。近年来，单项冠军企业认为，要想挑战国外高端产品的市场地位，不仅要在功能和性能上与其并驾齐驱，还要在更多的方面超越对方。

质量是企业生存的必由之路，单项冠军企业都把产品和服务的质量作为开拓市场效益的核心。它们不断强化研发和生产管理人员对质量的主导作用，加强全流程的质量控制，从产品设计到产业链建设，再到精益化生产的实施，对产品的把控渗透到了生产的各个环节。从组织制度到执行，凡有关质量问题，每个环节都确保有专人专管，强而有力地保证了产品的可靠性和稳定性。

单项冠军企业稳步推进精益生产，通过建立集中式生产现场精细化管理模式，持续开展生产现场的标准化管理工作。企业严把产品质量关，在外部通过ISO9001质量管理体系、ISO/TS16949质量管理体系、ISO14001环境管理体系和OHSAS18001职业健康安全管理体系等认证；在内部编制和颁布企业自身的《质量手册》，制定《质量目标制定》《产品质量先期策划程序》《文件、资料控制程序》《过程检验和试验程序》等诸多关于产品质量的文件和规章制度，以保证产品质量。

在人员方面，单项冠军企业积极组织员工学习，增强员工日常生产质量把控能力。企业普遍采用六西格玛、精益生产、质量诊断、质量持续改进等先进质量管理技术和方法，提高质量在线监测、在线控制和产品全生命周期质量追溯能力，持续提升产品质量和竞争力，通过严格执行质量管理体系的各种规定和要求，确保管理体系有效运行，进而达到企业既定的质量目标。企业所有人员的生产活动都依据质量手册、程序文件、标准和规范，并做好记录，确保质量管理体系的有效实施、保持和持续改进。

近年来，食品安全问题备受人们关注，晨光生物科技集团股份有限公司也感受到了来自社会上的压力，它积极采取建立健全道德诚信体系的措施，营造晨光质量安全文化，构筑了一道坚固的食品安全绿色屏障。该公司持续增加研发投入，对于行业造假行为零容忍，积极参与质量诚信建设，成为河北省首批通过食品行业诚信管理体系（CMS）认证的企业。

万丰奥特控股集团有限公司的《质量退货制度》和《服务控制程序》规定了产品退换的处理流程和投诉的调查处理程序，规定针对客户投诉，要在24小时内拿出紧急解决方案，确保客户生产不受影响，同时将客户的意见和建议融入问题处理解决过程中，积极进行内部产品自查改善，并将整个分析和改善的过程及时与客户沟通；指定专门的部门和人员对问题处理进度进行跟踪，确保对策执行；设置董事长热线，向战略客户提供董事长的专用联系方式；将投诉分为重要投诉和一般投诉，对于重要投诉，公司高层直接参与；为关键客户配备现场的质量工程师，以求及时、迅速、有效地解决质量投诉问题。

大连华阳新材料科技股份有限公司作为新材料研发制造龙头企业，为确保质量管理体系的有效性、充分性和适宜性，通过有效实施、保持和不断完善其质量管理体系，达到了持续改进产品品质的目的。其中，总经理负责质量方针和目标的制订，确保质量管理体系的持续完善和改进；管理者代表负责建立并保持质量管理体系有效运行；工程部负责质量管理体系的日常管理工作。质量管理实现过程由管理职责、资源管理、产品实现、监视分析改进四方面构成。实现的过程包括：与顾客有关的过程，采购过程，设计、生产和服务提供的过程，监视和测量的过程。公司全员确定这些过程的顺序和相互作用，规定过程有效运行和控制的方法、准则，确保获得必要的资源和信息，以支持这些过程的运作和监视。

浙江久立特材科技股份有限公司作为国家高新企业，是国内为数不多的品种齐、规格全的工业用不锈钢管专业生产企业，建有完善的质量保障体系，公司总经理是最高质量管理者，也是质量管理的第一责任人，一旦公司在产品质量方面出现问题，总经理会第一时间进行问责并且根据客户要求进行纠错和改进。该公司质保部是产品质量的归口管理部门，全力辅佐总经理进行质量的细节把关、层层递进、精益求精，进而使公司产品品质更上一层楼。

"神舟五号""神舟六号"和"嫦娥一号"都配套有上海集优机械股份有限

公司旗下标五公司的产品。标五公司产品稳定可靠的质量，使其成为北京卫星制造厂重点配套生产企业。其古鼎牌紧固件还配套于上海南浦大桥、东方明珠、浦东国际机场、磁悬浮、金茂大厦、核电站及地铁等重点工程技术支柱产业。强大的质量管控能力和领跑行业的技术研发力度使其产品品质得到极大的提升，并因此被冠以行业单项冠军的称号。

福建龙净环保股份有限公司为保证产品质量，对自主生产的产品以及外协加工产品重点加强源头和过程质量监控，从生产管理、工程执行、质量监控、调试服务四方面严格把关，加强对材料选用、产品制作、现场拼装、安装施工质量等环节的有效督促和把关，并定期通报材料、采购、设计、生产、安装质量问题和进度情况，以保证和提高整机质量水平。公司制定了包括产品实现过程策划、产品有关要求的确定与评审、设计管理、采购管理、外包控制、生产管理和过程确认、服务管理、产品的监视和测量、不合格品的控制等一系列程序文件，力求加强内部对产品质量的管理力度。同时严格执行干部巡查制度、生产产品执行发货放行单制度、安装现场执行工序验收制度，杜绝偷工减料和重大安装质量问题，使生产和安装质量稳步提升，巩固了企业的龙头地位。

2. 品牌建设，事关发展

市场是海，质量是船，品牌是帆。产品代表的是需求，只有产品通过需求方长期的考验形成了高品质的深刻印象，才会积累起品牌的价值，否则失去了这个载体，品牌将无法生存。因此，品牌代表着产品和服务的高级形式，优秀的品牌一定依靠优秀的产品和服务来维护其价值。而企业要想在激烈的社会竞争中占有一席之地，则必须树立品牌意识，建立自己的品牌体系。

单项冠军企业都清楚品牌对自身生存和发展的重要性。在外部，单项冠军企业不仅通过网络建设、广告宣传等途径不断加强品牌培育及推广，积极参加国际大型展会，努力把品牌输送到全球，而且通过各级媒体多渠道、多角度报道企业发展成就、重大事件等，提升品牌知名度和地域影响力。在内部，很多企业还通过企业文化的宣贯、内聚人心、外树形象，从而凝聚企业力量，增强全球竞争力。

单项冠军企业不仅对品牌培育和推广的工作进行了规范，还明确了产品品质及售后服务配套工作对公司品牌形象影响的重要性，将产品质量管理和售后服务管理与品牌管理有机地结合起来。

福耀玻璃工业集团股份有限公司从创始人曹德旺先生"为中国人做一片属于自己的玻璃"开始，认识到品牌是产品、品质、人品与品位的结合：①人品——品牌的基石；人品，即积极承担社会责任，遵章守纪，按章纳税，坚守最高道德标准并投资社区公益事业，代表的是企业整体上至董事长下至普通员工的价值观。②产品——品牌的载体；即为不同的客户群制订出不同的战略，充分满足不同客户的个性化需求，保证企业始终提供优质的产品和服务，实现和客户最实质的沟通。③品质——让客户和社会认同的产品质量；即生产出让客户安心满意的高质量产品，使客户形成企业产品质量有保证的刻板印象。④品位——产品影响人们生活的文化形态；即产品设计的整体风格要大气、大方，不仅能进入寻常百姓之家，也能荣登大雅之堂。对此，福耀集团实施了系统化的品牌传播推广四步走战略：①大众传播。积极进行对外宣传，经常接待外部企事业单位、政府机关的采访参观；在企业有重大发展之际，召开记者招待会和新闻发布会，第一时间将消息发布出去。企业形象及其价值理念被社会所认可，多次被央视（CCTV）及其他省级以上新闻、报纸等媒体正面采访报道。②定向传播。为了继续开拓市场，将更高技术含量的汽车玻璃推向用户，福耀玻璃多次到一汽、广汽、长安、比亚迪等举办产品推介会，展示公司技术水平，同时还参加中国国际玻璃工业技术展览会、海交会和渝洽会等展会，向国内外采购商介绍公司品牌。③领导传播。公司领导在参加全国两会期间谈论的小微企业、走出去、公益慈善等话题受到媒体高度关注，还经常出席国际论坛、公益论坛、华人经济领袖盛典、CCTV颁奖典礼等活动，到大学讲坛做主题演讲，接受 CCTV、新浪和网易等媒体的采访。④技术传播。基于工业产品品牌传播的特点，公司充分利用技术优势进行品牌传播，积极参与国内外标准制定，参与和主办各种技术研讨会与国内外同行进行技术交流等，向社会全面展示公司的技术水平，树立一流品牌形象。

为提高"忠旺"商标的知名度，推广和维护品牌形象，辽宁忠旺集团有限公司投入了大量资金进行多方位的广告宣传，在央视、上海卫视、广东卫视、辽宁卫视和香港凤凰卫视等40多家电视台的黄金时段以及《人民日报》《有色金属报》《辽宁日报》《中国消费者报》和《中国质量报》等上百家媒体进行了大量的品牌广告宣传，那一句脍炙人口的"追求卓越，引领未来，忠旺集团"广告语深入人心，大大提升了企业品牌形象和知名度。该公司还多次参加在全国各地举办的展览会及交易会等，使上下游企业对忠旺集团品牌耳熟能详，拉近了相互之间的关系。经过多年的艰苦努力和精心培育，"忠旺"已经成为国内相关领域具有较高知名度的一流品牌。

"振兴民族工业，打造国际品牌"是中铁工程装备集团有限公司的梦想。该公司首先是保证研发投入，致力于技术升级和品质提高；其次通过多层媒体平台（如网站、微博、视频等）进行企业品牌形象宣传，构建其高端、可靠的品牌形象；另外是在企业内树立"民族工业"的形象，使企业内部凝聚在一起攻克难题、砥砺前行。中铁装备先后获得过国家质量奖提名奖、全国工业大奖表彰奖、中国好设计金奖、工业和信息化部品牌培育示范企业、全国质量标杆、河南省省长质量奖、河南省创新龙头企业等奖励荣誉。2014年5月，习近平总书记到该公司调研考察时做出了"推动中国制造向中国创造转变、中国速度向中国质量转变、中国产品向中国品牌转变"的重要论述，激励中铁装备打造民族知名品牌，再创辉煌。

（四）知识产权

随着现代企业创新研发的增多，知识产权（Intellectual Property，IP）问题受到了更多关注。为保证企业独享知识产权带来的市场利益、规避侵权风险、保证研发投入及经营安全、增强商业谈判地位，知识产权申请及保护就显得尤为重要。单项冠军企业对此高度重视：一方面，知识产权保护、运用及管理已成为其发展的重要工作。为有效保护知识产权、提高广大员工发明创造积极性，发挥企业整体优势，促进科技成果转化，单项冠军企业依据国家知识产权法律、法规，制订了符合企业自身实际情况的知识产权发展规划。另一方面，知识产权是创新型企业发展的助推器，对企业命运有至关重要的作用，自主知识产权的拥有和保护越来越受到企业重视。为保持企业持续创新能力，单项冠军企业在不断加大研发投入的同时也在加强知识产权保护。它们积极进行知识产权保护布局，实施具体专利保护、管理、培训、奖励制度，加强员工知识产权保护意识，进而从源头对新技术、新产品研发进行知识产权保护。

1. 重视专利，规划长远

作为知识产权重要分类之一，专利对企业发展有着极其重要的作用，可以保护企业自身产品技术不被复制，同时防御对他人的侵权；是企业创新能力的证明，也是开辟收入来源的重要渠道；可以增加无形资产，是企业投融资的重要手段。单项冠军企业高度重视知识产权专利工作，积极鼓励员工申请专利，并对知识产权等工作做出详细的要求及规划，例如：确定行业发展的专利主方向；加大对行业热点技术研发力度，产生基础性专利；注意改进性研究，着手与相关技术的交叉融合；重视专利布局，构建属于自身的知识产权保护圈；对专利技术进行持续性研究，加强分析研究深度；整合系统资源，加强合作，全面提升自主产品竞争力等。

单项冠军企业一般会配备专门人员对专利进行管理，以维持专利有效性；企业情报人员会定期对专利实施查新、考证，以及时了解最新技术研究进展并启发思路来提高科研起点；企业会充分利用专利文献节约研发经费，以用于高水平研究工作，同时也为科研人员节约时间；企业会连续跟踪一项技术的发展情况，以把握同行以及竞争对手的研究进展，洞察技术发展趋势，预测技术发展动向；企业会进行同族专利检索，以了解某专利技术的保护范围及国际市场等；一些企业还会专门与相应的知识产权事务所签订合作协议，为公司的专利工作进行法律指导与协助，以规避风险。同时，可以及时地对发明创造进行专利申请，有效地保护专利产权，及时对侵权行为做出快速反应。

福建新大陆支付技术有限公司为提高公司整体知识产权保护和管理专利水平，建立了高素质的工作队伍，通过网络教育培训、讲师讲座、海报宣传和内部办公自动化（OA）系统等方式进行知识产权管理制度学习，以提高全体员工的知识产权保护意识。特别对于公司技术研发人员，要求学习《中华人民共和国专利法》及相关知识产权法律基础知识。该公司不仅设立知识产权管理部门，以实现专岗、专人开展各项知识产权管理工作，还在内部选聘高水平研发骨干人员组成知识产权专家顾问组；同时邀请政府知识产权管理部门和专门从事知识产权管理的外部专家就知识产权相关政策和专业知识进行指导，使公司知识产权保护水平不断提高。

大连华阳新材料科技股份有限公司成立了知识产权领导小组。其中，总经理负责公司知识产权管理总体方针目标的制订；副总经理负责分管部门知识产权管理的指导督促协调；办公室负责公司知识产权工作计划的拟订及知识产权的发掘、申报、监控、纠纷处理和产权交易等事宜，进而协助各职能部门进行知识产权的专利保护。专利申请保护流程如下：在科研活动中产生的职务发明创造或形成的职务技术成果，项目负责人及时向项目部提出申请专利的建议，并提交相关资料；项目部对项目进行审查，对符合申请专利的，及时交办公室办理专利申请，对不宜申请专利的技术秘密及时采取措施予以保护，并且在申请立项之前进行专利文献及相关文献的检索；课题组或课题研究人员在科研工作过程中，也要做好技术资料的记录和保管工作；科研项目完成后，项目负责人将全部试验报告、试验记录、图纸、声像和手稿等原始技术资料收集整理后提交项目部归档。同时，公司规定任何人不得利用职权、工作之便或采用其他不正当手段将公司的知识产权复制、发表、泄露、使用、许可或转让；对于依法保护公司职务发明创造、职务技术成果、公司法人作品及职务作品的研究、创作人员的合法权益，在知识产权的产生、发展和科技成果产业化方面做出突出贡献的人员，按照公司《合理化建议和技术进步奖励办法》的有关规定给予奖励。

卫华集团有限公司成立知识产权管理机构、建立健全知识产权管理体系，编写和修订《知识产权手册》《专利管理制度》等40余项制度，以保证其知识产权管理和保护工作的有效开展。该公司对参评专利进行评估，利用专利预警分析报告对参评专利进行保护。卫华集团已获得专利证书536项，其中发明专利57项，专利的申报和授权总量占全国桥式起重机生产企业的46%，成为中国桥式起重机行业拥有专利数量最多的企业。

2. 布局商标，维护品牌

商标作为一项重要的知识产权，已经成为一种战略性资源，可以促使企业不断提高产品质量，增加产品附加值，巩固已有市场份额，进而扩大市场占有率，在竞争中获得优势地位，是企业参与市场竞争的有力工具。单项冠军企业重视商标作为知识产权的重要作用，积极对品牌商标进行维护。在多国进行商标注册的同时还与相关部门积极联合开展打击网络侵犯知识产权专项行动，杜绝销售贩卖假冒品牌商品的现象。

卫华集团有限公司自2002年开始注册商标以来，至今已拥有商标209个，其中2个被认定为中国驰名商标。近年来，随着卫华品牌知名度不断提升，一些假冒卫华产品，侵犯卫华商标权、名称权的行为时有发生，严重损害了卫华品牌的形象。为维护企业的合法权益，卫华集团先后成立打假工作委员会和品牌维护部，设置专职人员5人，制定《销售假冒伪劣产品处罚办法》《打假举报奖励办法》和《打假工作实施细则》等一系列规章制度，确保公司品牌保护工作的制度基础健全，从而使品牌维护工作逐步走上健康发展的轨道。

与此同时，单项冠军企业还积极把商标布局到海外，以塑造品牌国际形象、增强影响力进而扩大国际市场份额。

从1990年开始，鲁泰纺织股份有限公司就使用自有品牌"双泰"商标把第一批纱线产品出口到泰国，随后相继使用"海皇""格蕾芬"等商标将产品出口到新加坡、日本等国，在业界引起了极大反响，日本专家形象地称赞鲁泰的棉纱产品是"中国纺织界的茅台酒"。多年来，该公司相继注册自主品牌"鲁泰·格蕾芬"（LT·GRFF）、"鲁泰"（LUTHAI）、"佰杰斯"（BESSSHIRT）、"君奕"（UTAILOR）等。鲁泰公司不仅在国内注册商标，还在日本、加拿大等国家成功注册"格蕾芬"和"鲁泰·格蕾芬"商标。同时，该公司注重名牌产品、驰名商标、著名商标的申请认定，产品多年来荣获国家、省部级等一系列荣誉：衬衫、色织面料、高支高密纯棉坯布、精梳纱线4个产品荣获"中国名牌产品"；"鲁泰·格蕾芬"被国家工商行政管理总局商标局授予"中国驰名商标"；"鲁泰·格蕾芬"牌衬衫、色织布产品被中国品牌发展促进委员会授予"中国驰名品牌"。

红宝丽集团股份有限公司通过"HONGBAOLI""紅寶麗""红宝丽"等6种形式对其商标进行注册，全方位加强产品的商标保护。该公司不仅在国内申请商标注册23件，还采取单一国家注册和马德里国际注册相结合的形式，自1999年起先后向美国、欧洲国家、巴西等27个国家提出商标国际注册申请。

浙江水晶光电科技股份有限公司十分注重品牌制度建设工作，其注册商标"水晶光电"被评为台州市著名商标、浙江省出口名牌，并通过了中国台湾注册及韩国、日本、瑞士、瑞典、欧盟、美国、英国、芬兰、新加坡、越南、俄罗斯、摩洛哥和德国马德里国际注册。

青岛明月海藻集团有限公司共培育出"山东省名牌"产品5个、"青岛市名牌"产品7个，其品牌"明月"先后被认定为"中国驰名商标"和"山东省重点培育和发展的国际知名品牌"。该公司先后荣获"省级管理文明先进单位""青岛市企业管理奖""青岛市新五朵金花——海洋之花""青岛市市长质量奖"等多项荣誉称号。"海洋健康生活新方式""青岛市新五朵金花"等品牌文化已经给社会各界人士留下了较为深刻的印象。该公司紧密围绕品牌文化战略，根据不同阶段的宣传重点及企业文化内容进行内外宣贯，知名度和影响力大幅提升。在国内品牌建设的基础上，明月公司在美国、日本、智利等14个国家和地区单独申请注册"明月"商标，扩大品牌国际影响力，真正实现品牌的国际化。该公司已注册"明月""洁灵丝""爱熙"和"蓝动力"等国内、国际商标 75 个；正在申请中的商标有 94 个。

相对于欧美等发达国家，中国纺织服装行业在品牌建设方面似乎存在不可逾越的差距。为了弥补这一短板，山东如意毛纺服装集团股份有限公司致力于自主品牌建设的同时，开启了国际知名品牌的并购之路。2010 年，收购日本服装品牌排名第一的株式会社瑞纳，开创中国企业并购日本上市公司的先河。近年来，通过在国际上强强联合、优势互补、合作共赢，该公司相继收购了德国派那手工西装、英国泰勒毛纺和法国轻奢品牌 SMCP 集团等企业，同时利用"如意纺"技术对上述企业进行技术提升和品牌对接，提升了如意集团的国际知名度和影响力，实现由制造型企业向以科技制造为支撑的时尚品牌集团的转型。

（五）营销定位

占领市场的最佳途径就是创造市场。单项冠军企业不愿接受既定的市场定位，而是用自己独特的产品去定位市场。它们寻求突出特色、扬长避短、差异定位，以此推动企业做大、做强、做久。一些单项冠军企业已经开创了属于自己的细分市场，并且通过持续的品质改进以及搭建极高的市场进入壁垒等方法把控其市场垄断地位。这些企业生产和销售不可替代的产品，因此往往并不适合用常规的市场定位和营销概念对其进行衡量。

1. 独一无二，不可替代

单项冠军企业以其领先的市场地位使客户对其有很强的依赖性。为了确保这种不可替代性，它们不断要求自己在产品研发和加工制造方面有特殊的造诣和深度。有些企业为了保持产品的独特性，甚至会自主开发生产设备，沿着价值链深入发展，令其他跟随企业难以模仿。

1972 年，艾·里斯与杰克·特劳特提出了定位理论，开创了一种新的营销思维和理念，被评为"有史以来对美国营销影响最大的观念"。这种理论要求企业拥有强于竞争对手的差异化优势。单项冠军企业也同时认识到，企业和客户之间是一种相互依赖的关系，当一个企业希望与客户建立持续稳定的业务关系时，它就必须努力为客户提供优质的产品和服务。

厦门法拉电子股份有限公司就采用了纵向集成的经营策略，即制造薄膜电容器的主要原材料金属化膜是由该企业自己加工生产的。金属化膜通过自己加工生产不仅减少了各环节的交易费用，而且可以共享后勤系统、财务管理等职能部门，保证了产品质量和及时交货。由此形成了明显优势，同时使薄膜电容器产品的利润在同行业中保持较高的水平。

文登威力工具集团有限公司自行设计、制造了活扳手专用组合加工机床，代替原来需要 6~8 台机床完成的工作，一次夹紧后可连续进行加工，且在同一台机床上各个加工工位可同时进行加工，用人数量由原来的 5 人降低到 1 人，人均生产工效提高 600% 以上。而且因为组合机床是多次加工、一次装夹，从而避免了多次装夹导致的加工质量不稳定，提高了零件的尺寸精度。该设备技术水平达到了国际领先水平，打破了此前日本企业对中国的技术封锁，有效提高了五金制品行业的生产效率，促进了行业发展。工具类多工位加工组合机床为五金制品行业由劳动密集型到技术和资金密集型转换做出了重要贡献，劳动力成本和人员数量较之前均降低了 30% 左右。

安徽国星生物化学有限公司是一家专注于杂环类"三药"（医药、农药、兽药）中间体开发、制造、销售的环保型"国家火炬计划重点高新技术企业"。该公司沿着"生态链、产品链和循环经济链"不断拓展下游产品，建成了世界上规模最大的吡啶碱产业基地。吡啶碱可视为杂环类"三药"中间体的"芯片"，国星公司不仅打破了美国等少数跨国大公司对该项技术长达半个多世纪的垄断，使中国亿万农民能廉价使用替代高毒农药的高效低毒无公害环保农药，拉动数百亿元的环保生态产业链，而且还改变了世界环保农药的发展格局，使中国拥有吡啶碱的世界话语权，并为世界"三农"年均降低成本数十亿元。

2. 双向互动，发现商机

在市场和产业发展过程中，客户需求是动态变化的，甚至需求结构也会发生根本性的转变，而这些转变往往会为企业拓展提供新的机会。针对需求日益多样化和个性化，企业必须具备最短的交货周期、最优的产品品质、最低的产品价格和最好的售后服务。在这种情况下，单一维度的技术创新已经不能满足市场需求的变化。单项冠军企业对客户在企业经营中的地位有着更为深刻的认识，注重技术和客户需求结合，双向互动。此举既可以通过技术创新来引导或激发新的客户需求，也可以在客户需求拉动下进行技术创新。

真正卓越的企业都能与客户保持良性的互动关系。单项冠军企业采取专业化经营战略,与客户始终保持着一种相互依存的密切关系。优秀的客户也是单项冠军企业在创新方面的伙伴,可以提供明确的需求,使企业发展少走弯路。实践证明,能够带动企业创新的市场往往是高端市场。在一些投入产出率较高的行业和环节,创新会率先启动,此后再向其他行业和环节传导。

新凤鸣集团股份有限公司针对市场全面开放的新趋势、新格局,坚持与时俱进、与"市"俱进,做到以变求生存,在变中求发展。根据市场需求,不断创新、改进和完善产品结构,不断地注入新的活力,创造出适应国内外市场需求的新产品。

目前,我国服装、家纺装饰、鞋帽和箱包等终端产品行业机器设备的升级换代趋势明显,为缝制机械设备电控行业提供了良好的发展契机。北京大豪科技的缝制机械设备电控系统作为缝制机械设备的核心部件,与下游的缝制机械设备整机制造行业关联度较高。该公司积极与下游整机厂商深入互动合作,努力提升我国刺绣机产品的性能和功能,对现有产品进行升级换代,提升了市场竞争力。

江苏苏博特新材料股份有限公司坚持"一切服务于市场"的宗旨,建立了覆盖全国的销售和服务网络,并在江苏、天津、四川和新疆等地拥有生产基地,具有覆盖全国的专属定制化生产能力,满足客户对生产质量和响应速度的需求。该公司基于多年来雄厚的技术储备和科技进步成果,以一流的专业技术人才为基础,以研发中心先进的试验条件为依托,为客户提供顾问式营销服务:一是加强服务网络建设,服务范围覆盖全国所有省、市、区;二是加强服务团队建设,营销服务人员全部为混凝土及相关专业人员。产品使用前,提供应用技术的全面解决方案和施工技术指导书;产品使用中,技术服务人员深入现场跟踪指导;产品使用后,及时评估和总结。

单项冠军企业都非常贴近其最重要客户。在提供优质产品的同时,苏博特公司还会根据施工现场的需要,组织专家深入现场,协助用户解决技术难题。对于国家重点工程,公司还会派驻技术人员实行常年现场服务,并针对各地季节环境条件不一的情况,就地取材进行混凝土性能相关试验,使混凝土减水剂性能的普遍性与现场施工条件、环境等特殊因素融合起来,从而达到最佳的工程使用效果。随着信息化技术的发展,企业与客户关系的建立已经从传统的纸质化沟通转变为 B2B 网络平台对接,实现了报价、订单与交付、质量和开发等众多模块的网络化、智能化,大大提高了无纸化办公水平和项目管理的水平和效率。苏博特公司专门针对战略客户和重点客户定期召开会议，跟踪双方共同关注的问题，以及探讨共同提升的途径。通过管理评审、市场月度工作计划会和专题分析会，分析影响顾客关系的因素，提出改进方案并组织实施。

3. 多管齐下，全员营销

单项冠军企业力求在市场和企业之间达成一种不断提升的动态均衡。当前市场竞争日益激烈，客户需求也在不断变化，特别是在一些特殊行业，宏观产业结构调整对企业的影响巨大，面对动态复杂的外部市场环境，一些单项冠军企业不得不采取多管齐下的市场营销策略，甚至采取了"全员营销"。

2016 年，受经济结构深度调整的影响，煤炭、钢铁等行业都在着手去产能，原、辅材料价格大幅波动，金属线材制品行业的市场需求不足，中低端产品市场同行厂家竞争尤为惨烈，贵州钢绳股份有限公司的生产经营遭遇了前所未有的压力。面对严峻的市场挑战，该公司加强生产管理协调，提高设备运作效率，努力保证产品交货期。营销系统以"调结构、提质量、增效益、控风险、优服务"为指导思想，加速市场信息搜集，深入分析供需关联数据，增强市场策划及资源整合，充分挖掘市场潜力，针对销售区域及细分用户的不同需求，推出"个性化产品＋服务"的销售模式；对重大工程持续跟进，加强重要用户沟通协调，千方百计稳固中低端产品既有市场，加大新市场、新领域和新用户的开发力度；在巩固煤炭和冶金等行业传统用户的基础上，主动向海洋、石油、港口机械、交通与基础设施建设等行业进行战略转移；大力拓展销售渠道，建设并推动电子商务发展，实现网络交易突破。通过以上营销策略，该公司的总体经营稳健有序，主业产销实现了调结构和去产能背景下的同步推进。2016 年，在主营业务收入未增长的情况下，该公司实现了利润总额 14.51% 的增长。

满足不同客户群的产品需求，一直是促使海天塑机集团有限公司不断锐意进取的动力。海天集团旗下有"长飞亚""海天""天剑"三大品牌面向高中低市场，可覆盖塑料加工行业的各个领域，满足各类生产厂家对批量化塑料制品生产及精密制品生产等的不同需求。企业秉承"技术应恰到好处"的产品创新战略，聚焦广大用户的切实所需，以最优性价比实现生产效率与灵活性间的完美平衡，为客户创造竞争优势。无锡海天机械有限公司推出的通用液压注塑机系列，定位于通用常规塑料制品批量生产客户群，面向最广大的市场需求。海天塑机集团推出的通用液压注塑机系列，符合国际品质要求，全面适应了客户对批量生产塑料制品的需求。长飞亚塑机集团推出的全电动注塑机系列，定位于高精密塑料制品生产客户群，满足急速增长的高端市场需求。

天津汽车模具股份有限公司借鉴了美国西北大学菲利普·科特勒教授提出的整体理论：企业的市场营销活动应包括构成其内部、外部环境的所有重要行为者，即包括供应商、分销商、最终顾客、职员、财务公司、政府、同盟者、竞争者、新闻传媒和一般大众。整体营销依赖于企业各部门及全体员工的共同努力和密切配合，因此也称"全员营销"，其核心思想是"合作"。该公司通过整体营销把市场营销与公关活动有机地结合起来，将传统的针对最终消费者的营销扩展到了针对环境因素中所有重要行为者的营销。

（六）管理创新

对于制造业企业来说，企业管理制度的改进、管理效率的提升以及不断优化的管理理念已成为制造业企业的竞争力源泉。我们发现单项冠军企业就具备这样的特征。相对于群聚在产业链中低端进行同质竞争的中小企业或者那些曾经风光无限而又归于消弭的激进型企业来说，单项冠军企业的管理战略都普遍清晰、明确，在模式方法上往往与时俱进、勇于创新。单项冠军企业在综合运作劳动力、资本和技术资源等生产要素的基础上，将新的管理方法、手段和模式等要素（组合）引入到企业的管理系统之中，借此更加有效地实现企业的预定目标。

1. 体系激励，倡导创新

在科学技术加速更新迭代的背景下，组织能力和技术发展之间的差距正在不断扩大。为组织赋能，提高劳动产出率，成为企业在新时期里实现追赶超越的重要途径。具体来说，就是要通过建立完善的组织架构和管理体系，特别是合理且具有市场竞争力的薪酬体系激励员工主动作为、积极创新。例如，制定科技成果转化与激励奖励制度，对于在研究开发出先进科技成果或者在推进转化实施的过程中做出重要贡献的人员给予丰厚奖励。

目前，单项冠军企业普遍建立起了项目组成员绩效制，即成员按项目研究成果所产生的效益提取绩效工资，并在此过程中实行优胜劣汰制度，调动研发人员的紧迫感和积极性。另一个广泛共识是，对技术创新给予切实的支持和保障，对于在产品研发和技术开发中做出重大贡献的员工除了物质奖励以外,单项冠军企业还往往会给予大力度的个人发展支持,例如与薪级岗级、职务职称等其他非物质奖励形式紧密挂钩。

举例来说,为鼓励研发人员技术创新和发明创造的积极性,促进科技成果的推广应用,浙江久立特材科技股份有限公司制定了一套内容全面、层次分明、重点突出、透明度高、可操作性强的管理体系,覆盖《研究院组织机构与管理体系运行规范》《科研项目管理办法》《科技成果奖励管理办法》《员工持股管理办法》和《专利专有技术管理办法》等十余项具体制度,相应的激励机制则包括:对科研人员实行以职业素养、能力水平、业务实绩为主的全方位考核,根据考核结果建立具有竞争力的薪酬体系;划拨专项经费,支持高层次人才参与进修、专业培训以及各项学术会议等;设立研发奖、成果奖、论文奖、专利奖、科技成果推广应用奖等多种形式的奖项,并给予除物质奖励以外的休假、疗养、晋升、提拔等非物质奖励。

正如前文所述,很多单项冠军企业都以创新奖励为主要手段激励人才攻坚克难,突破技术瓶颈。最典型的例子是铜陵精达特种电磁线股份有限公司。早年,为解决漆包线表面漆瘤这一行业难题,精达公司在当时资金严重紧缺、人均月收入仅有 1 000 元左右的情况下,出资 5 万元重奖技术攻关创新团队。而福耀玻璃工业集团股份有限公司更是以"栽得梧桐树,引得凤凰来"为人才政策取向,建立了完善的考核激励机制。为倡导全员创新,让创新从生产中来,到生产中去,实现真正的落地,利用全员的力量提升企业整体竞争力,福耀公司专门设立了创新奖面向全员进行评比,并对创新个人和团队进行大额奖励。据悉,创新奖挖掘开发的创新项目已逾千项,其中来自一线的获奖率超过 50%。在此基础上,该公司还进一步更新了奖励体系,从销售、管理、创新、价值观等不同维度对员工进行激励,全面提升公司软硬实力,从而形成了"知人善任、唯才是举、量才使用、人尽其才、注意实效、鼓励先进"的科学的人才管理机制。浙江华峰新材料股份有限公司则建立起了以"全面协同创新"为特色的一整套行之有效的技术创新运行机制,并将激励体系与项目管理、研发投入和全员创新等机制相结合,通过多元化的奖励方式和团队导向的激励,鼓励研发团队进行新产品开发工作,并推行研发人员岗位工资与项目奖金相结合的薪酬制度,使研发人员充分享受新产品效益,从而着力激发研发人员的创新积极性,显著提升创新绩效。

很多单项冠军企业在关注技术创新之余,对于成果转化的后端环节也予以高度重视，并据此建立了相应的激励体系。例如，大连华阳新材料科技股份有限公司颁布了研发成果推广和应用奖励体系，以推广和应用期1年内的相关销售收入为检验标准对技术创新成果进行分级。具体来说，对销售收入达到100万元的创新成果定为1级，相应提出有效信息的人员将会获得5 000元/项的现金奖励；对实现100万元以上500万元以内销售收入的创新成果定为2级，有相应贡献的人员将获得1万元/项的现金奖励；而对于创造了500万元以上销售收入的创新成果，则会按照检验期内销售收入的一定比例进行分成。考虑到有些成果和信息难以在短期内得到检验，该公司还设立了相应的常务会议协商制度，由公司管理层对相关成果和信息进行评估，并给予相应的一次性现金奖励，从而进一步激发了人才活力。

近年来，在金融工具加快创新、资产形式不断丰富的大环境下，很多单项冠军企业开始探索股权激励模式。例如，中建材（合肥）粉体科技装备有限公司从创立伊始就建立了核心业务骨干持股计划，员工持股总量达到了公司总股份的30%。在公司章程中甚至可以明确地看到如下规定：关键岗位设立职务股，职务股由持有人在任时持有；自然人股东所持股份退休时按比例逐步退出；自然人股权周期性调整；根据公司的发展需要，逐步扩大青年业务骨干持股比例等。这一大胆的激励创新不仅调动了科技人员的积极性、稳定了科研人员队伍，还从一定程度上实现了国有资产的保值增值，对于探索激励模式创新的制造企业具有较好的借鉴和示范意义。

2. 管控风险，化解冲击

在商业世界中，有一条普遍认同的说法：成功是抵抗诱惑的结果。而对于我国的制造企业，特别是崛起于草莽之中的民营制造企业来说，由于力量相对单薄、资源有限，抵御风险的能力整体不足，在面对政策风险和黑天鹅事件面前往往束手无策。因此，稳健经营、保持专注、完善机制、充足冗余、财务可控就成为制造企业突破局限、化解生产经营过程中各类冲击和危机的关键。从实际操作层面来说，则是要建立健全风险管理体系，预防和控制企业战略、财务、产品、市场、运营、法律等方面的风险。具体包括：健全重大投资决策责任制度，加强对资产负债情况及现金流动性的动态预警；探索建立风险准备金制度；结合自身实际强化汇率风险管理，减少汇兑损失；严格安全生产管理，加大安全生产投入，加强生产装备维护、改造、升级，健全安全生产操作规范，强化监督检查，完善安全生产责任制，有效防控生产事故和质量事故等。

我们发现，单项冠军企业在稳健经营、预防风险方面的实践往往优于同行。围绕着打造"百年老店"的目标，单项冠军企业普遍树立了风险"无处不在、无时不在"的意识，倡导和传播稳健经营、持续经营的理念。例如，多数单项冠军企业都设有独立的安全生产管理部门，制定有完善的安全管理制度及突发事件应急小组。坚持管生产必须管安全的原则，实施安全生产三级管理制度以及"生产安全一票否决制"，各生产车间、工段、班组均设有安全员，并以各业务模块一把手为安全第一责任人，从而确保安全生产机制有效发挥。在以安全生产为前提的基础上，单项冠军企业会进一步健全风险管理组织体系，建立风险管理信息系统和预警机制，科学制订应急预案，同时加强诚信管理，积极履行社会责任，防范企业形象危机。

为切实提升抵御各类风险的能力，卫华集团有限公司立足创新，通过"制定1个办法、控制2个环节、明确3个重点、完善4项制度、实施5级管控"，全面完善风险管理工作。其中，"1个办法"是指《全面风险管理办法》，这是该集团风险管控的一级管理制度。在此基础上，组织各业务主管部门进行内部风险评估，并确认每一类风险管控的责任部门，通过职、责、权的明确使风险管理工作全过程受控，即"2个环节"。"3个重点"是指将财务风险、市场营销风险和国际贸易风险作为集团全面风险管理工作中的重点，从而在有限的管理资源基础上，获得风险管控的最大效果。"4项制度"是指完善全面风险管理的配套制度，包括定期评估制度、预警制度、报告制度和责任追溯制度等。建立风险控制的责任体系则是"5级管控"的核心内涵，具体来说：一是要在宏观决策层面建立风险战略调控体系，确定公司在不同发展时期的风险管理策略；二是在组织领导层面，由集团法律事务中心总监牵头，指导风险管理工作计划的制订并监督实施；三是在归口管理层面，建立由法律事务部归口管理的风险内部控制体系；四是在业务主管层面，建立以业务主管部门牵头的风险预警体系；五是在集团管控层面，建立由子、分公司共同参与的二级风险管控体系。

玫德集团有限公司建立了规范、有效的风险控制体系。该公司制定了《玫德集团有限公司风险管理制度》，并以此为依托分析各类风险产生的结果，结合风险发生的原因以及承受度，权衡风险与收益，制订规避风险、接受风险、减少风险以及分担风险四类预案。在此基础上，根据经营战略与风险策略一致、风险控制与运营效率及效果相平衡的原则，该公司进一步完善风险解决的内控方案，针对重大风险所涉及的各管理和业务流程，制订涵盖各个环节的全流程控制措施；对其他风险所涉及的业务流程，以关键环节作为控制点也采取相应的控制和预防措施。

一个值得注意的现象是，由于民营企业和中小企业在融资渠道上往往受到约束，资本、资金问题成为制约这一部分制造企业发展的重要瓶颈。为此，红宝丽集团股份有限公司在完善其风险机制的过程中，将实现财务稳健可控作为了主要目标。依据《企业会计准则》，遵循全面性、重要性、制衡性、成本效益和有效性等原则，该公司制定了《企业会计政策》《企业内部财务管理制度》等财务制度，强化了内部控制的监督检查，确保不同岗位之间权责分明、相互制约、相互监督。此后，该公司进一步结合企业文化特点和战略规划，根据《企业内部控制基本规范》及其配套指引，围绕"控制环境、风险评估、控制活动、内部监督、信息与沟通"五要素开展内控体系建设，并编制了覆盖24个模块、31个章节、近40万字的《内部控制手册》。在此基础上，红宝丽集团每年定期开展内控体系自我评价与持续改进活动，并通过外部第三方审计鉴定，率先在中小板建立自愿性的内部控制体系，确保公司经营管理的合法合规、资产安全以及财务报告和相关信息的真实完整性，从而有效地控制了战略、财务、市场、运营和法律等各项风险。

3. 文化建设，凝聚人心

有学者曾指出，工业化的本质不只是物质生产，更是文明进程。虽然在我国有关工业文明的概念尚未明晰，但大多数单项冠军企业已经通过培育企业特色的文化土壤，将"专精特新"的价值取向渗透到了企业的发展基因之中，并因此获得了长久的生命力。

浙江双环传动机械股份有限公司意识到企业文化是凝聚和激励员工的重要力量，在20多年的发展历程中，双环传动坚持营造"以人为本，经营人心"的企业文化。通过打造扁平化组织，提高员工的自主权和主动性，培育员工的创新动力和参与意识，发掘员工的最大潜能，实现员工的最大价值，使全体员工真心真意地与双环一起创业、一起成长，把员工的个人利益融入企业的长远发展之中，从而有效地保证了企业稳定和可持续发展。

中信戴卡股份有限公司则通过凝聚全体员工和利益相关方的核心价值观，不断对企业文化和管理智慧进行融合、创新、提炼和完善。自成立以来，该公司先后提出"共振理论""共振频率"等管理理念。其中，"共振理论"是指凝聚中信戴卡平台上的投资企业同心合力、共同发展，实现共赢；"共振频率"是指中信戴卡内部员工之间紧跟公司发展步伐，努力向上，在同一"共振频率"下推动公司健康发展。目前，中信戴卡已经形成了以"共振"为核心的企业文化内涵，并进一步将其铸造成为支撑企业蓬勃发展的内在动力。

需要明确的是，企业文化并不是空喊口号或者纸上谈兵，而是企业发展的灵魂和行动准则。我们通过调研发现，单项冠军企业往往会通过多种形式进行企业文化建设，包括与员工进行及时、广泛的交流，做到上情下达、下情上传；举办形式多样的活动，加强员工之间的互动和交流，营造良好的企业文化氛围，增加员工对公司的归属感和忠诚度等。例如前面提到的浙江双环传动机械股份有限公司，就是通过充分发挥企业党组织的核心作用，推进了工会、团委、妇联等组织的建设工作，不仅举办各种文体活动，还创办了企业报、双环人书刊和企业网站等，丰富了员工的文化生活，增强了团队的凝聚力。可以说，强有力的企业文化建设能够有效地增进员工的认同感、执行力和创造力，也正是因为如此，单项冠军企业的劳动生产率才会远远高于同规模、同行业的企业。

结　语

经过多年来在细分行业领域的躬行实践，我国单项冠军企业逐渐探索出适应自身所在行业的发展道路，摸索到适合企业自身特点的发展模式，形成了区别于其他类型企业的"特质"。这些典型"特质"为企业提供了源源不断的内生发展动力，支撑企业逐渐做大做强，市场占有率和影响力持续跃升，最终成就细分行业"单项冠军"的地位。

单项冠军企业的成功"特质"说明，专注细分领域深耕细作是一个正确的发展方向。它们的创新大多由市场和技术共同驱动，实现客户导向、技术导向与价值导向的互动整合。创新并不是盲目追求技术的颠覆性创新，而是对技术、运营流程、系统化和全方位服务的持续性完善过程。单项冠军企业认为创新是技术和市场需求的整合，因此将市场和技术看得同等重要。采取专业化经营战略、坚持创新驱动品质为先，加强与客户的互动关系、在技术创新与市场需求之间构建一种可以不断提升的动态均衡：这些正是单项冠军企业获得持续竞争优势的必要条件，值得其他有条件的企业学习和借鉴。

第三章
单项冠军企业的未来之路

当前，全球经济复杂多变、国内经济动能加速转换，产业转型也进入攻坚时期。单项冠军企业不仅肩负着实现我国制造强国目标主力军的重任，同时也不得不面对如何在激烈的市场竞争中保住和巩固"冠军"头衔的自身发展问题。

在本章中，我们将对单项冠军企业的未来发展提出若干建议。

（一）长期专注，强化基础补短板

强大的制造基础是实现制造强国的坚实基石。与世界先进水平相比，我国制造业在核心基础零部件（元器件）、关键基础材料、先进基础工艺和产业技术基础上存在较大差距，基础不强是制约我国提高技术创新能力的瓶颈所在。对此，我国已经提出了要"强化工业基础能力""扎扎实实打基础"，并明确了要实施"工业强基工程"，具体而言就是要补基础工业短板、核心关键技术短板、创新能力短板。

工业基础领域的创新，最大的挑战是需要长期持续的投入和积累，不能中断，耗得起时间。与此相对应的，我国单项冠军企业都不是一夜成名，因为从资源禀赋来讲，它们都远逊于那些大型"全能冠军"企业，只有做得时间越久、越专注、越钻研，才有可能在竞争激烈的市场环境中脱颖而出。

据统计数据显示，全球经营超过 200 年的企业中，日本有 3 000 多家，德国 800 多家，我国现存超过 150 年的仅 5 家。目前入选的 193 家中国单项冠军示范企业从事主导产品领域的平均时间为 23.26 年，其中在 10 ~ 30 年的占比为 74.6%。

山东文登威力工具集团有限公司自 1973 年开始生产扳手至今已 45 年。该公司也经历过产能过剩和产品利润低的困境，为此曾一口气砍掉了上百个品种的低端产品，向功能复合型、操作智能化的高端工具领域开拓。现在，威力公司已将4 000多个规格的工业级品种销往100多个国家，占据国内40%以上的市场，也是全球最大的活扳手制造企业。

在保持专注的同时，未来我国单项冠军企业还需要解决如何把产品做得更深的问题。

首先要向价值链深度延伸。这里的价值链可以理解为客户价值链和供应商价值链两部分。有限的市场决定了单项冠军企业必须牢牢地把握住客户，与上下游的供应商紧密结合，才能深度创造出产品的独特性。西安陕鼓动力曾经与用户江苏虹港石化合作研发制造150万吨PTA机组，是目前国内运行的轴流压缩机领域最大的全国产化PTA机组。

其次要向生产深度延伸。德国的隐形冠军企业平均附加值深度是42%，高于工业界的平均水平；加工深度更是高达50%，而工业界的平均加工深度仅为30%。许多德国隐形冠军企业都有狂热的自制情结，这在中国的单项冠军企业中也并不少见。宁波德鹰精密机械生产的旋梭装配着全球1/3的缝纫机，在它的厂房内几乎找不到一台标准加工设备，所有核心生产设备全部由企业自行研发制造。德鹰坚定地认为，旋梭生产的核心技术与生产设备息息相关，非标设备决定了旋梭技术的独立性和唯一性。

（二）布局海外，扩大规模走出去

单项冠军企业一般都专注于一个行业、几个产品，服务一类客户，这就带来了一个如何扩大企业规模的问题。经济全球化、市场国际化是当今世界不可阻挡的潮流。虽然仍有部分企业将产品定位局限于国内市场，但我国更多的单项冠军企业都早早将开发国际市场规划为企业经营战略的重要组成部分。而一个残酷的现实是，"走出去"绝不是单纯扩大产品出口那么简单，国际化路径是一个"逆水行舟"的过程，企业要进入的是产业门槛高、技术复杂度高的中高端市场，需要在成熟市场中与领先者竞争，因此，未来如何有效利用全球化资源成为国际市场竞争中的赢家是我国单项冠军企业必须正视和解决的问题。

有分析人士指出，企业全球化要经历5个不同阶段，分别是：出口型、初期扩张型、国际型、跨国型和全球型。目前，大多数中国企业尚处于初始阶段，要实现真正的全球化还任重而道远。

当前开放型经济新体制表现出了创新要素有序自由流动、资源高效配置和市场深度融合的特点。我国一些单项冠军企业已经进入产品服务国际化、组织发展国际化和要素国际化三者并行的新阶段。近三年，中国制造业单项冠军企业主营产品出口额与主营业务收入之比平均达到25.49%（见图1-3-1），但低于德国隐形冠军企业数据（62%）。有鉴于此，单项冠军企业应当奉行将创新驱动与全球化市场开拓相结合的经营战略，借助"一带一路"倡议的历史机遇和地方政府出台的相关利好政策的机会，继续加大力度开拓海外市场。

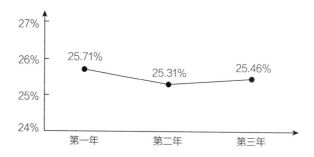

图1-3-1　中国制造业单项冠军企业近三年主营产品出口额
与主营业务收入之比平均达到25.49%

1. 凭借优势产品和服务占领国际市场

就国际化战略来讲，目前有两种经过市场检验证明是切实可行的单项冠军成功经验值得更多企业借鉴。一种是在发展初期聚焦国内市场，然后凭借产品的绝对优势畅销海外，同时借助全球化在世界各地设立销售及服务网点，用"产品＋服务"赢得并维护客户，品牌的国际影响力不断扩大。这方面的典型代表企业有同方威视技术股份有限公司、江苏苏博特新材料股份有限公司、杰克缝纫机股份有限公司等。

同方威视技术股份有限公司的集装箱检查系统在国内市场已经占据了80%的份额，但该公司并不满足于此，而是致力于成为一家国际化的高科技企业。自2001年5月与澳大利亚海关签订第一套集装箱检查系统供货合同实现海外市场突破以来，其国际市场销售取得快速增长，产品和服务已经进入美国、澳大利亚、芬兰、挪威、比利时、阿联酋、土耳其、委内瑞拉、以色列、津巴布韦、伊朗、

韩国、肯尼亚、尼泊尔、古巴等 150 个国家和地区，进入了"一带一路"沿线
65 个国家中的 59 个。近年来，该公司销售收入以年均 10% 的速度稳步增长。

江苏苏博特新材料股份有限公司的高性能减水剂产品在国内核电市场占有率
超过 80%，水电市场占有率超过 70%。该公司设有海外事业部，制订了在中东、
东南亚、印度、非洲和拉丁美洲等区域实施聚焦和差异化的国际化发展战略。目
前苏博特在我国香港设有子公司，已有友盟、金门、港兴、越秀、嘉华、港九中
国、中港、永辉、高力 9 个主要客户，并正在马来西亚、新加坡等地设立子公
司，同时依托"一带一路"倡议，在厄瓜多尔科卡科多辛克雷水电站、玻利维
亚圣何塞水电站、苏丹上阿特巴拉水利枢纽等工程上成功中标。

杰克缝纫机股份有限公司 2015 年的工业缝纫机出口量占到全国总量的 18%
以上，海外营销系统覆盖全球 70 多个国家和地区，共计 240 多家经销商，并在
意大利、印度、孟加拉等地建立海外办事处。该公司销售到印度、越南等地的产
品主要为耐克、阿迪达斯、彪马等国际品牌加工厂使用；其智能裁床 80% 以上
进入欧盟国家的高端市场，主要客户有以宝马、保时捷、梅赛德斯-奔驰、波音、
空中客车等为代表的高端汽车、航天航空领域，用于汽车内饰剪裁、航空航天用
碳纤维剪裁等。

浙江久立特材科技股份有限公司将在现有久立美国公司、德国和阿联酋办事
处、俄罗斯代表处等海外机构的基础上，加快拓展国际市场，建设以欧洲地区、
南北美地区、中东地区、东南亚地区为中心的海外销售和市场网络，加大宣传力
度，销售网络向整个区域快速扩散。在保持与壳牌、英国石油公司、阿曼石油公
司和埃克森美孚等全球一流大型企业合作的同时，久立公司直接参与国际重大项
目的招投标活动，更快地接近下游客户，向客户展示久立的产品，提高久立的国
际品牌知名度，使久立的产品能够真正进入全球工业装备领域市场。

宁波康赛妮毛绒制品有限公司的产品近七成主要面向国际市场。为了更好地
拓展国际市场，把握世界毛纺行业的前沿趋势，该公司建立了覆盖世界主要市场
的立体销售系统，在美国、日本、德国、俄罗斯等建立了销售子公司和办事处，
在韩国、土耳其、柬埔寨、尼泊尔、西班牙等 25 个国家建立了销售代理机构，
产品被 HERMES、ARMANI、PRADA、CHANEL、POLO、THEORY 和 J. CREW
等 100 多个国际顶尖品牌和专业设计师选购，具有极高的产品知名度和美誉度。

宁波激智科技股份有限公司的激智光学薄膜在亚洲成功导入三星、LG 体系
以及日本船井，并在泰国、马来西亚得到量产；在德国、土耳其、波兰等欧洲国

家实现大批量销售；在北美的美国、加拿大和墨西哥实现量产。该公司在日本、韩国以及美国、加拿大、墨西哥、马来西亚、泰国、德国、土耳其和波兰等均有专业的销售人员。随着公司的持续扩大和市场的不断开拓，激智科技的光学薄膜逐步形成了全球化的销售网络。

佛山市恒力泰机械有限公司自 2003 年实现出口以来，迄今已出口到印度、越南、伊朗、缅甸、孟加拉、马来西亚、菲律宾、印度尼西亚、朝鲜、巴基斯坦、乌兹别克斯坦、沙特阿拉伯、埃及、摩洛哥、尼日利亚、加纳、安哥拉、布基纳法索、巴西等 20 多个国家和地区，并自 2007 年起连续 10 年保持世界产销量第一的地位。根据海外市场情况，该公司将国外市场划分为印巴欧美区域、东南亚区域、中东非洲区域，同时在印度、越南、伊朗、印度尼西亚成立了 4 个海外服务办事处，为国际客户提供全方位、全天候、高水准的服务。

厦门宏发电声股份有限公司拥有全球化的分级营销服务网络，营销、服务和物流中心遍布世界各地。该公司还在德国、美国等地建立了本地化的服务、销售、研发、物流机构，在我国香港、意大利等地设立营销公司，在印度、土耳其、韩国、巴西和菲律宾设立办事处，使其能在较短时间内对全球控制继电器市场做出快速反应。

郑州宇通客车股份有限公司的客车远销至古巴、委内瑞拉、俄罗斯、以色列、沙特阿拉伯以及我国澳门、台湾等 30 多个国家和地区。此外，经过长期战略布局，宇通客车取得了欧盟 WVTA 整车认证，开始正式进军欧美市场，目前已在英国、法国、挪威、马其顿等国家实现销售，并成功进入美国市场。

贵州钢绳股份有限公司目前正在着手进行新加坡办事处的设立工作，并考虑择机在日本、英国等发达国家，以及南亚、东南亚等"一带一路"沿线国家和地区研究探索重组或新建海外金属线材制品基地，形成 6 万吨钢丝绳产能。

五金工具行业进入门槛相对较低，企业要想做到全球领先，仅依靠成本优势是不够的。文登威力工具集团有限公司从当初的名不见经传发展到目前产品遍布欧美、日韩、东南亚、俄罗斯、中东、南美和非洲等世界各地，成为世界众多著名工具连锁店和世界知名公司的供应商（如美国第二大零售商、世界 500 强的 HomeDepot 连锁超市，还有美国的史丹利、Snap-on、Lowe's，欧洲的 FACOM，日本的 SUPERTOOL 等国际知名公司），其国际化战略的成功恰恰是从价值链两端"同步施工"。在市场端，通过和一流企业合作，有效提高品牌知名度，加强企业对市场的理解，在普通人眼中扳手可能就是一款简单产品，但在文登威力人看来，这代表了上千种不同的产品，每一种产品都有特殊使用场景，能够满足特殊的工程需求。在生产端，该公司拥有生产设备5 200套、检测设备150套，自动化水平持续提高，通过先进工艺和高端装备有效地保证了最终产品的高质量。

2. 积极进行海外并购和先进技术引进

实施国际化战略的第二种可借鉴经验是，企业充分挖掘全球化带来的资源自由流动红利，积极进行海外并购和先进技术引进。未来我国单项冠军企业的国际化经营方式要由海外营销不断向海外研发、海外生产、海外管理、海外销售的全环节转变。通过收购国外企业，利用品牌效应和海外公司的渠道是快速打开国际市场的方法；而在获取国外先进技术的基础上加以消化、吸收、创新，则有助于企业快速实现从技术追赶到技术超越，再到技术引领的角色转变。这方面的典型代表企业有海天塑机集团有限公司、中铁工程装备集团有限公司、浙江双环传动机械股份有限公司等。

海天塑机集团有限公司的销售服务网络遍布全球主要国家和地区，已在欧洲、北美、东南亚、非洲等区域的100多个国家建立了销售和服务团队，而且目的不仅是销售产品，更重要的是为客户提供及时服务。该公司还通过国际合作和并购手段增强其技术实力：1998—2005年与德马格塑机集团合作创立子公司；2007年收购位于德国的长飞亚公司，填补了此前我国面向高端市场没有核心技术的空白；2010在日本成立了技术中心，有力的技术支持为公司持续发展提供了保障。

中铁工程装备集团有限公司是我国隧道掘进装备研发与制造的发起者和领导者。该公司成立了香港公司，并在新加坡、澳大利亚、巴西等设立了代理机构，还成立了德国公司，产品出口到马来西亚、新加坡、黎巴嫩、意大利、以色列、印度、越南和埃塞俄比亚等国。2013年11月，该公司成功收购德国维尔特公司硬岩掘进机及竖井钻机的知识产权和品牌使用权，成为世界上能独立生产硬岩掘进机（TBM）并具有自主知识产权的企业之一。

浙江双环传动机械股份有限公司根据产品和区域细分市场的竞争特点，搭建"区域营销平台"，将齿轮产品出口到美国、德国、英国、法国、意大利和巴西等全球十几个国家，并在欧洲和美洲市场建立研发和营销中心，近距离、零距离贴近终端市场和客户，提高营销管理效率。

长飞光纤光缆股份有限公司将海外布局重点瞄准光纤光缆需求潜力巨大的东

南亚、非洲和南美，配合落实当地政府推出的"国家宽带计划"，完成国际产能布局和销售覆盖。目前，该公司的产品已销往全球 60 多个国家。未来 5 年，长飞公司还将继续加大海外布局力度，争取每年新增 1~2 家海外光纤光缆企业。未来两年，该公司还将搭建海外研发平台，成立海外研发中心。实施多元化海外销售策略，加强海外战略合作，积极参与海外并购。到 2020 年，海外业务收入将占到长飞公司总收入的 20%。

（三）转型升级，先进制造是方向

近年来，我国制造业面临的外部竞争环境日益严峻，一方面，发达国家实施再工业化战略吸引制造环节回归本土，并积极抢占一些新兴领域的制高点；另一方面，发展中国家工业化进程加快，许多国家凭借更低的成本优势在制造业的一些中低端环节顶替了我国部分企业的原有市场位置。与此同时，我国制造业自身也面临着转型升级的压力：尽管产业总体规模不断扩大，但大部分企业依然处于产业链的中低端。尤其是一些传统产业同质化竞争问题突出，已呈现出产能过剩，企业订单锐减、产品价格不断下降、开工不足，即使勉强维持也不得不面对用工成本增加、可利用资源减少、环境保护管理趋严等一系列压力。

以上情况就要求我国制造业积极从低技术含量的组装生产向先进制造转型。先进制造业既是产业链上高附加值、高利润率的领域，也是制造业中最具创新活力、复杂度最高和成果最丰富的领域。作为全球工业体系最完备的国家，大力发展先进制造符合我国制造业发展的内在要求，也是塑造我国制造业优势、实现转型升级的必然选择。而身为中国制造业的一分子，单项冠军企业未来需要充分发挥创新研发的优势，在智能制造、绿色制造、服务转向等方面引领行业发展，进而在行业整体提升中获取更多的产业链要素支撑。

1. 智能制造，降本增效助竞争力提升

我国许多单项冠军企业通过建立贯穿研发设计、原料供应、生产制造、营销服务等产品全生命周期的信息集成平台，推动工业互联网等信息通信技术在企业生产经营管理中的深度融合和创新应用，实现全方位实时精准控制和智能化感知、预测、分析、决策，有效地提升了生产效率和资源综合利用率，降低了产品

研制周期和运营成本，提高了企业的竞争力。这方面的典型代表企业有浙江久立特材科技股份有限公司、宁波康赛妮毛绒制品有限公司、长飞光纤光缆股份有限公司等。

浙江久立特材科技股份有限公司 2014 年在企业资源计划（ERP）、OA 等软件系统的基础上进行创新，打造了新型 SAP 系统，创建了智能化的管理信息平台。2017 年，该公司持续投入引进生产制造执行系统（MES），并以此为桥梁进行与上层管理信息系统和下层过程控制系统及智能工控系统的无缝连接集成，提升了公司的整体管理水平，从而保障产品质量得到更有效的控制。

宁波康赛妮毛绒制品有限公司的纱线数字化无人智能工厂将建设十条年总产 1 500 吨精品羊绒纱线全自动化流水生产线。该项目全面引进工业 4.0 理念，围绕传统制造业数字化改造、无人化制造技术创新等关键领域进行示范，并借助互联网开发远程智能设计，为进一步开发下游厂商乃至消费者参与的全流程个性化定制奠定基础。该项目标志着康赛妮公司实现了从自动化到智能化的华丽试水。

长飞光纤光缆股份有限公司积极开展智能制造转型升级的探索实践，通过物联网、大数据信息化和制造智能化的融合，建设国际先进的智能工厂、数字化车间系统，形成预制棒和光纤生产智能制造新模式。该公司凭借自主化的生产工艺、智能化装备、制造执行系统，实现了高端智能装备、产品制造、质量跟踪及生产绩效的数字化管理，不仅建成了世界上首个预制棒智能制造工厂，还推动了行业智能制造标准的制定。

福耀玻璃工业集团股份有限公司通过设备智能化改造，机器换工、工序连线、精益生产，达成"5 年节约人工 1 万人，人均产值翻一番"的目标；此外该公司还凭借全供应链"产供销人财物"互联互通，实现了经营各环节的大数据整合应用。在此基础上构建商业智能（BI）系统，助力管理层做出正确的经营决策，以实现对福耀全球资源管控，对市场的变化快速反应。

卫华集团有限公司将图像识别及图像数字驱动控制技术、嵌入式 PC 远程监控运维技术、物联网技术、PLC 技术、变频调速伺服电动机驱动可编程控制技术、智能传感技术、防摇摆技术等集成到桥式起重物流装备上，实现起重物流装备操作自动化、控制数字化、监控远程化、服务在线化等，大幅提升桥式起重物流装备智能化水平，以核心智能物流装备角色参与到数字化车间和智能工厂建设当中，助力制造新模式推广应用。该公司通过搭建工业互联、协同高效的起重物流装备关键结构件数字化车间，提升产品设计、工艺、制造、检测、物流等环节的智能化和数字化水平，完成物流和信息流的全面集成，以智能调度、智能故障诊断、质量在线检测、智能物流和车间 MES 等手段，实现桥式起重物流装备关键结构件智能化、柔性化和数字化制造。

浙江双环传动机械股份有限公司正在建设从研发到制造全流程智能化的"智造工厂"，努力打造集产品设计、生产加工、检测与应用于一体的全流程智能信息化研发制造模式。当前，该公司的全流程智能自动化设备占比达 85%，已经实现产品从原材料到最后成品的全程集中监控。同时，该公司还通过改进 MES，实现了生产管理信息化，建成一个集生产排程、生产监视、数据采集、工艺管理、品质管理、设备管理、报表管理等功能于一体的车间管控系统，建成了一个专业化的智能制造工厂。

北京大豪科技股份有限公司深入研究物联网技术产品在缝制设备制造领域的推广应用，创建基于大数据处理的智能云平台，推进缝制设备网络化、智能化进程，开发新型智能缝制设备，实现两化融合，有效提升缝制设备智能化水平。

青岛环球集团以纺织企业的智能化纺织装备为研发方向，以粗细联合智能全自动粗纱机系统和筒纱智能包装物流系统为中心，向上下游延伸，通过引入智能化装备和辅助机器人，改进优化生产过程，为纺纱用户提供整厂智能化生产解决方案。

2. 绿色制造，兼顾生产和环境的平衡

先进制造同时也是一种综合考虑环境影响和资源效率的现代制造模式，其目标是要做到对环境负面影响极小、资源利用率极高，并使企业和行业的经济效益和社会效益协调优化。改革开放以来，我国经济社会发展成效显著，但资源环境代价较大。究其原因，是没有正确处理好发展与保护的关系。十九大报告指出，坚持人与自然和谐共生，必须树立和践行绿水青山就是金山银山的理念，坚持节约资源和保护环境的基本国策。

我国单项冠军企业应高度重视节能环保问题，要将资源能源管理的对象与范围拓展到生产经营的各个环节，评估各环节对经营绩效的影响，提高资源能源集约化管理水平；采取合同能源管理等方式，采购专业节能服务，提高能源利用效率；积极建立能源管理体系，提高能源管理水平；加强资源能源的计量、监测和统计，完善资源能源消耗定额管理，建立节能降耗责任制；加强原材料消耗的精细化管理，完善原材料领用、仓储、回收等管理制度，有效降低消耗；加强库存

管理，实现库存成本最优化；树立集约利用资源能源创造效益的理念，推进资源高效循环利用，发展循环经济；积极利用先进适用的节能降耗技术、工艺和装备实施技术改造，淘汰落后工艺和设备，提高资源、能源利用效率。近年来，许多单项冠军企业在绿色制造理念的指导下进行了改造升级，成果显著。这方面的典型代表企业有常熟市龙腾特种钢有限公司、福耀玻璃工业集团股份有限公司、京东方科技集团股份有限公司等。

常熟市龙腾特种钢有限公司高度重视企业经济与能源环保及安全生产的平衡发展，一直坚持以 6S 管理、清洁生产、循环经济为主流理念，采用技术、管理及不断进行装备升级换代等手段减少能源使用量，减少污染物排放量，最大限度地回收和利用好二次资源，并减少能源在生产和消费各个环节中的损失和浪费2014—2016 年，该公司节能与环保投入超过 5 亿元，建成两套脱硫设施设备，年降低有害气体的排放近 300 吨；生产过程中的废水全部循环回用，年节水量达到100 万立方米以上；通过一系列节能改造项目，节约标准煤 20 万吨以上，各工序能耗大幅度下降，达到行业同类企业的先进水平。

福耀玻璃工业集团股份有限公司坚持"降低能源消耗，提高竞争水平，为国家节约能源，为企业节约成本"的宗旨，将环保贯穿于生产全过程，主动加大实行清洁生产审核力度，要求旗下所有子公司全部实施清洁生产审核，并依据专家建议进行技术改造，推进清洁生产，坚决淘汰污染严重的落后生产工艺、装置和产品。该集团各子公司均建设了中水回用处理系统，对生产污水进行处理，循环使用，有效减少污水排放甚至零排放。针对在玻璃深加工印刷、烘干工艺中产生的有机废气，安装了有机废气净化装置，降低废气排放，实现废气排放在国家及地方的大气污染物排放标准限值内。为了控制设备噪声污染，首选低噪声设备，其次是采用隔声、减振等降噪措施。针对危险废物，各子公司均按规范（如防渗、通风等）建有独立的危险废物存储仓库。福耀集团还鼓励各子公司从新技术、新材料、新工艺等方面挖掘"节能减排"的潜力。例如，福耀上海客车通过技术手段将两条线的烘干并为一条线，年可节电 116 万千瓦时，折合 406 吨标煤。

京东方科技集团股份有限公司将可持续发展的理念融入工厂建设、产品研发、采购、生产等运营的各个环节。以控制温室气体排放为例，该公司将温室气体管理作为企业运营活动的一部分，推进了《商品和服务在生命周期内的温室气体排放评价规范》（PAS 2050：2008）认证工作，2015 年逐步推行了 ISO50001：

2011 能源管理体系、碳排放管理体系等一系列国际标准认证。通过新体系的建立，京东方能够敏锐地识别温室气体排放，并采取有效的节能减排行动，持续监测和改进温室气体管理绩效，同时，不断开展节能减排项目、引入清洁能源，降低企业内部的温室气体排放。此外，该公司在产品设计阶段全面导入绿色环保理念，通过不断创新的环保技术持续改善产品的能效，降低产品在客户使用阶段的温室气体排放。京东方还通过制订绿色、安全的采购策略，降低供应链环节的温室气体影响。

安徽安利材料科技股份有限公司是"国家工业产品生态（绿色）设计试点企业"，同时通过了 ISO14001 环境管理体系、ISO14024 环境标志产品认证、耐克公司水资源利用最高等级绿标认证，获准授权使用国家工商行政管理总局商标局"中国生态合成革"标志。该公司还是安徽省清洁生产示范企业、"合肥市环保诚信企业""合肥市环境保护工作先进集体""合肥市节能先进单位"、ZDHC全国纺织供应链绿色制造产业创新联盟首批发起单位和"中国合成革绿色供应链产业创新战略联盟"发起成员单位，近年来先后 4 次被安徽省政府等表彰为"安徽省节能先进单位"。该公司还参与了环保部 3 项国家环境保护标准制定、1 项地方行业能耗限额标准制定，产品能耗达到能耗限额标准先进值，环保节能水平行业领先。

3. 服务转向，产品生命周期制造融合

越来越多的制造企业不仅关注产品的制造，还将焦点瞄准产品的整个生命周期，包括市场调查、产品开发、销售和售后服务、产品报废和回收等环节，而且"服务"在制造价值链中的比重越来越大。当前，很多单项冠军企业已经着手打造专业化服务团队，为顾客提供整体系统集成解决方案以及产品全生命周期服务，逐步实现从"产品营销型"向"产品营销＋技术服务型"的转变以及从"产品领先"到"技术＋产品＋服务"的转型升级，从客户需求出发，增加服务环节投入，推动企业向"微笑曲线"两端升级，延伸产业链，提升价值链。这方面的典型代表企业有西安陕鼓动力股份有限公司、卫华集团有限公司、上海标五高强度紧固件有限公司等。

西安陕鼓动力股份有限公司坚持差异化竞争策略，形成以分布式能源为核心的五大业务布局（设备、服务、工程总承包（EPC）、运营、金融），新增并强化技术研发、智能制造、系统方案、金融方案等 18 个新兴业务部门，打造分布式

能源、能源基础设施运营、金融服务、工程总包、工业服务等商业模式。在工业服务方面，该公司形成了全托式维保服务、备件零库存服务、再制造服务、旋转设备健康状态监测及诊断服务等14种系统服务模式，此外还建立工业服务支持中心，依托透平设备全生命周期管理平台，动态监控机组的运行情况，远程运维，提供能量转换设备的全生命周期健康管理。

卫华集团有限公司充分利用新一代信息技术，实现数据驱动企业成长。该公司通过搭建故障模型，对故障进行定义和编码，利用外部传感采集起重物流装备的关键参数，通过数据分析实现故障预测与自诊断。桥式起重物流装备通过采集控制器进行运行数据采集，利用无线通信模块、移动网络和GPS定位技术将采集数据传输至远程运维控制中心，再对数据进行分析和可视化监控。

上海标五高强度紧固件有限公司由单一外贸变为内外贸并举、由制造业"转身"为服务业，在一定程度上得益于其在信息技术方面的持续推进。该公司充分利用当前"互联网＋"概念，将物流、仓储与信息科技充分融合，重点将无线射频识别（RFID）技术、物联网技术、网络远程视频云存储和信息技术应用于公司紧固件看板管理和配送服务，可远程自动获取客户现场货架紧固件使用和缺货信息，及时将其传送到公司和客户ERP系统，自动生成需求订单、发货单和入库单，实现即时准时制生产（JIT）配送（见图1-3-2）。RFID极大地降低了库存，减少了资金和仓库场地占用，降低了采购和物流成本，实现与供应商的实时信息对接，进而提高了综合管理水平。

图1-3-2　优化物流系统，提高企业的核心竞争力

宁波慈星股份有限公司以"产品＋服务"的市场理念，不断优化用户体验模式。该公司的主要客户群体为针织服装、针织运动鞋帽等生产企业，为了让客户在购机时享受更多的体验和服务，该公司把原来的办事处统一规划成4S店的

模式，不仅提供更完善的购机咨询、制版打样、上机操作等服务，同时还提供良好的休闲与洽谈环境，让慈星机器的附加值越来越高，让客户享受到的服务越来越多。

郑州宇通客车股份有限公司借助客户服务管理平台，提升售后服务能力和水平。该公司率先在行业成功实施了客户关系管理（CRM）系统，建成了功能完善的客户服务管理平台，24 小时为客户提供购买咨询、服务请求、配件查询、问题反馈等一站式服务。宇通公司先后投资 1.3 亿元，成为我国客车行业内唯一一家组建起 9 家独资 4S 中心站的企业，并联合了分布在全国的 1 200 多家售后服务站，网点覆盖到县级城市，服务半径缩减至 60 千米以内（除新疆、西藏、内蒙古），从而确保为客户提供更优质的服务。

（四）人才竞争，决定发展的高度

企业间的竞争到归根底是人才的竞争，特别是对于制造业来说，在提高自主创新能力、增强经营管理能力、开发核心竞争力以及建设创新型企业等各个关键环节，都离不开高素质人才发挥核心作用。但目前，受到社会价值取向和逐利心理的驱使，我国存在高素质人才大量涌入非实体经济，制造业人才结构性短缺的严峻问题。根据工信部、教育部、人社部等三部委在《制造业人才发展规划指南》中披露的数据，2015 年，我国制造业规模以上企业人力资源总量为 8 589 万人，但专业技术人员仅有 809 万人。未来随着经营规模不断扩大，单项冠军企业能否解决好人才队伍建设问题，将在很大程度上决定着该公司的发展高度。

1. 加大力度培养内部人才

企业需要通过构建符合自身实际的现代教育培训体系和符合人才成长规律的激励约束机制，贯彻落实人才兴企战略，有计划地抓好人才培训，形成分层次、分类别、多渠道、大规模的人才培养新格局，培养和造就一批具有尖端创新能力和管理水平的专业人才。这方面的典型代表企业有杰克缝纫机股份有限公司、常熟市龙腾特种钢有限公司、青岛环球集团等。

杰克缝纫机股份有限公司用于员工培训的投入每年以 30% 的比例递增，并工通过在职培训、专业培训、外部交流等多种途径提升专业技能和综合素质。具体来说，一是采用"传帮带"的方式培养人才，建立内部讲师队伍、师带徒制度、专业技能比武等方式，传递分享知识并提升骨干人才研发、团队管理及业务水平；二是聘请行业内资深技术专家现场指导教学、外部专家专题讲座等；三是制订年度培训计划选送员工外出学习培训，包括浙工大工程硕士联合培养项目、德国亚琛工业大学技术交流项目以及国际先进技术交流展会等。此外，在职业规划和发展通道上，该公司还专门设置了专业技术与管理行政并行的"双轨制"，在该制度中，首席工程师可以享受到副总经理同等待遇，从而有效地激励了技术研发人员提升专业水平和创新能力的热情。

常熟市龙腾特种钢有限公司每年都会组织技术和管理人员到首钢、宝钢、沙钢等先进企业学习、参观、考察，促使他们开阔视野、增长知识，同时每年还委派2~5名优秀人才到高校攻读硕士学位。此外，该公司还积极组织内部学习培训，通过举办培训班、技术讲座以及专家指导等形式提高员工整体素质。为了帮助刚被招聘进公司的应届毕业生明确发展定位，龙腾公司还实施了"下基层学本领"项目，通过针对性、全方位、系统性的一年以上的"订单式"培训，实现了人岗之间的高度匹配。此外该公司还把人才放到技术攻关、工程扩建和生产经营等相应岗位上，通过明确岗位目标、承担主要责任、提出研究课题或项目，帮助员工施展才能，做到人尽其才，从而充分调动人才的积极性和创造力。

青岛环球集团通过内部培训、培养、选拔、搭建平台、创造机会等多种方式，促进有潜力、潜质的人才脱颖而出；通过能力培养、价值观教育和廉政建设，加强员工综合素质；通过与高校合作，开展管理人员及储备人才的理论教育，提高关键人才的专业水平；通过建设实训基地，加强岗前培训和在岗培训，组建满足公司发展需求的人才队伍。

与此同时，部分单项冠军企业意识到人才培养不能局限在灌输知识技能，而应当帮助员工在实现自我价值的过程全面提升素质，完善各方面能力。例如，有些单项冠军企业通过由研发人员独立牵头完成关键核心项目，允许研发人员自行分配资金、制订工作计划、调配相应资源，给予员工充分的探索自由和创新空间，这种包容冒险、失败和错误的企业文化能够帮助战略性人才尽快成长。有些单项冠军企业则直接设立创新奖项和激励机制，对富有创新成果的员工予以高薪和相应的权利奖励，从而促进有能力的员工协同创新，解决技术研发和公司发展浙江水晶广电科技股份有限公司就通过这样的方式对高管人才进行培养。为适应公司的组织变革和"同心多元化"发展，实现"现有基础经营保障"与"新产业战略布局"的双轮驱动战略，水晶广电实施了"领航"发展计划，在聚焦"组织系统能力"提升、对接公司业务发展需要的基础上，由重点人才自主设计和运营项目，从而提升公司整体的组织能力，做好了战略人才的储备与输送。另一个例子是福建龙净环保股份有限公司，为帮助青年员工主动作为、突破自我，该公司大胆使用和培养年轻的科技人员，积极创造环境和条件让年轻的技术骨干担任企业科技项目甚至省部级科技项目负责人，将青年骨干推到生产科研一线，在实践中摸爬滚打，使其快速成长为各业务模块的技术带头人。

2. 创造条件引进外部人才

企业需要通过人才规划、制度建设、政策引导、环境优化等各方面，从感情、事业、待遇多个方面去吸引人才，进而在选拔任用、业绩考核、工资待遇、福利津贴等各环节上充分体现人才的价值，激励人才多做贡献，形成奋发向上的人才氛围，使人才引得进、用到位、留得住。这方面的典型代表企业有辽宁忠旺集团有限公司、宁波舜宇光电信息有限公司和福建龙净环保股份有限公司等。

辽宁忠旺集团有限公司的研发技术人员占比达到企业职工总数的15.8%，包括辽宁省"百千万人才工程"百层次人选1名、千层次人选2名和万层次人选3名，辽宁杰出科技工作者1名，辽宁省优秀科技创新带头人1名，辽阳市优秀专家1名以及专业技术能手13人。忠旺集团能组建起如此高层次、大规模的精英人才队伍，得益于完善的人才引进机制。通过高层导向，忠旺集团广泛开展国内外技术交流与合作，扩充研发队伍，利用行业整合机会叠加优厚的待遇、良好的发展条件吸引高端技术人才加盟，形成以领军人物为核心、各类创新人才汇集、人才团队结构合理、充满活力和创造力的队伍。忠旺集团也十分注重引进综合管理人员、财务管理人员及生产一线管理人员等中高级管理人才，并通过每年招收10~50名大学本科生，改善公司的年龄和知识结构，提高企业科技队伍的基本素质，从而实现企业的战略储备目标。

通过在美国硅谷与韩国水原等人才集聚区设立市场营销与技术支持等分支机构，宁波舜宇光电信息有限公司吸引了一批国际化人才，提升了公司的快速响应能力。此外，该公司还在杭州滨江成立了浙江舜宇智能光学有限公司，集聚了大量算法、软件人才，进一步提升了公司产品的软硬融合能力。

福建龙净环保股份有限公司则在人才的吸引、利用、激励、培养、评价等方面开展了系统性工作，形成了"一个领军人物、一个团队、一套机制、一个平台，带动一个产业"的人才带动产业发展模式，即通过"一人一策"引进一批海内外高层次环保技术人才及高学历、高能力的博士、硕士加盟，成为各领域技术带头人，通过"传帮带"以及"追随人才"模式，带动整个技术人才团队成长，为公司的持续快速发展提供坚实的智力保障。

常熟市龙腾特种钢有限公司把吸引人才作为一项事关企业生存发展的重大战略任务。每年都依据企业发展规划和现有人才情况制订人才需求计划，并随着公司的发展不断加大人才引进力度。面对近年来人才市场竞争日益激烈的局面，该公司采取多种措施吸引人才，保证人才需求计划的落实：一是网上招聘，对接各高等院校生源参加供需见面会及人才交流会等；二是制定出台《龙腾公司人才引进管理办法》，建立完善的人才引进管理工作机制，对引进人才实行优薪优酬、住房优惠等，对表现突出者可提前聘任专业技术职务；三是通过电视、报纸等载体，提高企业的知名度，树立良好的企业形象。龙腾公司还下大气力，将科研机构、高等院校及同行先进企业的科技人才通过聘任技术顾问的形式引入企业，并组建了相应的专家委员会，使企业能够充分利用先进的科技成果，加快技术创新和产业升级。

（五）协同创新，上下游合作共赢

体育赛场上运动员摘金夺银的背后离不开从教练、陪练到医护人员等幕后团队的贡献。单项冠军企业的产品创新，也需要供应链上下游等一系列生态伙伴的协同支持。但目前摆在其上下游企业面前的一个共同的核心问题是：创新以及支持创新的风险由谁来承担？下游企业出于对质量、风险、效率、成本的综合考量，不敢也不愿做新产品的"试验田"；而上游企业则认为专门针对单项冠军企业的产品创新进行未来可能用量并不大的原材料研发得不偿失。以上因素导致了单项冠军企业的产品在产业链中推广困难。

针对这一现实情况，单项冠军企业首先要联合上下游企业、高校院所合作开展关键共性技术研发，推动先进科研成果产业化应用，实现以协同创新为基础的自主创新能力的提升，同时要强化国际合作，提升全球资源配置能力，推进本企业与全球高端产业链企业的对接与合作。此外，单项冠军企业还要发挥示范引领作用，带动产业链的整体发展，要能帮助其所在行业以"协同创新与制造"为核心构建企业生态圈，冲击全球中高端市场。这方面的典型代表企业有中建材（合肥）粉体科技装备有限公司、宁波慈兴轴承有限公司、常州天合光能有限公司等。

1. 构建上下游协同共赢生态链

装备产品是一种复杂结构的系统集成产品，其创新高度往往受到供应链上的材料、零部件和软件等组成要素的影响。我们通过调研发现，国内许多装备产品的竞争力被制约都是源于供应链上的技术短板。此外，用户实际上在整个创新系统中占据着核心位置，装备的制造方如果能够与具体用户进行频繁而深入的交流，将会有效地推动装备的改进、优化甚至最终的革新。

中建材（合肥）粉体科技装备有限公司努力构建了一支集知名高校院所、原材料供应商、外协件制造商、水泥生产企业于一体的创新链。该公司与国内高校就基础理论、新型装备的开发和智能化、信息化课题展开合作研究；与重庆齿轮箱有限公司、上海电气集团等顶尖企业就智能控制课题合作研究，以适应不同工艺系统和工况要求；与海螺集团、红狮水泥、亚洲水泥等用户就辊压机应用及生产过程中的各类技术问题开展合作研究，以提高生产效率，降低成本。上下游创新链的建立使该公司辊压机保持了持续的创新能力和良好的市场竞争力。同时，辊压机的大规模推广应用也带动了我国机械加工、关键配套件研发和耐磨材料等相关行业的发展。

海天塑机集团有限公司在注塑机零部件研发生产方面积极与弘讯科技、菲仕电机、日月重工等科技型企业开展合作，大力推进协同创新，其中与弘讯科技合作开发的 5 530、5 580 控制器系统实现了进口替代，填补了国内空白。该公司建立条码管理系统、供应商协同系统等信息化管理系统，实现研发、销售、采购、仓储、制造和物流等环节信息化全覆盖，并向协作企业开放共享，提升协同制造水平。协作企业可实时看到公司的所有订单需求、产品入库情况，不仅有效改善了生产缺料问题和在制品库存问题，也提升了整机按时完成率，由原来的80%提升至90%。

2. 与高手共舞，注重消化吸收再创新

通过和领先企业合作，最大限度地吸纳和利用国际创新资源，是现阶段单项冠军企业实现技术跨越、提升自主创新能力的重要机遇和途径。不仅满足于会做、做好，还积极追求"做新"，很多单项冠军企业都拥有强大的"消化吸收"能力，它们通过和国际领先企业合作获取新知识和新技术，但同时更注重搭建创新平台、加大创新投入，以实现对引进技术的消化吸收再创新。

浙江双环传动机械股份有限公司凭借多年积累沉淀下来的技术优势和专业化服务经验，不仅能为客户提供定制化产品，而且在协助客户做同步研发方面还可以提供卓越的配套齿轮解决方案。截至目前，双环传动的世界 500 强企业客户包括 BOSCH（博世公司）、BorgWarner（博格华纳）、MAGNA（麦格纳）、DANA（德纳）、CUMMINS（康明斯）、FIAT（菲亚特）、JOHNDEERE（约翰迪尔）、ZF（采埃孚）、FORD（福特）等；同时还与西门子、ABB、舍弗勒等世界著名机器制造公司开展合作。

宁波慈兴轴承有限公司是一家专注开发和生产用于各种电机、齿轮箱、电动工具及汽车行业的高品质球轴承的中外合资企业。该公司树立"以客户为导向"的服务价值观，在美国、德国、韩国和巴西设立销售公司，方便第一时间完成外销产品接单、技术服务和产品售后服务等工作，取得了中航工业耐世特、采埃孚天合、蒂森克虏伯、博世、大陆汽车、百得、斯蒂尔等客户的认可。同时，该公司强化国际标准认证，先后通过 ISO9001 认证、SGS 公司 QS9000 质量管理体系认证、ISO/TS16949 质量管理体系认证，是我国轴承行业首家获得出口免验证书的企业，为产品打开国际市场提供了保障。

3. 围绕终端客户打造生态圈

随着数字化革命和消费升级的推进深化，许多产业已经从"大鱼吃小鱼"转向"快鱼吃慢鱼"，企业只有提高上下游协同水平，保持内外部创新系统和生产系统的灵活性，才能满足多样且多变的市场需求。

常州天合光能有限公司高效 PERC 电池组件的成功研制，连续 11 次突破世界纪录，显示了我国在光伏行业的技术实力。该产品的研制还间接带动了国

产化设备研发技术的提升，如国产化精细栅线激光转印设备（简称 PTP 设备）较单次丝网印刷设备，电池片的转换效率可以提高 0.1% ~ 0.2%，浆料耗量减少 30% 以上，设备产能达到 1 580 片/小时，碎片率 < 0.05%。该设备升级了传统电池片制造线的技术水平，并大幅降低电池片的制造成本，加速了我国高效晶硅电池的产业化进程。通过与国外高新技术企业的合作，天合光能在高效晶硅电池关键设备方面达到国际领先水平，摆脱了国外公司对我国市场和技术的垄断，并进一步提高了中国光伏产业在国际市场的地位和核心竞争力，同时对带动我国光伏产业关键装备制造业和晶硅电池制造技术的发展具有十分重要的意义。

天合光能高效 PERC 单、多晶光伏组件应用示范如图 1 – 3 – 3 所示。

图 1 – 3 – 3　天合光能高效 PERC 单、多晶光伏组件应用示范

北京大豪科技股份有限公司通过产品技术和产品应用的不断创新，带动并引领全行业的持续发展。该公司与整机厂商深入合作，努力提升我国刺绣机产品的性能和功能，对现有产品进行升级换代，提升市场竞争力。在经营好现有产品业务的基础上，实施品牌扩张战略，通过与纵向产业链、横向相关产品领域的整合，将公司的核心竞争力复制到其他产品或领域进行品牌延伸，增强产业链话语权，开拓新的行业或领域，为使大豪公司成长为一家令人尊敬的"百年老店"积聚实力。

缝制机械设备电控行业与上下游行业的关系如图 1 – 3 – 4 所示。

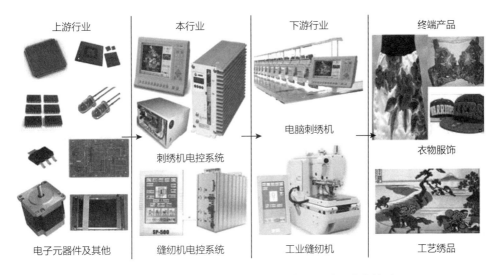

图1-3-4　缝制机械设备电控行业与上下游行业的关系

结　语

　　单项冠军企业要以"稳固中高端水平"为总方向，加大研发投入，持续培育以技术、质量和服务为核心的全球竞争优势。凭借多年在行业的深耕细作，未来单项冠军企业可"裂变"专业优势，面向行业提供社会化、专业化、规范化服务，由此衍生培育出一批围绕产业链上下游的新业态企业，形成以单项冠军企业为核心的创业群和生态圈。

　　"一花独放不是春，百花齐放春满园"。当单项冠军企业向世界展示来自中国制造的风范时，所在行业和产业链中的其他企业也要满怀希望地站在这个生机勃勃的有着美好愿景的平台上，不断学习，不断吸收，不断进步，不断发展。因为发展和培育制造业单项冠军的最终目的是引导更多专业化的公司推动行业发展，带领中国制造走向世界，提升我国制造业的核心竞争力，实现制造业向高质量发展。

Part

Two

专 题 篇

单项冠军

制造业单项冠军
企业发展蓝皮书

Chapter One

第一章
行业特征与分析

（一） 各行业单项冠军企业基本情况比较

1. 单项冠军企业数量的产业分布

◇ 机械类企业最多

制造业单项冠军作为各行业的翘楚，在制造业产业链中居于十分重要的位置，前三批制造业单项冠军示范企业共计 193 家，涵盖 23 个制造业大类。四成制造业单项冠军示范企业集中于装备工业，其中机械类企业占比最高，化工、纺织、电子器件企业分别是原材料工业、消费品工业和电子信息工业的主力军。

依据《国民经济行业分类》（GB/T 4754—2017）对产业的分类标准，第一、第二、第三批共 193 家单项冠军示范企业中，仅有 7 家企业属于新兴产业领域[⊖]，包括 1 家新能源企业和 6 家新材料企业，其余 186 家企业均属于传统制造业领域，主要分布于专用设备制造业，通用设备制造业，计算机、通信和其他电子设备制造业，化学原料和化学制品制造业，纺织业，非金属矿物制品业，金属制品业，电气机械与器材制造业和汽车制造业等 23 个制造业大类，在 31 个制造业大类中占比 74.2%。

⊖ 新兴产业按照《战略性新兴产业分类（2018）》划分标准，包括节能环保产业、生物产业、高端装备制造产业、新能源产业、新材料产业、新能源汽车产业、新一代信息技术产业、数字创意产业、相关服务业九大领域。

从按生产环节划分的制造业几大板块来看[⊖]，单项冠军企业分布于装备工业、原材料工业、消费品工业、电子信息工业的企业数量分别为 77 家、54 家、26 家和 29 家，在 193 家制造业单项冠军示范企业中分别占比 40%、28%、13% 和 15%（见图 2-1-1），装备工业的企业数最多，占制造业单项冠军示范企业总数的 2/5。

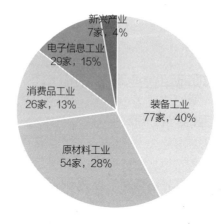

图 2-1-1　制造业单项冠军示范企业的产业部门分布情况

在装备工业中，74% 以上的单项冠军企业属于机械行业，主营制造业通用设备、专用设备、电气机械等产品，汽车和船舶行业的单项冠军企业数分别为 15 家和 5 家，在装备工业单项冠军企业中占比较低。原材料工业中，占比最高的是化工行业的单项冠军企业，共 35 家，占单项冠军企业数的 18.1%。消费品工业中，纺织行业的单项冠军企业最多，达 17 家，占单项冠军企业总数中占 8.8%。在电子信息工业中，占比最高的是电子器件行业，共有 26 家单项冠军企业，占制造业单项冠军企业数的 13.5%，而计算机和通信设备行业的单项冠军企业仅为 2 家和 1 家（见表 2-1-1）。

⊖　工业和信息化部将制造业分为六大板块，包括原材料工业、装备工业、消费品工业、电子信息、通信业和软件业。装备工业主要包括机械、汽车和船舶产业；原材料工业主要包括钢铁、有色、石化、化工和建材产业；消费品工业包括轻工、纺织、食品、医药和家电产业；电子信息工业（电子信息、通信业和软件业）主要包括通信设备、

表 2 - 1 - 1　制造业各板块细分行业单项冠军示范企业数分布情况

（单位：家）

原材料工业				装备工业			消费品工业			电子信息工业			新兴产业	
化工	建材	有色	钢铁	机械	汽车	船舶	轻工	纺织	食品	电子器件	计算机	通信设备	新能源	新材料
35	6	7	6	57	15	5	6	17	3	26	2	1	1	6

◇ 集中于中等技术制造业

从不同技术层级制造业单项冠军企业的分布看，单项冠军企业集中于中高技术、中低技术制造业，共占单项冠军企业数的 74%，高技术和低技术制造业的单项冠军企业占比各为 11%（见图 2 - 1 - 2）。

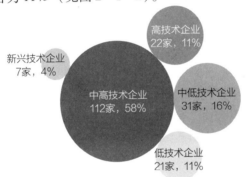

图 2 - 1 - 2　按照技术层级划分的单项冠军企业数及占比

根据经合组织（OECD）从技术水平角度对制造业的划分标准[⊖]，制造业单

㊀　经合组织（OECD）按照技术水平高低将产业划分为高技术、中高技术、中低技术和低技术产业四个层次。按照 OECD 的产业分类标准：高技术产业包括通信设备、计算机及其他电子设备制造业，医药制造业和仪器仪表及文化、办公用品制造业；中高技术产业包括化学原料及化学制品制造业、化学纤维制造业、电气机械及器材制造业、通用设备制造业、专用设备制造业、交通运输设备制造业；中低技术产业包括石油加工、炼焦及核燃料加工业，橡胶和塑料制品业，非金属矿物制品业，黑色金属冶炼及压延加工业，有色技术冶炼及压延加工业，金属制品业；低技术产业包括农副食品加工业，食品制造业，饮料制造业，烟草制造业，纺织业，纺织服装、鞋、帽制造业，皮革、毛皮、羽毛及其制品业，木材技工及木竹藤棕草制品业，家具制造业，造纸及

项冠军企业分布于各技术层级的制造业中。中高技术制造业的单项冠军企业数最多，达112家，占制造业单项冠军企业总数的58%，高技术制造业和低技术制造业的单项冠军企业数远小于中高技术制造业，分别为22家和21家，各占制造业单项冠军企业数的11%。因此，中等技术企业是单项冠军企业的主体，共占比74%。

2. 单项冠军企业规模分布

◇ 企业规模差距大

从企业规模的数量分布看，大型企业是制造业单项冠军的主体，占比60%，小型企业仅占制造业单项冠军企业总数的10%。大型企业和小型企业的从业人员、营业收入规模差距逾百倍。

根据国家统计局发布的关于大、中、小、微企业的划分标准[⊖]，我国制造业单项冠军企业中共有115家大型企业，占单项冠军企业数的60%，中型企业和小型企业分别为58家和20家，占单项冠军企业数的30%和10%（见图2-1-3）。单项冠军企业中，京东方科技集团股份有限公司、歌尔股份有限公司、杭州海康威视数字技术股份有限公司、福耀玻璃工业集团股份有限公司等22家大型单项冠军企业的从业人员超过10 000人，而中材（天津）粉体技术装备有限公司、大连华阳新材料科技股份有限公司、广东精铟海洋工程股份有限公司这3家小型单项冠军企业的从业人员数均不足100人，不同规模单项冠军企业之间的从业人员差距逾百倍；同样，从营业收入看，大型单项冠军企业如京东方科技集团股份有限公司可达435亿元，而山东瑞丰高分子材料股份有限公司仅为10.9亿元，其差距可达39.9倍。可见，无论从从业人员数还是营业收入看，单项冠军企业在企业规模上存在较大的差距。

⊖ 国家统计局制定的《统计上大中小微型企业划分办法》中，主要以营业收入和从业人员为划分企业规模的指标。工业部门内，同时满足从业人员≥1000人和营业收入≥40 000万元的为大型企业；同时满足300人≤从业人员<1000人和2000万元≤营业收入<40 000万元的为中型企业；同时满足20人≤从业人员<300人和300万元≤营业收入<2000万元的为小型企业；满足从业人员<20人或营业收入<300万元的为微型企业。大型、中型和小型企业须同时满足从业人员和营业收入这两个指标的下限，否则下划一档。

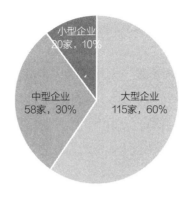

图2-1-3　单项冠军企业的企业规模分布情况

◇ 从经济板块看，大型企业占比多

比较各经济板块间不同规模的制造业单项冠军企业的数量分布，可以发现装备工业的大型企业占比最高，达62.3%；计算机产业的中型企业约占该产业单项冠军总数的一半，单项冠军企业的整体规模相对较小；个别小型单项冠军企业虽然从业人员不足百人，但其主营产品的市场占有率稳居全球第一，是"小而强"的典范。

不同规模的单项冠军企业分布在制造业的各大板块中，新兴产业、原材料工业、装备工业、消费品工业、电子信息工业的大型单项冠军企业数分别为7家、24家、48家、16家和20家，装备工业的大型单项冠军企业数最多，占大型企业总数的41.7%，48家大型企业占装备工业单项冠军企业数的62.3%（见图2-1-4）。从更细分的行业看，钢铁、轻工、食品、电子器件、计算机、通信设备、新材料和新能源行业均没有小型规模的企业（见表2-1-2）。

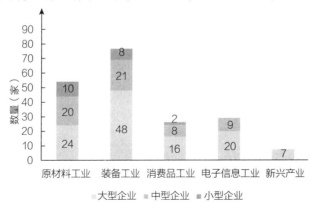

图2-1-4　各经济板块不同规模单项冠军企业的分布情况

表 2-1-2 各细分行业不同规模单项冠军企业的分布情况

（单位：家）

产业板块	细分产业	大型	中型	小型
原材料工业	化工	13	14	8
	有色	4	2	1
	钢铁	4	2	
	建材	3	2	1
装备工业	机械	33	18	6
	汽车	11	3	1
	船舶	4		1
消费品工业	轻工	6		
	纺织	9	6	2
	食品	1	2	
电子信息工业	电子器件	18	8	
	计算机	1	1	
	通信设备	1		
新兴产业	新材料	6		
	新能源	1		

原材料工业、装备工业、消费品工业、电子信息工业的中型单项冠军企业数分别为 20 家、21 家、8 家、9 家。从更细分的行业看，化工、计算机、食品等行业的中型单项冠军企业在该行业中的比例分别为 40%、50% 和 67%，较其他行业相对较高，说明这些行业的单项冠军企业的整体规模小于其他行业。

单项冠军小型企业主要分布在原材料工业和装备工业，从更细分的行业看，20 家单项冠军小型企业主要分布在化工和机械行业中，规模最小的中材（天津）粉体技术装备有限公司仅有 56 名从业人员、300 万元注册资本，但其主营产品立式辊磨机的市场占有量稳居全球第一，是"小而强"的单项冠军企业的典型代表。

◇ 从技术层级看，大型企业占比较高

比较各技术层级的制造业部门可以发现，大型企业数量在各技术层级中占比显著高于中型企业和小型企业，7 家新兴产业均为大型企业，小型企业在各技术层级中占比最低。

从不同技术层级的制造业看，单项冠军大型企业在新兴产业、高技术、中高技术、中低技术和低技术制造业中分别有 7 家、15 家、61 家、18 家、14 家，在各技术层级制造业中所占的比重分别为 100%、68.18%、54.46%、58.06% 和 66.67%。7 家新兴产业均为大型企业，中高技术制造业的大型企业占比略低于其他层级的制造业，中低技术和低技术制造业中的大型单项冠军企业的占比相对较高。单项冠军中型企业在不同技术层级制造业中所占比重分别为 27.27%、33.04%、32.25% 和 23.80%，可见，中高技术和中低技术制造业中的单项冠军中型企业数占比略高，高技术和低技术制造业中单项冠军中型企业数占比相当（见图 2－1－5）。

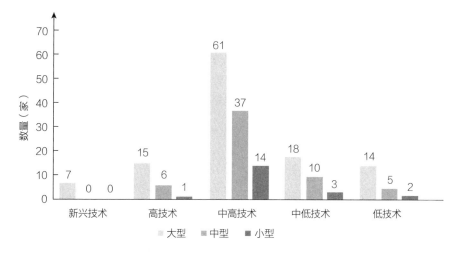

图 2－1－5　大、中、小型单项冠军企业在不同技术层级制造业的分布

3. 单项冠军企业所有制分布

◇ 民营企业是主体

制造业单项冠军企业呈现多元化的所有制结构，民营企业和国有企业占单项冠军企业总数的 63% 和 22%，是制造业单项冠军企业中占比最高的两类所有制形式；比较各经济板块的企业所有制形式，可以发现，消费品工业的民营企业占比最高，达 81%，装备工业的国有企业占比相对其他板块较高，约占装备工业单项冠军企业总数的 1/3。

制造业单项冠军呈现出多元化的所有制形式，民营、国有、合资和其他所有制形式的企业分别占制造业单项冠军企业数的63%、22%、8%和7%（见图2－1－6）。民营企业是制造业单项冠军企业中最重要的主体，国有的单项冠军企业数约是民营单项冠军企业数的1/3，这两类单项冠军企业数达163家，占单项冠军总数的八成以上，是目前我国制造业单项冠军企业中最常见的两种所有制形式。

深入到各经济板块看，民营企业在原材料工业、装备工业、消费品工业和电子信息工业的占比都在50%以上，是各经济板块单项冠军企业的

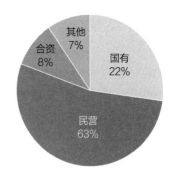

图2－1－6　制造业单项冠军企业的所有制情况

主体，其中，消费品工业中民营的单项冠军企业数达21家，占比81%，高于其他经济板块。34.71%的国有单项冠军企业集中在装备工业中，装备工业中国有的单项冠军企业占装备工业单项冠军企业总数的54.54%。7家新兴产业的单项冠军企业中，国有、民营和合资的单项冠军企业分别为1家、4家和2家，呈现了新兴产业所有制形式的多元化发展潜力（见图2－1－7）。

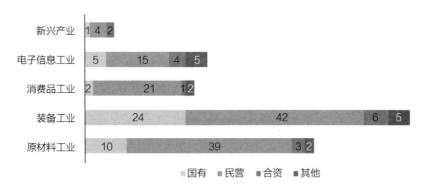

图2－1－7　各经济板块单项冠军企业所有制形式的分布情况

◇ 国有企业技术层级高

比较不同技术层级制造业单项冠军企业的所有制情况，可以发现，产业技术层级越高，国有企业占比越高，民营企业占比越低。中高技术、高技术制造业中国有企业占比逾20%，低技术企业中国有企业占比仅为9.52%，低技术企业中民营企业占比达76.19%，比高技术企业高26个百分点。

深入到不同技术层级的制造业行业可以发现，各技术层级的制造业部门内都

有国有、民营和合资等多种所有制形式，但总体来说，产业技术层级与民营的单项冠军企业占比呈反比，与国有的单项冠军企业占比呈正比。低技术、中低技术、中高技术、高技术和新兴技术制造业内民营的单项冠军企业占比分别为76.19%、74.19%、59.82%、50%和57.14%，而国有的单项冠军企业占比分别为9.52%、16.13%、25.89%、22.73%和14.19%（见图2-1-8）。可见，产业技术层级越高，民营的单项冠军企业占比相对较低，而国有的单项冠军企业占比则相对较高。

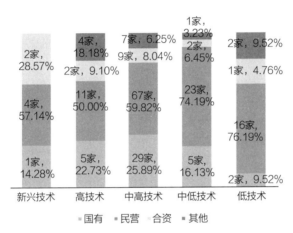

图2-1-8　不同技术层级单项冠军企业的所有制情况

考虑到技术层级相对较高的制造业，在产品的设计研发、工艺的升级改进和市场的开拓发展过程中需要投入更多的资金和技术支持，承担更多的风险和挑战，可能需要寻求来自政府、国外优秀企业的合作和支持，因此，国有单项冠军企业的占比相对较高；而低技术和中低技术制造业部门的技术层级相对较低，企业可以通过自身的经验积累实现某一领域的专业化的发展，因此，民营单项冠军企业的占比远高于国有和合资企业的占比。

4. 单项冠军企业专注度分析

◇ 多数企业专注主营产品时间长

制造业单项冠军企业多是在工业化进程中新晋成长起来的企业，约75%的单项冠军企业从事主营产品业务时间为10～30年，7.4%的单项冠军企业专注主营产品领域超过50年；在各经济板块中，除新兴产业外，其他经济板块的单项冠军企业从事主营产品领域的平均时间都超过 20 年。

　　制造业单项冠军企业作为某一细分领域的领头羊，在其主营产品的研发和生产、市场的拓展和竞争上都积累了长期实践经验。从事主营产品领域的时间小于10 年的企业只有 5 家，有 14 家单项冠军企业在主营产品领域专注已超过 50 年，占比 7.4%。从事主营产品领域的时间在 10 ~ 30 年间的单项冠军企业，是在工业化进程中新晋成长起来的企业，占单项冠军企业数的约 75%。这些制造业单项冠军企业的全球市场份额的平均值达 21.7%，54% 的单项冠军企业拥有全球市场占有率排名第一的主营产品。可见，这些制造业单项冠军企业在成长中不断做大做强，已逐步体现出强劲的市场竞争力（见图 2 - 1 - 9）。

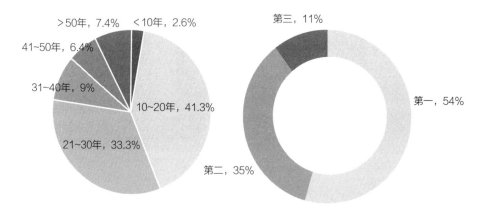

图 2 - 1 - 9　制造业单项冠军企业从事主营产品的时间和全球市场占有率排名情况

　　除新兴产业外，各经济板块的单项冠军企业从事主营产品领域的平均时间均超过 20 年，原材料工业、装备工业、消费品工业、电子信息工业的单项冠军企业从事主营产品的平均时间分别为 23.1 年、23.7 年、24 年和 20.5 年。新兴产业作为成长初期的产业，其从事主营产品领域的时间尚短，7 家企业的平均时间仅为 13 年。深入到各经济板块看，从事主营产品在 10 ~ 30 年的单项冠军企业均占比最高（见图 2 - 1 - 10），表明在改革开放不断深化和工业化持续推进的这二三十年，为制造业企业做大、做强、做精、做专营造了良好的政策环境，更为单项冠军企业的培育和成长提供了更好的机遇。

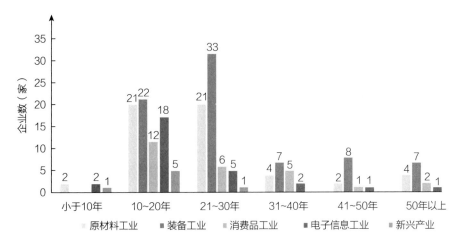

图 2 - 1 - 10　各经济板块单项冠军企业从事主营产品领域的平均年限

◇ 高技术企业从业时间较短

比较各技术层级的制造业单项冠军企业从事主营产品领域的平均时间，可以发现技术层级越高的单项冠军企业从事主营产品领域的时间越短。

从不同技术层级的制造业可以发现，新兴技术和高技术制造业单项冠军企业从事主营产品领域的平均时间较短，分别为 13 年和 19.6 年，低技术和中低技术的制造业单项冠军企业从事主营产品领域的时间相对较长，为 23.3 年和 26.6 年（见图 2 - 1 - 11）。

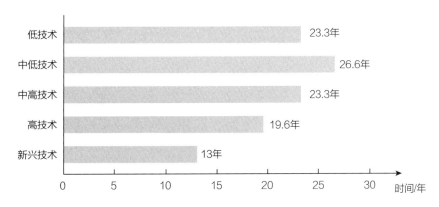

图 2 - 1 - 11　不同技术层级单项冠军企业从事主营产品领域的年限

◇ 市场占有率稳定增长

从各经济板块的比较来看，制造业单项冠军企业在国际、国内市场的占有率均实现稳定增长，其中装备工业单项冠军企业在国内市场占有率高于其他经济板块；从各技术层级的比较来看，高技术和中高技术企业拥有较高的市场占有率。

制造业单项冠军企业在国际、国内市场拥有相对稳定的市场地位，近年来，其市场占有率实现了持续的增长（见图 2－1－12 和图 2－1－13）。近年来，原材料工业、装备工业、消费品工业、电子信息工业、新兴产业各经济板块单项冠军企业的全球市场占有率均实现了较为稳定的增长，其三年的全球市场占有率平均值分别为 20.6%、23.57%、24.07%、20.06%、20.22%。装备工业和消费品工业的单项冠军企业在国际市场的占有率略高于其他经济板块，部分企业的市场占有率如山东金城柯瑞化学有限公司所生产的头孢克肟侧链酸活性酯在国际市场占有率达 90%，沈阳鼓风机集团股份有限公司生产的离心压缩机在国际市场占

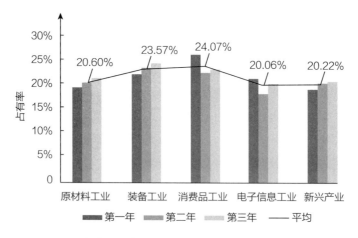

图 2－1－12　近三年各经济板块单项冠军企业全球市场占有率变化及平均值

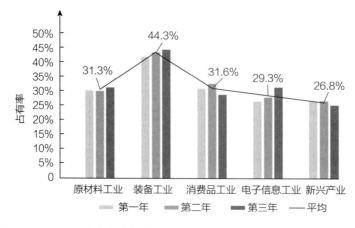

图 2－1－13　近三年各经济板块单项冠军企业全国市场占有率变化及平均值

有率达85%。近三年，装备工业、电子信息工业的单项冠军企业在国内市场占有率呈明显上升趋势，装备工业单项冠军企业在国内市场占有率的平均值约为44.3%，高于原材料工业、消费品工业、电子信息工业和新兴产业，说明机械、汽车、船舶等行业的单项冠军企业在国内市场更具有竞争力。

从各技术层级制造业部门的单项冠军企业的市场占有率看，近三年，中高技术和高技术制造业的单项冠军企业在全球市场占有率的平均值为27.7%和20.9%，在国内市场的占有率为40.8%和33.4%，均高于低技术、中低技术制造业的单项冠军企业在全球和国内市场的占有率（见图2-1-14和图2-1-15）。可见，我国技术层级相对较高的制造业单项冠军企业在全球和国内市场上拥有更强劲的竞争实力和市场地位。

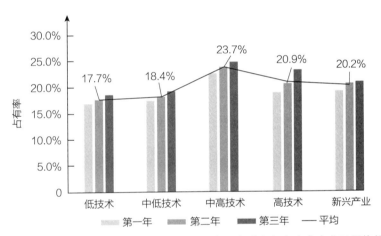

图2-1-14　近三年各技术层级单项冠军企业全球市场占有率变化及平均值

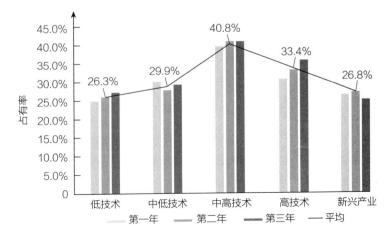

图2-1-15　近三年各技术层级单项冠军企业全国市场占有率变化及平均值

（二） 各行业单项冠军企业的盈利能力分析

1. 主营业务收入增速趋稳

近三年各经济板块单项冠军企业的主营业务收入都有所增长，但增长速度却呈现不同程度的下滑。深入到各经济板块内的具体行业，新兴产业、化工、计算机、电子器件等行业的主营业务收入年均增长率显著高于其他行业。

近三年，各经济板块的制造业单项冠军主营业务收入都有所增长，但增长速度有所放缓，原材料工业、装备工业、消费品工业、电子信息工业和新兴产业的单项冠军企业的主营业务收入增长率的三年平均值分别为 27.9%、7.6%、12.8%、39.3% 和46.7%（见图2－1－16）。

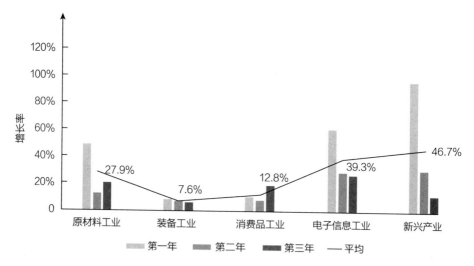

图2－1－16　各经济板块单项冠军企业主营业务收入增长率的变化及平均值

深入到各经济板块的各个行业，可以发现近三年来，各行业的单项冠军企业主营业务收入的平均增长率呈现出较大的差异性，新材料、新能源等新兴产业内的单项冠军企业的主营业务收入平均增长率达46.7%；化工、电子器件和计算机企业的主营业务收入的年均增长率也较高，均超过了30%；而机械、钢铁产业的单项冠军企业的主营业务平均增长率仅为5.4%和3.1%（见图2－1－17）。

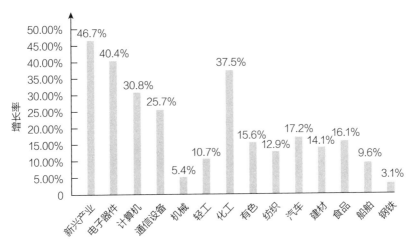

图 2 - 1 - 17 　近三年制造业各行业单项冠军企业主营业务收入增长率的平均值

从主营业务增长率的变化趋势看，近三年各行业单项冠军企业主营业务增长率都呈现了不同程度的下降，电子信息工业和新兴产业单项冠军企业的主营业务收入的增长率最高，但趋缓的趋势也更为明显。近三年，这两个工业部门单项冠军企业的主营业务收入增长率分别从 61.4% 和 96.6% 下降到 27.2% 和 12.2%。原材料工业的单项冠军企业主营业务收入增长率从 49.7% 下降到 21%。装备工业单项冠军企业的主营业务收入增长率也呈现了趋缓的趋势，其主营业务收入增长率从 8.95% 调整至 6.55%。

2. 利润率高于行业平均值

各行业制造业单项冠军企业的利润率达 5.9%～21.9%，远高于各行业 3%～5% 的平均利润率，大部分产业的单项冠军企业的利润率超过 10%，计算机产业单项冠军企业的年均利润率高达 21.9%，电子器件、计算机、通信设备、钢铁产业、单项冠军企业的利润率比同行业高 10 个百分点以上。

制造业单项冠军企业能创造较同行业更高的利润率。近年来，各行业的平均利润率约为 3%～5%，而各行业单项冠军的利润率可以达到 5.9%～21.9%，除有色、建材、食品、化工、船舶这五个行业外，其他行业单项冠军企业的利润率都超过了 10%，计算机单项冠军企业的平均利润率最高，达 21.9%，高于同行业平均利润率 17.4 个百分点，新兴产业、通信设备、汽车、钢铁行业的单项冠军企业的平均利润率超过了 15%，高于同行业企业平均利润率约 10 个百分点，即便是单项冠军企业中利润率最低的船舶业，其平均利润率也高于同行业0.2个百分点（见图2-1-18）。

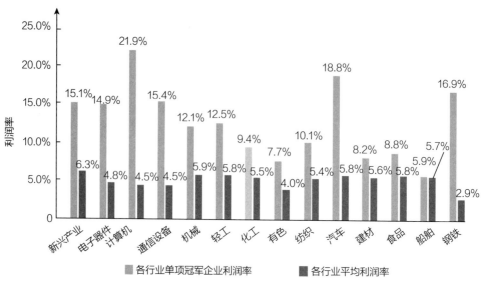

图2-1-18　各行业单项冠军企业平均利润率及所在行业平均利润率比较

3. 年均利润增长率差异大

制造业各行业单项冠军企业年均利润增长率差异显著，化工、汽车等行业的单项冠军企业的年均利润增长率超过100%，钢铁、有色行业的单项冠军企业的年均利润增长率较低；受国内外市场环境的影响，各年间制造业单项冠军企业的利润增长率呈现较大波动。

近三年，各行业利润增长率呈现较大的差异，部分行业的单项冠军企业的利润率加速增长，其年均利润增长率较高，如化工和汽车行业单项冠军企业的年均利润增长率超过100%，分别达153.81%和147.56%，新兴产业、电子器件、通信设备、食品和船舶行业的单项冠军企业的年均利润率增长率也超过了50%，达67.81%、86.51%、57.33%、64.29%、98.44%，而钢铁、有色单项冠军企业年均利润增长率为7.90%和11.32%，显著低于其他行业（见图2-1-19）。

从近三年各经济板块单项冠军企业利润增长率的变化趋势，可以发现，各行业单项冠军企业的利润增长率均呈现较大的波动。装备工业的单项冠军企业的利润率呈现先大幅提升后下降的趋势，原材料工业、消费品工业和新兴产业的单项冠军企业的利润增长率呈现逐渐递减的趋势，而电子信息工业单项冠军企业的利润率则呈现先平稳后下降的趋势（见图2-1-20）。可见，各行业单项冠军企业的利润率受到内、外部经济环境及市场波动的影响，具有较大的不稳定性。

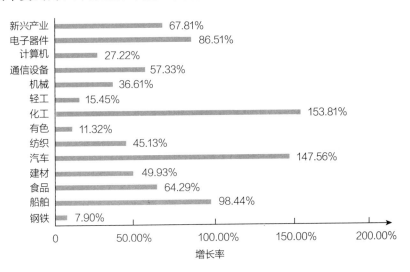

图2-1-19　近三年各行业单项冠军企业年均利润增长率

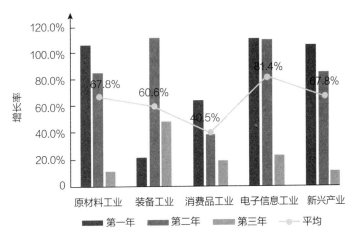

图2-1-20　近三年各经济板块单项冠军企业利润增长率变化及平均值

4. 主营产品出口占比不一

除建材、计算机行业外，各行业主营产品出口占主营产品收入的比重都在10%以上，通信设备行业单项冠军企业的主营产品出口占比高达85.7%。近三年来，各行业主营产品出口占比呈小幅波动，新兴产业的单项冠军企业出口占比有下滑趋势。

近三年，各行业主营产品出口占比有小幅波动，且变动方向有所不同。此间，汽车和机械行业单项冠军企业的主营产品出口占比相当，但两者呈现完全相反的发展趋势，汽车行业的单项冠军企业的主营产品出口占比持续下降，从28.9%下降到25.7%，而机械行业单项冠军企业则呈现稳步上升的趋势，其主营产品出口占比从25.7%逐步上升到27.6%。钢铁、机械、电子器件、计算机行业的单项冠军企业的主营产品出口占比都呈现稳步上升趋势，而有色、轻工、纺织行业的单项冠军企业的主营产品出口占比则有所下降，新兴产业单项冠军企业的主营产品出口占比下降最为明显，从33.5%下降到23.1%，继而下降到17.6%（见图2-1-21）。可见，近三年各行业单项冠军企业的主营产品出口占比均有所波动，但波动方向不尽相同。

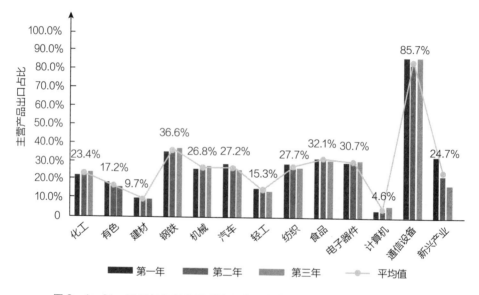

图2-1-21　近三年各行业单项冠军企业主营产品出口占比变化及平均值

各行业单项冠军企业的主营产品出口额占主营业务收入的占比存在一定差异，可见各行业单项冠军企业的出口依赖度不尽相同。除建材、计算机行业外，制造业其他行业单项冠军企业的主营产品出口额占主营业务收入的比重都在10%以上；通信设备行业单项冠军企业的主营产品出口占主营业务收入的比重最高，达85.7%、化工、钢铁、机械、汽车、纺织、食品、电子器件和新兴产业的单项冠军企业主营产品出口占比均在20%以上，也就是该行业主营产品收入的

20% 以上依靠国外市场；建材和计算机的单项冠军企业的主营产品出口占比低于 10%，略低于其他行业，表明这些行业的主营产品收入更多依靠国内市场。

（三） 各行业单项冠军企业的创新能力比较

1. 各行业制造业单项冠军企业创新投入情况

◇ 高技术企业创新人才占比最高

制造业单项冠军企业拥有众多的创新人才，九成以上单项冠军企业的研发人员占全部职工人数在 10% 以上，64% 单项冠军企业的研发人员占比在 10% ~ 20%，高技术单项冠军企业的研发人员占比高达 27.2%。

创新人才是企业创新活动中最为活跃的生产要素，培育、发展和壮大创新人才是企业实现可持续发展的重要战略。制造业各行业的单项冠军企业能在市场竞争中实现数十载的发展，与企业内部相对丰富的创新人才是密不可分的。193 家制造业单项冠军企业中，仅有 14 家企业的研发人员占全部职工人数的比重小于 10%；有 123 家制造业单项冠军企业的研发人员占比在 10% ~ 20%，占比 64%；还有 30 家制造业单项冠军企业的研发人员占比高于 30%（见图 2-1-22），其中有 10 家电子信息工业、12 家机械工业的单项冠军企业。

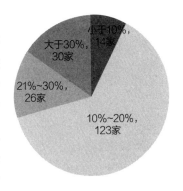

图 2-1-22 不同研发人员占比的制造业单项冠军企业数分布

深入各制造业部门看，除了建材、纺织和新兴产业的单项冠军企业研发人员占全部职工人数的比重小于 10%，其他制造业部门单项冠军企业研发人员占比均高于 10%，但各产业的研发人员占比仍存在较大差异。其中，通信设备、计算机、船舶、钢铁等单项冠军企业的研发人员占全部职工人数的比重都超过 15%。7 家新兴产业的单项冠军企业的研发人员占全部职工人数的比例为 9.3%，略低，可能是因为新兴产业仍处于初创期，其单项冠军企业尚处在研发人员的积累阶段（见图 2-1-23）。

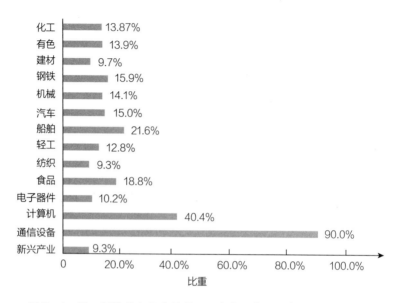

图 2-1-23 制造业各行业单项冠军企业研发人员占全部职工的比重

从不同技术层级的产业看，高技术产业相比中高技术、中低技术和低技术产业需要更多的研发要素投入，因此，高技术单项冠军企业的研发人员占企业职工的比重最高，达 27.2%。中高技术、中低技术和低技术单项冠军企业的研发人员占比依次递减，分别为 16.9%、12.7% 和 9.9%，略高于新兴技术的单项冠军企业（见图 2-1-24）。

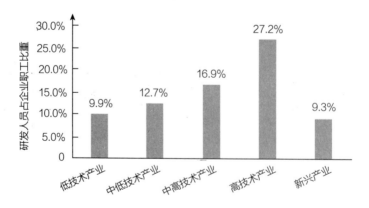

图 2-1-24 不同技术层级制造业单项冠军企业研发人员占全部职工的比重

◇ 研发经费投入强度高于规模以上企业水平

制造业单项冠军企业的平均研发经费投入强度远高于我国规模以上企业的平均水平，计算机、通信和其他电子设备制造业和专用设备制造业的单项冠军企业的研发经费投入强度高于5%，化学纤维制造业单项冠军企业的研发经费投入强度低于3.5%。从研发经费投入强度的变化趋势看，技术层级较高的单项冠军企业的研发经费投入强度实现了更强劲的增长趋势。

研发经费是企业开展创新活动的重要保障，通常将研发经费投入强度[○]作为衡量企业创新能力的重要指标之一。我国制造业单项冠军企业研发经费投入强度远高于制造业规模以上企业的水平。比较制造业各行业单项冠军企业与规模以上企业的研发经费投入强度，可以发现单项冠军企业都遥遥领先于制造业各行业的规模以上企业，其研发经费投入强度是规模以上企业的数倍（见图2-1-25）。差距较大的专用设备制造业，有色金属冶炼和压延加工业，金属制品业，橡胶及塑料制品业，文教、美工、体育和娱乐用品制造业、食品制造业等部门单项冠军企业研发经费投入强度是规模以上企业的10.93、5.76、5.92、5.34、8.14、7.5倍。

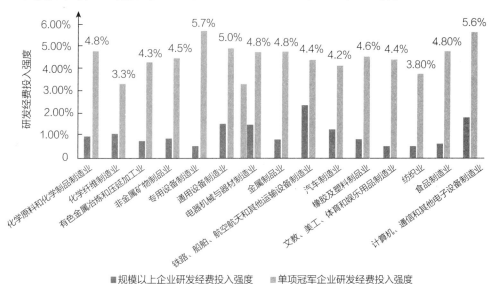

图2-1-25 制造业各行业单项冠军企业研发经费投入强度与规模以上企业研发经费投入强度的比较

○ 企业研发经费投入强度＝企业研发经费/企业主营业务收入。

从研发经费投入强度的变化趋势看，近三年各经济板块的制造业单项冠军企业的研发经费投入强度均实现了稳步的增长。近三年原材料工业、装备工业、消费品工业、电子信息工业及新兴产业单项冠军企业的研发经费投入强度的平均值分别为4.5%、5.0%、4.4%、6.6%和4.8%，其中电子信息工业单项冠军企业研发经费投入强度高于其他经济板块单项冠军企业约2个百分点，是研发经费投入强度最高的板块（见图2-1-26）。进一步深入到各经济板块内部，可以发现

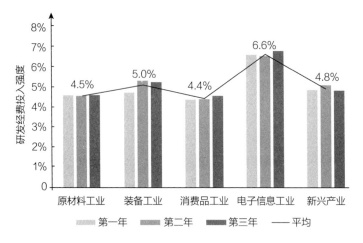

图2-1-26　近三年各经济板块制造业单项冠军企业研发投入强度变化及平均值

电子信息工业内的通信设备制造业单项冠军企业的研发经费投入强度最高，达21.7%，此外建材、船舶、机械、轻工、电子器件和计算机等行业的单项冠军企业的研发经费投入强度达到或超过5%，高于其他部门（见图2-1-27）。

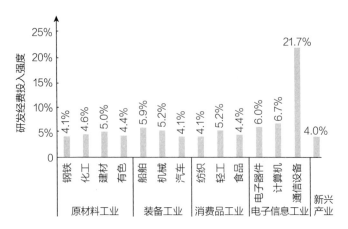

图2-1-27　各细分行业单项冠军企业研发经费投入强度

从不同技术层级的制造业部门看，近三年新兴技术、高技术、中高技术、中低技术和低技术制造业的单项冠军企业的研发经费投入强度均实现了稳定的增长，且技术层级较高的产业其研发经费投入强度也较高，高技术制造业单项冠军的研发经费投入强度的平均值达6.3%，高于低技术制造业的单项冠军企业2.6个百分点。可见，技术层级较高的制造业单项冠军企业在市场竞争中更重视创新能力的培育，并通过加大创新经费的投入来不断打造创新实力，稳固和发展企业的市场地位（见图2－1－28）。

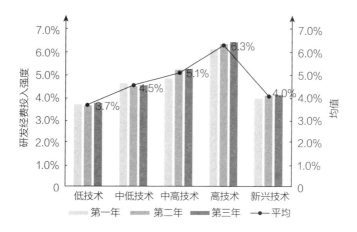

图2－1－28　近三年不同技术层级制造业单项冠军企业研发经费投入强度变化及平均值

2. 各行业制造业单项冠军企业创新产出情况

◇ 核心自主知识产权占比高

制造业单项冠军企业积累了丰富的自主知识产权，原材料工业、装备工业、电子信息工业、新兴产业核心自主知识产权占比在75%以上。比较各技术层级的制造业，可以发现，技术层级越高的单项冠军企业，其核心自主知识产权占比越高。

知识产权是企业获取市场竞争力的有效工具和手段，现有研究表明，知识产权及其无形资产为产品带来的价值是有形资产的两倍。核心自主知识产权是高质量的知识产权，是指企业对主要产品（服务）的核心技术拥有的自主知识产权。企业所拥有的核心自主知识产权数量多少在较大程度上反映了企业在国际、国内市场上核心竞争力强弱。

从各经济板块看，原材料工业、装备工业、消费品工业、电子信息工业和新兴产业的单项冠军企业平均拥有的核心自主知识产权分别为129.4件、247.1件、104.8件、557.8件和141.8件。电子信息工业和装备工业的单项冠军企业所拥有的核心知识产权数量是其他板块的单项冠军企业的两倍之多（见图2-1-29）。原材料工业、装备工业、电子信息工业和新兴产业的单项冠军企业平均所

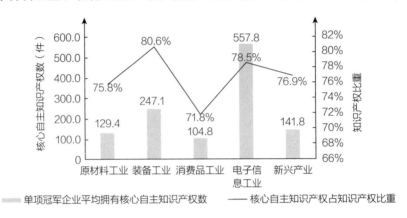

图2-1-29　各经济板块的单项冠军企业平均拥有的核心自主知识产权数及占知识产权的比重

拥有的核心自主知识产权占自主知识产权的比重都在75%以上，也就是每100件知识产权中，有75件以上都属于核心自主知识产权。深入经济板块内部可以发现，电子信息工业中的通信设备和装备工业中的汽车产业的核心自主知识产权占比非常高（见图2-1-30）。可见，这些制造业部门单项冠军企业拥有较大比例的高质量知识产权。

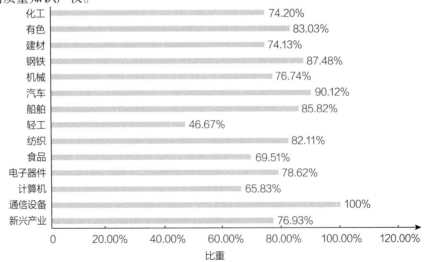

图2-1-30　各细分行业单项冠军企业平均拥有核心自主知识产权占知识产权的比重

通过对按技术层级划分的各制造业部门单项冠军企业平均拥有的核心自主知识产权的数量及占比情况可以看到,从新兴技术到低技术,随着技术层级的逐渐降低,其核心自主知识产权占企业知识产权总量比重呈总体下降趋势。高技术制造业单项冠军平均拥有的核心自主知识产权数远高于其他产业,其平均核心自主知识产权的占比也远高于其他产业。低技术制造业的单项冠军企业平均拥有的核心自主知识产权数为99.19件,占知识产权的比重为74.74%,在不同技术层级的制造业中排名最低(见图2-1-31)。

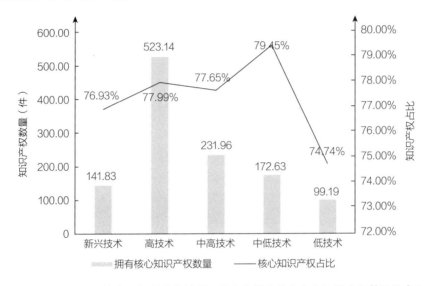

图2-1-31 不同技术层级制造业单项冠军企业拥有核心自主知识产权数量及占比

◇ 平均授权专利总量和发明专利占比差异大

各行业制造业单项冠军企业平均授权专利数及发明专利占比存在显著差异。电子信息工业的单项冠军企业的平均授权专利总量达1265.3件,发明专利占授权专利总数的比重达59.6%,远高于其他经济板块;装备工业单项冠军企业的发明专利占比最低,仅为18.4%。

发明专利的数量及其在专利总数中的占比可以在一定程度上表征企业的自主创新能力。各经济板块的单项冠军企业中电子信息工业的发明专利数达1265.3件,发明专利占专利总数的比重为59.6%,均远远高于其他板块的单项冠军企业(见图2-1-32)。深入经济板块内部可以发现,大部分制造业部门的单项冠军企业发明专利占各类专利的总数在20%以上（见图2-1-33）。建材制造业的单项冠军企业的发明专利占比最低，仅为3.2%。

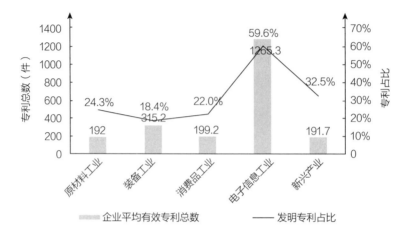

图2-1-32　各经济板块的单项冠军企业平均所拥有的有效专利数及发明专利占比

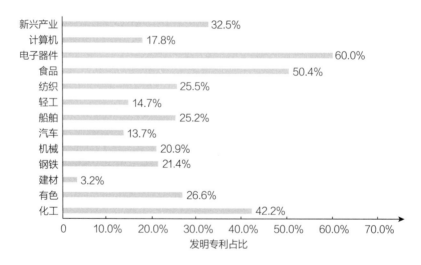

图2-1-33　各制造业部门单项冠军企业平均所拥有的发明专利占比

通过对不同技术层级制造业的比较，可以发现，高技术制造业的单项冠军企业平均所拥有的发明专利数达546.1件，高于其他技术层级的制造业，而中高技术制造业的单项冠军企业的发明专利占比较高，达48.6%，也就是说企业每两件有效专利中，就有一件是发明专利（见图2-1-34）。

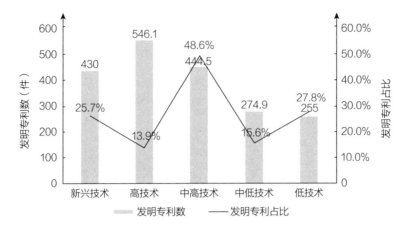

图 2 - 1 - 34　不同技术层级制造业单项冠军企业拥有的
有效专利数及发明专利占专利总量的比重

◇ 平均拥有 4 个研发机构

制造业单项冠军企业平均拥有 4 个研发机构，76% 的单项冠军企业拥有 1 ~ 5 个研发机构；不同技术层级的制造业单项冠军企业拥有的研发机构数量相当，说明无论是低技术还是高技术单项冠军企业都十分重视依托创新平台，孵化创新成果，提升企业的核心竞争力。

企业的研发机构是企业开展创新活动的重要平台载体。193 家制造业单项冠军企业平均拥有 4 个研发机构。制造业单项冠军企业中拥有 10 个以上研发机构的共 12 家，拥有 6 ~ 10 个研发机构的共 35 家，占比较高的是拥有 3 ~ 5 个或 1 ~ 2 个研发机构的单项冠军企业，共 146 家，占单项冠军企业总数的 3/4 以上（见图 2 - 1 - 35）。

不同制造业部门的单项冠军企业平均拥有的研发机构数量有所差别，计算机、食品、纺织、轻工、汽车、机械、建材行业的单项冠军企业平均拥有的研发机构数超过 4 个，高于其他制造业部门（见图 2 - 1 - 36）。

图 2 - 1 - 35　制造业单项冠军
企业拥有研发机构的数量

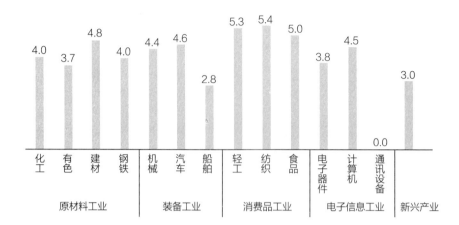

图2-1-36　不同部门制造业单项冠军企业平均拥有研发机构数

　　不同技术层级制造业的单项冠军企业平均拥有的研发机构数略有差别，低技术和中高技术制造业的单项冠军企业平均拥有4.6个研发机构，略高于其他技术层级的制造业部门（见图2-1-37）。可见，无论是低技术还是高技术的单项冠军企业都十分重视借助创新载体的资源集聚、成果孵化功能来提升企业的创新能力。

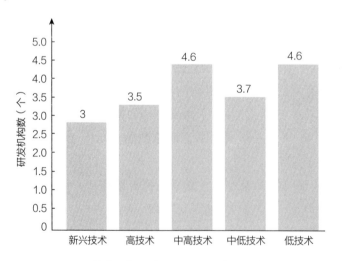

图2-1-37　不同技术层级制造业单项冠军企业平均拥有研发机构数

（四）典型产业

1. 机械

◇ 单项冠军企业的主力军

机械行业的单项冠军企业共有 57 家，占前三批单项冠军企业总数的 30%，是我国制造业单项冠军企业的主力军；65% 的机械类单项冠军企业集中在我国沿海地区。

制造业单项冠军企业中共有生产专用设备产品、通用设备产品、金属制品和电气机械与器材产品的机械类企业共 57 家，占制造业单项冠军企业数的 30%。山东、江苏、浙江是拥有机械类单项冠军企业最多的省份，分别拥有 11 家、8 家和 7 家，而东北、西南和西北的机械类单项冠军企业数最少，三个区域加起来仅有 5 家。65% 的机械类单项冠军企业主要集中沿海区域，东部沿海、北部沿海和南部沿海区域分别有 16 家、15 家和 6 家机械类单项冠军企业（见图 2 – 1 – 38）。

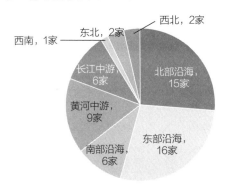

图 2 – 1 – 38　机械行业的单项冠军企业的区域分布

◇ 主营产品平均年限 24.1 年

机械行业单项冠军企业从事主营产品的平均年限为 24.1 年，从企业所有制形式看，国有企业从事主营产品的年限显著高于民营企业和合资企业，民营企业和合资企业是同步发展起来的，其从事主营产品的年限相当。

机械行业的单项冠军企业从事主营产品的平均年限为 24.1 年，93% 以上的企业从事主营产品的平均年限在10～49年间（见图2－1－39）。可见，大部分机械类的单项冠军企业都是在改革开放以后成长起来的。从事主营产品年限在50年及以上的机械类单项冠军企业数占比7%，其中，位于河南的中国一拖集团有限公司是从事主营产品生产年限最长的企业，专注生产大中型拖拉机已达61年。

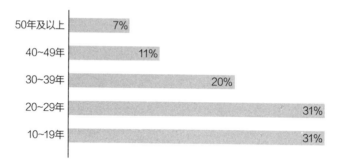

图2－1－39　机械行业单项冠军从事主营产品的年限分布

进一步比较各区域国有、民营和合资等不同所有制的机械类单项冠军企业从事主营产品的年限（见图2－1－40）可以发现，各区域国有企业从事主营产品的年限显著高于民营企业和合资企业。黄河中游、南部沿海、东部沿海国有机械类单项冠军企业从事主营产品年限的平均值都达到或超过38年，分别为46.25年、39年、38年，而这些区域民营企业的平均年限分别为24.2年、28年、25.2年，东北地区2家国有单项冠军企业从事主营产品的平均年限达43年。民营机

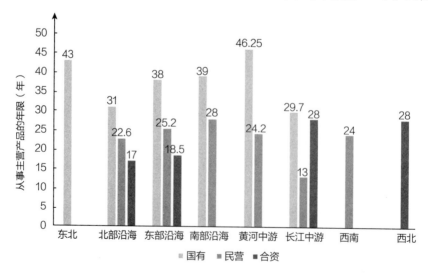

图2－1－40　各区域不同所有制机械类单项冠军企业从事主营产品的年限

械类单项冠军企业从事主营产品年限的均值均没有超过 30 年，比国有企业少了 10 年以上。合资企业的年限与民营企业相当，可见民营的和合资的机械类单项冠军企业大致是在工业化发展和改革开放浪潮中同时起步的。

◇ 民营企业成长性更强

比较不同所有制形式的机械类单项冠军企业主营业务收入的增长率和利润率可以发现，民营企业正处于努力扩张和发展阶段，比国有企业和合资企业展现出更强劲的成长性，整体而言，民营企业的主营业务收入增长率和利润率均高于国有企业和合资企业。

通过比较不同所有制单项冠军企业主营业务增长率可以发现，近三年，除东部沿海地区，其他地区的国有机械类单项冠军企业的主营业务增长率都低于民营企业，其中北部沿海、黄河中游和长江中游的国有机械类单项冠军企业的平均主营业务增长率为负⊖，表明国有机械类单项冠军企业的主营业务收入有所萎缩，而民营企业的表现却大相径庭，各区域民营机械类单项冠军企业的主营业务收入增长率均大于 0，北部沿海、东部沿海、南部沿海、黄河中游、长江中游地区的民营企业主营业务增长率达 13.55%、10.14%、14.60%、9.27%、15.84%（见图 2-1-41）。可见，大部分区域民营机械类单项冠军企业正处于努力扩张和发展时期，其主营业务收入呈现较快增长。

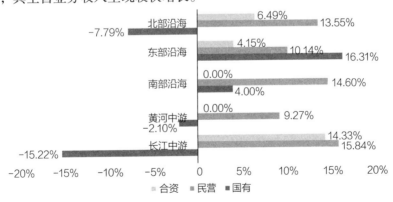

图 2-1-41　近三年各区域不同所有制的机械类单项冠军主营业务收入增长率均值比较

⊖　东北、西南和西北地区分别仅有 2 家、2 家和 1 家企业，不能代表区域一般水平，因此，这里不纳入比较分析。

机械行业单项冠军企业的平均利润率为12.72%，而同期该行业规模以上单项冠军企业的平均利润为5.81%，可见，从整体上看，单项冠军企业比同行业其他企业具有更强的盈利能力。再比较各区域单项冠军企业近三年来利润率的平均值，可以发现大部分区域国有企业的利润率也明显低于民营、合资形式的单项冠军企业（见图2-1-42）。南部沿海国有单项冠军企业利润率的均值最高，达23.84%，但该地区民营单项冠军企业的利润率均值为30.70%。长江中游、黄河中游、东部沿海和北部沿海区域国有企业的利润率分别为5.57%、6.37%、4.03%和11.17%，低于这些区域民营企业利润率的均值。从分区域的利润率情况看，民营机械类单项冠军企业比国有企业具有更强劲的成长性。

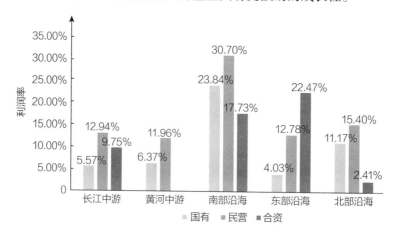

图2-1-42　近三年各区域不同所有制的机械类单项冠军利润率平均值比较

◇ 沿海、 沿江地区出口占比高

沿海、沿江地区单项冠军企业借助优越的地理优势和交通便利，具有较高的出口水平，其主营产品出口额占主营业务收入的比重远高于东北、西南和西北等内陆地区，且这一比例呈现持续提升的态势。西北地区（例如新疆）的单项冠军企业借助"一带一路"倡议的良好契机，其主营产品出口额占比也实现了持续的攀升。

机械行业单项冠军企业主营产品出口额占主营业务收入的比重约为23%，各经济区域的单项冠军企业的主营产品出口额占比存在较大差异。基于天然的地理优势，长江中游、黄河中游、东部沿海、南部沿海、北部沿海等沿海沿河区域单项冠军企业主营产品出口额占比分别为 35.7% 、17.0% 、33.4% 、34.2% 、26.4% ，相比于东北、西北和西南区域，具有较高的出口水平；东北、西南地区单项冠军企业主营产品出口额占比均不足 10% ，与沿海沿江区域的单项冠军企业存在数倍的差异（见图 2 - 1 - 43）。

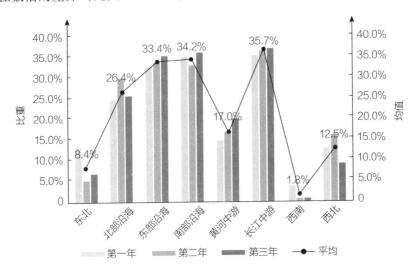

图 2 - 1 - 43　近三年各经济区域机械行业单项冠军企业
主营产品出口额占主营业务收入的比重及平均值

从近三年各经济区域主营产品出口额占比的变化趋势看，沿海沿江区域的单项冠军企业呈现持续上升或者相对稳定的趋势，表明这些企业正不断地提升全球市场的竞争力，努力扩大国际市场份额；西北地区的新疆金风科技股份有限公司，其主营产品出口额的比重也实现持续攀升，考虑到新疆作为"一带一路"的核心区，有七成左右中欧班列经新疆出境，极大地推动了当地单项冠军企业与国际市场的距离，增加了其国际市场的份额；东北、西南等内陆区域的单项冠军企业则呈现持续的下滑趋势，可见，近三年来这些单项冠军企业的国际市场份额有一定程度的萎缩。

2. 电子信息

◇ 单项冠军企业的生力军

电子信息工业是制造业单项冠军企业中的年轻生力军，29 家企业从事主营产品生产的平均年限为 20.5 年，虽然成长时间相对较短，但该行业的单项冠军企业却呈现出强劲的发展势头，其主营业务收入增长率和利润增长率分别为 39.3% 和 81.4%，显著高于该行业的平均水平。

电子信息工业包括生产电子器件、计算机和通信设备相关产品的单项冠军企业共 29 家，电子信息工业属于高技术制造业，相比于低技术、中低技术等传统行业，发展得较晚，因此该行业的单项冠军企业相对年轻，29 家公司专注从事主营产品生产的平均年限仅为 20.5 年，有 55.17% 的企业从事主营产品的年限在 10～19 年间（见图 2 - 1 - 44）。展讯通信（上海）有限公司生产其主营产品基带芯片的时间只有 5 年，便已经获得该产品全球 25% 的市场份额。

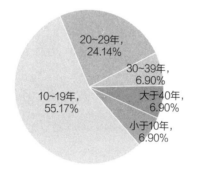

图 2 - 1 - 44　电子信息工业单项冠军企业从事主营产品年限的数量分布

尽管进入的时间相对较短，但电子信息工业的单项冠军企业所获得的平均利润率却丝毫不逊色于其他行业。近三年，29 家企业的年均主营业务收入的增长率达 39.3%，年均利润增长率也达为 81.4%。这些企业目前的平均利润率为 16.02%，而该行业的平均利润率为 4.72%，单项冠军企业高出行业平均水平 11.3 个百分点。

◇ 主要集中于沿海区域

电子信息工业的单项冠军企业主要集中在沿海区域，这些企业从事主营产品的时间为 19 年；沿海区域多家生产电子器件的企业出口依赖度较高，其出口额占主营业务收入的比重高达 70% 以上。

将电子信息工业的单项冠军企业按照经济区域划分的布局来看，29 家企业有 22 家企业集中在北部沿海、东部沿海和南部沿海区域，这 22 家企业从事主营产品的平均年限为 19 年，还有 5 家分布在长江中游，1 家在西北，1 家在西南地区。

在各沿海区域中，北部沿海的歌尔股份有限公司和东部沿海地区的展讯通信（上海）有限公司、浙江水晶光电科技股份有限公司这 3 家单项冠军企业都是生产电子器件等相关产品，其出口额占主营业务收入的比重最高，分别达 81.6%、87%、81%，也就是这些企业的八成产品均销往国际市场。南部沿海的 5 家单项冠军企业的出口额占主营业务收入的比重相对较低，平均出口额占比为 30.8%（见图 2-1-45）。

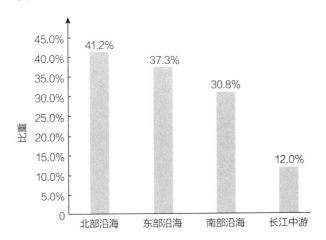

图 2-1-45　按经济区域划分的电子信息工业单项
冠军企业的出口额占主营业务收入比重的平均值

◇ 民营企业成长性突出

电子信息工业的单项冠军企业中，国有企业和民营企业是主要的所有制形式，比较各所有制企业的利润率和主营业务增长率，可以发现，民营的电子信息工业呈现出较突出的成长性，其利润率和主营业务收入增长率高于国有企业和合资企业。

电子信息工业单项冠军企业中国有、民营、合资和其他企业分别有 5 家、15 家、4 家和 5 家，民营企业是电子信息工业的主要所有制形式。15 家民营企业全部分布在东部沿海、南部沿海、北部沿海、长江中游等沿海沿江地区。

从不同所有制企业的成长性比较中可以发现，总体而言，民营企业较国有企业和合资企业具有较高利润率和主营业务收入增长率，呈现出较强的成长性。近三年，15 家民营企业的年均主营业务收入增长率达 52.53%（见图 2-1-46），高于国有企业和合资企业的增长率。民营企业中福建新大陆支付技术有限公司、研祥智能科技股份有限公司、浙江水晶光电科技股份有限公司的主营业务收入年均增长率分别达到182%、47%和39%，而国有企业的主营业务收入增长率平均值为27.42%。民营企业的平均利润率为16.43%，分别高于国有企业、合资企业1.19和2.66个百分点。

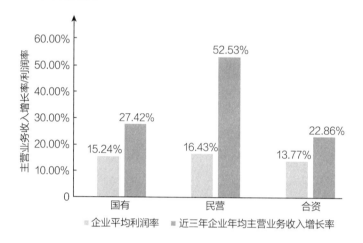

图2-1-46 电子信息工业不同所有制企业年均主营业务收入增长率和平均利润率

结 语

在我国工业化持续推进和改革开放不断深化的进程中，孕育了一批制造业单项冠军，它们涵盖各制造业部门，在企业专注度、市场竞争力，企业盈利能力和创新能力等方面都较同行业规模以上企业有更加优异的表现，已经成为各行业的翘楚，是全球制造企业的第一方阵。

制造业单项冠军企业的产业分布相对集中。前三批入选的193家制造业单项冠军企业，在原材料工业、装备工业、消费品工业、电子信息工业和新兴产业的各个细分行业中均有分布，但相对集中于装备工业，其中，主营制造业通用设备、专用设备和电气机械的机械类单项冠军企业最多，且大型、国有企业占比也显著高于其它制造业部门，已成为目前单项冠军企业的主力军，这与我国工业化后期的阶段特征和发展任务是高度一致的。

在全球市场波动中，制造业各部门的单项冠军企业较同行业规模以上企业具有更稳健的成长性，但受到国内外市场环境的影响，各部门制造业单项冠军企业的主营业务收入和利润率均实现了不同程度的增长，技术层级较高的信息工业和新兴产业领域的单项冠军企业，虽从事主营产品生产的平均年限较短，但主营业务收入增长率和年均利润增长率显著高于其它制造业部门的单项冠军企业，已成为当前制造业单项冠军企业的生力军，在一定程度上迎合了我国制造业高质量发展的转型需求。

同样，制造业各部门单项冠军企业的创新投入强度、创新载体水平和创新产出均显著高于同行业规上企业。电子信息、新兴产业等技术层级较高的单项冠军企业呈现出更强劲的创新能力，高度重视创新人力和资本的投入，在核心自主知识产权占比、有效专利数、发明专利占比等创新产出指标上呈现出明显的优势，可见，创新能力的培育是单项冠军企业获得持续精进核心竞争力的重要抓手。

Chapter Two

第二章
区域比较与分析

（一） 制造业单项冠军企业的地区分布

制造业单项冠军企业省级行政区分布不均衡，山东、浙江、江苏3省拥有占全国52%的单项冠军企业，另有6个省（市、自治区）则没有单项冠军企业分布。

193家制造业单项冠军企业覆盖全国31个省级行政区（不含香港、澳门特别行政区以及台湾地区）中的25个，在广西、海南、西藏、甘肃、青海、宁夏6个省（市、自治区）没有分布。从拥有单项冠军企业数量上看，山东、浙江、江苏拥有单项冠军企业数量最多，分别有40家、31家和29家，分别占比20.7%、16.1%和15%，遥遥领先于其他省（市、自治区）（见图2-2-1）。从全国各省（市、自治区）的生产总值来看，排名前四位的依次为广东、江苏、山东和浙江，与拥有单项冠军企业数量最多的省（市、自治区）趋于一致。

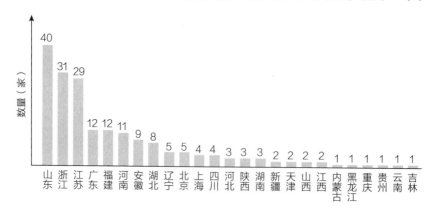

图2-2-1 单项冠军示范企业各省（市、自治区）分布情况

在这一部分中，我们将按照地区社会经济发展水平，把31个省级行政区划分为东北、北部沿海、东部沿海、南部沿海、黄河中游、长江中游、西南和西北

八大综合经济区域,并对单项冠军企业的成长性情况和创新能力的区域特征进行分析和归纳。具体区域划分情况及各区域内单项冠军企业数量详见表2-2-1。

表2-2-1 八大经济区域划分标准一览表

八大经济区域	省(市、自治区)
东北地区(7)	辽宁(5)、黑龙江(1)、吉林(1)
北部沿海(50)	北京(5)、河北(3)、天津(2)、山东(40)
东部沿海(64)	浙江(31)、江苏(29)、上海(4)
南部沿海(24)	广东(12)、海南(无)、福建(12)
长江中游(22)	安徽(9)、江西(2)、湖北(8)、湖南(3)
黄河中游(17)	山西(2)、内蒙古(1)、河南(11)、陕西(3)
西南地区(7)	广西(无)、四川(4)、贵州(1)、重庆(1)、云南(1)
西北地区(2)	新疆(2)、甘肃(无)、青海(无)、宁夏(无)、西藏(无)

注:括号内数字为单项冠军示范企业数量。

八大综合经济区域的划分始于2005年。"十一五"规划制定期间,为了配合西部大开发、中部崛起、东北振兴等区域协调发展战略,国务院发展研究中心在东部、中部、西部、东北四大经济板块的基础上提出了八大综合经济区域划分的具体构想。新的经济区域划分充分考虑到地理空间毗邻、自然条件资源禀赋相似、经济发展水平接近等因素,有利于更好地进行区域研究和制定有针对性的区域政策。

(二) 八大经济区域的单项冠军企业区域特征分析

1. 单项冠军企业多分布于沿海经济带

从区域分布来看,七成单项冠军企业分布在沿海地区,东北、西南和西北地区的单项冠军企业数量较少,均不足全国总数的5%。从员工人数来看,单项冠军企业中29%和26%的从业人员处于东部沿海和北部沿海地区。从注册资本总额来看,东北和西北地区的资本投入超过其他地区。

东部沿海和北部沿海在单项冠军全国分布图上平分秋色,分别拥有单项冠军企业 64 家和 50 家，分别占比 33% 和 26%，数量远远多于其他经济区域。南部沿海、长江中游和黄河中游地区在单项冠军企业数量上属于第二梯队，分别拥有单项冠军企业 24 家、22 家和 17 家，占比 12%、11% 和 9%。而东北老工业基地和西部地区总共拥有 16 家单项冠军企业，仅占全国的 9%，其中 10 家位于经济相对发达的沿海省份辽宁和成渝都市圈（见图 2-2-2）。

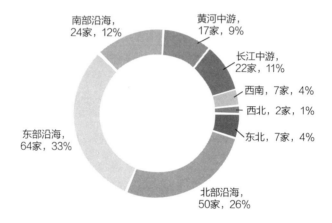

图 2-2-2 单项冠军企业八大经济区域分布情况

制造业单项冠军企业的区域分布在一定程度上反映了单项冠军企业与区域经济发展相辅相成的作用关系。东部沿海地区较好的经济发展基础和开放程度更有利于单项冠军企业的产生和成长，单项冠军企业的出现对地区经济也有一定的带动作用。

全国单项冠军企业共拥有员工 80.5 万人，注册资本总额 2332 亿元。其中，东部沿海地区单项冠军企业拥有员工 23.1 万人，注册资本总额 698 亿元；北部沿海地区拥有员工 21.2 万人，注册资本总额 706 亿元。两个地区的人力与资本投入占全国单项冠军企业总投入的六成左右。南部沿海、黄河中游、长江中游地区的单项冠军企业的员工人数分别为 13.6 万人、8.8 万人和 6.9 万人，为第二梯队。东北、西北、西南地区的从业人数较少，与这些地区单项冠军企业数量分布相一致。企业注册资本的地区分布情况与企业数量分布情况差别较大，布局有重工业的东北和西北地区企业的注册资本总额分别为 169 亿元和 307 亿元，资本投入超过其他地区（见图 2-2-3）。

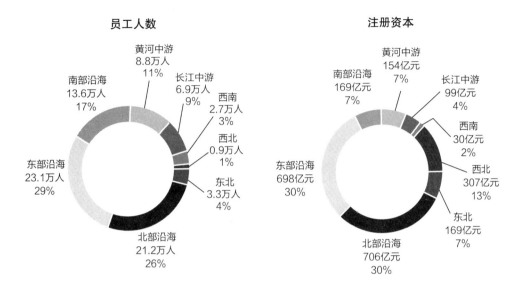

图2-2-3 单项冠军企业员工人数与注册资本总额在各经济区域的分布情况

进一步比较单项冠军企业数量、员工数量、注册资本的区域分布可以看出，东部沿海和北部沿海地区的人力与资本投入较为平衡：东部沿海地区以占全国33%的单项冠军企业聚集了占全国29%的从业人员和30%的资本，北部沿海地区的人员总数和资本总额全国占比则为26%和30%，都接近单项冠军企业数量的全国占比。南部沿海地区的员工人数高于单项冠军企业数量的全国占比，但资本总额占比则偏小，说明这一区域的单项冠军企业具有劳动力密集型特征。长江中游、黄河中游地区的企业也具有类似的劳动力密集型特征。东北和西北地区单项冠军企业则有较为明显的资本密集型特征。西南地区单项冠军企业数量占全国3%，而员工总数和资本总额都只有全国的1%，是生产要素分布最少的地域。

2. 企业所有制各有偏重

单项冠军企业中最重要的两种所有制类型是民营企业和国有企业。以外向型经济为主导的沿海地区以民营企业为主，而黄河中游和西北等内陆地区则是国有企业占有相当大的比例。

193家单项冠军企业中包括民营企业121家，占总数的62.7%；国有企业42家，占总数的21.8%。从地区分布看，民营单项冠军企业在除西北地区以外的各个区域的占比都在一半以上。北部沿海、东部沿海和南部沿海地区的民营企业占比高于60%，分别是62%、70%和63%，而国有企业仅占18%、14%和21%。西南地区与沿海地区相似，民营企业在单项冠军企业中占大多数。在东北、黄河中游和西北地区的单项冠军企业中，国有企业的占比明显高于其他地区，占比分布为43%、47%和50%。国有单项冠军企业在长江中游地区也有较多分布，占比为27%。另外，合资单项冠军企业在三个沿海经济区、长江中游和西南地区有分布，其他类型的单项冠军则分布在三个沿海经济区、长江中游和西北地区（见图2-2-4）。

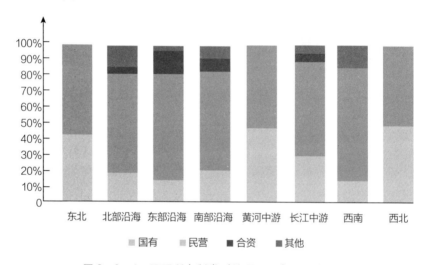

图2-2-4　不同所有制类型单项冠军企业区域分布

从不同类型企业在各省（市、自治区）的分布情况看，山东、浙江、江苏、广东、福建等拥有单项冠军企业数量最多的省（市、自治区），民营单项冠军企业的比例远超其他类型的企业。这些省（市、自治区）也是外向型经济最为活跃的省（市、自治区）。在北京、湖北、河南、河北、陕西等工业结构偏重工业的省（市、自治区），国有单项冠军企业的比例较大（见图2-2-5）。

3.高产省（市、自治区）中小企业占比大

北部沿海、东部沿海和南部沿海地区的中小型单项冠军企业占比高于全国平均水平，东北地区的大型和中小型单项冠军企业各占一半，西南地区的中小型企业占比较高，长江中游、黄河中游和西北地区的单项冠军企业则以大型企业为主。

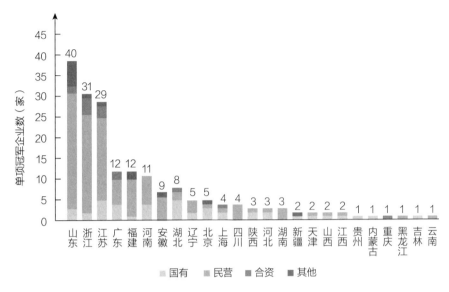

图 2 -2 -5　不同类型单项冠军企业分布

　　根据国家统计局制定的《统计上大中小微型企业划分办法》，193 家单项冠军企业被划分为大型企业 123 家，占单项冠军企业总数的 63%；中型企业 57 家，占 30%；小型企业仅 13 家，占 7%。单项冠军企业数量较多的北部沿海、东部沿海和南部沿海地区的大型单项冠军企业占比分别为 60%、63% 和 67%，与全国平均占比大体相当。黄河中游和长江中游地区的大型单项冠军企业占比在 70% 左右，高于沿海地区。在单项冠军企业分布较少的其他地区，东北地区的大型和中小型企业各占一半，西南地区主要以中小型企业为主，而位于西北地区的单项冠军则全部是大型企业。从企业平均员工数来看，南部沿海和黄河中游地区单项冠军企业的平均员工人数超过 5000 人，规模最大；其次是东北和西北地区；西南地区、东部沿海和长江中游地区企业平均员工数在 4000 人以下，企业规模较小（见图 2 -2 -6）。

　　从不同规模单项冠军企业的地区分布来看（见图 2 -2 -7），单项冠军企业分布多的省份，如山东、浙江、江苏，企业规模较小，无论是大型企业占比还是企业平均员工数都相对较低，这可能与这些地区民营企业较多有关。吉林、北京、山西等农业或资源丰富和有重工业布局的地区，大型单项冠军企业占比较重，从业人员也相对较多。

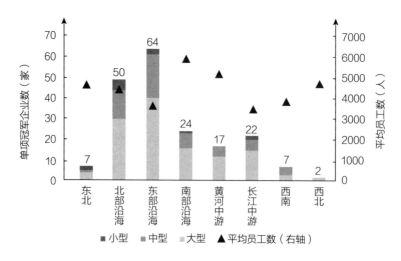

图2-2-6 不同规模单项冠军企业地区分布

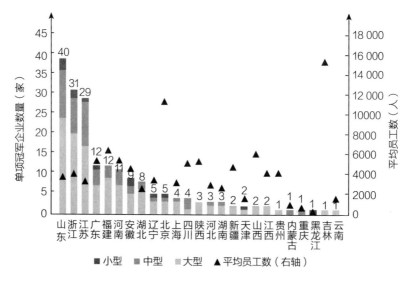

图2-2-7 不同规模单项冠军企业省级行政区分布

4. 从业时间东部短西部长

单项冠军企业从事主营产品领域的时间大多在30年以下，东北地区单项冠军企业的从业平均时间最长，这与东北老工业基地的背景相符；东北和西部地区各有约一半企业的从业时间在20年以下，这在一定程度上反映了西部大开发和东北振兴战略对相关地区经济的拉动作用。

全国共有 147 家，近八成的单项冠军企业从事本领域的时间在 30 年及以下（见图 2-2-8），与我国改革开放之后经济发展和企业成长的时间相吻合。其中，八大经济区域从业 10~30 年的单项冠军企业约占 74.6%，各区域占比分别为北部沿海 70%、东部沿海 82%、南部沿海 67%、黄河中游 65%、长江中游 80%、东北 72%、西南 57%、西北 100%。从单项冠军企业从事该领域的平均时间来看，沿海经济发达地区企业的从业时间普遍较短，成长速度较快：东部沿海地区为 23 年，北部沿海为 25 年，南部沿海为 26 年，这在一定程度上反映了经济活跃度对单项冠军企业成长的推动作用。东北地区单项冠军企业的从业平均时间最长，为 37 年，这与东北老工业基地的背景相符。然而，东北地区有近一半单项冠军企业的从业时间在 20 年以下，其成长时期与 21 世纪初东北振兴战略实施的时间相一致。黄河中游和西南地区的单项冠军企业平均从业时间在 30 年上下，且从业 40 年以上的单项冠军企业大约各占 1/3，从一定程度上反映了新中国成立初期产业布局政策对上述地区企业发展的深远影响。西部地区另有占相当大比例的单项冠军企业的从业时间在 20 年以下，体现了 21 世纪初西部大开发战略对西部地区经济发展的拉动作用。

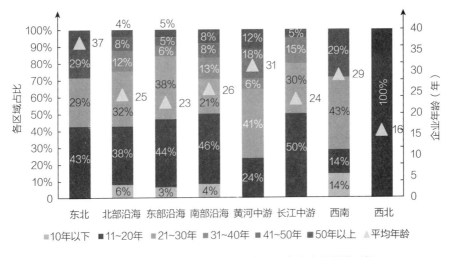

图 2-2-8　各经济区域单项冠军企业从事本产品领域时间

综合以上对单项冠军企业所有制类型、企业规模和从事主营产品领域时间的分析发现，大型民营企业多集中于沿海的三个经济区域，且从事本领域的平均时间较短，成长较快。作为改革开放的前沿，沿海地区单项冠军企业的成长伴随着我国改革开放的进程，而改革开放的政策又促进了这一地区的企业，特别是民营企业的快速发展。黄河中游和西北地区的省（市、自治区）多为农业和资源型企业，单项冠军企业以大型国有企业为主，这些企业发展时间较为悠久，从事本领域的时间普遍较长。在长期的发展过程中，这些企业形成了较大的规模，企业平均员工数也高于其他区域。另外，这两个地区也在 21 世纪抓住了西部大开发的契机，培育了一批年轻的单项冠军企业。长江中游地区无论是单项冠军企业中的国有和民营企业所占比例，还是从事主营产品领域的时间，在全国都处于中间水平。长江中游地区既有钢铁、汽车等重工业布局，又受到邻近的东南沿海地区的经济辐射，是东部经济带到西部经济带的过渡区域，故此区域内的单项冠军企业也兼有东部地区和西部地区企业的特征。

（三） 八大经济区域单项冠军的成长性特征

在下文中，我们将从企业财务状况（资产负债结构、营业收入、盈利水平）、出口份额、市场占有率等角度，分析各地区单项冠军企业的成长性特征。

1. 资产负债率东部低于西部

单项冠军企业的资产负债率总体上呈现东部低、西部高的态势，反映了东部地区企业比西部地区企业杠杆率低、偿债能力强的特征。东部沿海、北部沿海和长江中游地区的单项冠军企业的资产负债率普遍低于同地区规模以上工业企业，其他地区则与当地规模以上工业企业基本持平。

各大经济区域单项冠军企业的资产负债率[⊖]在 0.35～0.7 之间浮动（见图 2 - 2 - 9）。其中，东部沿海地区的资产负债率最低，为 0.37，反映了东部沿海地区单项冠军企业更多是依靠自有资本维持经营活动，杠杆率较低，偿债能力较强，仍有较大的融资空间。北部沿海、长江中游等东中部地区的资产负债率也保

⊖ 资产负债率＝总负债÷总资产，反映在总资产中有多大比例是通过借债来筹资的，也可以衡量企业在清算时保护债权人利益的程度。企业可以通过举债经营来扩大生产规模，增强企业活力，获取较高的利润。但当资产负债率较高，超出债权人心理承受程度时，企业就可能出现融资困难。资产负债率根据第一批和第二批单项冠军企业数据算得。

持在较低水平，分别为 0.51 和 0.47。黄河中游、西南和西北地区的资产负债率稍高于其他地区，但仍在合理范围内。

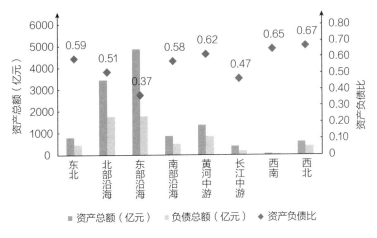

图 2 - 2 - 9　分区域资产负债率

规模以上工业企业的资产负债率水平也呈现出东部地区略低于西部地区的特征。与同区域规模以上工业企业相比，东部沿海、北部沿海和长江中游地区的单项冠军企业的资产负债率普遍较低。其他地区单项冠军企业的资产负债率与规模以上工业企业基本持平，或是略微超出（见图 2 - 2 - 10）。

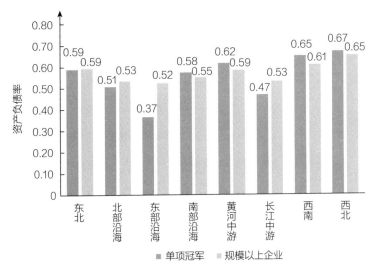

图 2 - 2 - 10　单项冠军与规模以上企业资产负债率比较

2. 北方企业平均主营业务收入最高

西北、东北和北部沿海地区的平均主营业务收入最高，其次是黄河中游和南部沿海地区，西南地区最低。

根据193家单项冠军企业主营业务收入，我们估算出八个经济区域的企业的平均主营业务收入。大型国有企业数量和比例都较高的西北[○]、东北、北部沿海和黄河中游地区企业的主营业务收入较高，分别为300亿元、140亿元、60亿元和53亿元。西南和长江中游地区的单项冠军企业的主营业务收入最低。各区域规模以上工业企业的平均主营业务收入都在3亿元左右。南部沿海地区的单项冠军企业的主营业业务收入比规模以上工业企业高出约19倍，黄河中游地区高出14倍，长江中游高出9倍左右，欠发达的东北和西北地区的这一比值全国最高。总体上，单项冠军企业对区域经济的带动作用，在北方地区比在南方地区表现得更为突出（见图2-2-11）。

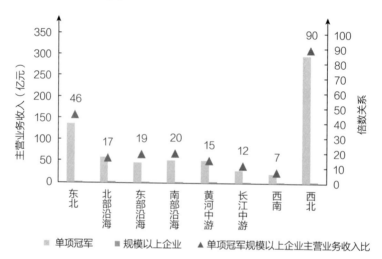

图2-2-11　单项冠军与规模以上企业平均主营业务收入比较

单项冠军企业主营业务年均增长率方面[○]（见图2-2-12），主营业务收入较低的西南地区企业增速较快，年均增长率为40.2%，为全国最高，表现出明显

○　西北地区仅有两家单项冠军企业，这些个别企业的主营业务指标不能完全代表地区的平均水平。

○　主营业务年均增长率基于企业申报单项冠军之前三年的主营业务年增长率计算。

的追赶态势。经济基础雄厚的东南沿海地区增长仍然后劲十足，主营业务收入增长率仍保持在25%以上；而中部的长江中游和黄河中游地区则显得增长乏力，增速在八大经济区域中排名靠后；东北和西北地区单项冠军企业主营业务收入绝对增速虽然较低，但相对于本地区一般工业企业普遍的增长困境，单项冠军企业仍表现出良好的带头示范作用。

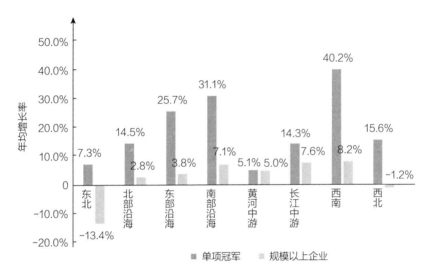

图2-2-12　单项冠军与规模以上企业主营业务收入年均增长率比较

3. 利润率水平较为平均

全国单项冠军企业利润率水平较为平均，大体落在10%～15%区间内；而利润增长率在全国范围内差异较大，相对落后的西部地区利润增长较快，而相对发达的长江中下游地区则增长率垫底。

单项冠军企业利润总额的地区分布与企业数量的地区分布趋于一致，全国利润总额超七成来自沿海地区。东部沿海地区贡献334亿元，占全国的33%；北部沿海和南部沿海地区也分别贡献了约200亿元。在利润增长率方面，全国各地区差异较大，增长最快的是利润总额较小的西北、东北和西南地区，北部沿海和黄河中游地区也保持了20%左右的利润增速，而长江中下游地区则出现了增长乏力的问题，利润总额最高的东部沿海地区甚至出现了负增长（见图2-2-13）。

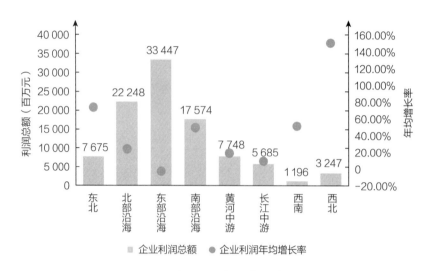

图2-2-13　单项冠军企业利润总额与增长率

在单项冠军企业利润率[⊖]方面，全国大部分地区利润率都大体落在10%～15%区间内，大致呈现从东南向西北递减的态势。沿海地区企业虽然利润增长速度有放缓迹象，但仍然表现出良好的盈利能力，东部沿海和北部沿海地区利润率都在12%上下，南部沿海地区利润率更达到18%。国有企业比例较高的西北、东北和黄河中游地区的盈利能力较弱，利润率在10%左右。各地区利润率都明显高于同区域规模以上工业企业，但超出的倍数不同。与主营业务收入类似，南部沿海、西南、西北和东北地区的利润率超出同地区规模以上工业企业约2倍；北部沿海、东部沿海、黄河中游地区企业则超出规模以上工业企业不到1倍（见图2-2-14）。

以上对主营业务收入和利润水平的分析表明，经济基础优厚的沿海地区的单项冠军企业仍具有良好的成长能力，主营业务收入和利润额的绝对值和增长率都处于全国前列。东北、西南、西北地区单项冠军企业的成长力指标虽然不及沿海地区，但是超出本地区一般工业企业较多，可见单项冠军企业在欠发达地区的带头示范作用较为明显。黄河中游地区的主营业务收入和利润大部分指标都在全国范围内偏弱，其成长能力有待加强。

⊖　利润率＝利润总额÷主营业务收入

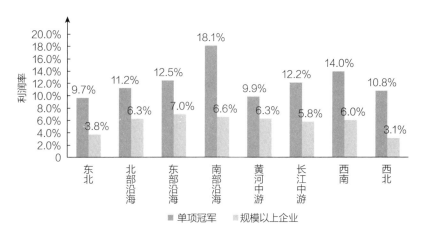

图2-2-14　单项冠军企业与规模以上企业利润率比较

4. 沿海地区和长江中游地区出口比例高

　　沿海地区和长江中游地区单项冠军企业主营产品出口额占比都在20%以上，高于全国其他地区，与上述地区的外向型经济特征相符。东北、黄河中游、西南和西北地区主营产品出口额占比低于沿海地区，但仍显著高于相应地区规模以上企业平均水平。沿海地区单项冠军企业出口比例近年来稳中有升，长江和黄河中游地区略有波动，而东北和西南地区则有所下降。

　　沿海地区和长江中游地区的单项冠军企业超过1/5的主营业务收入来自产品出口，近三年平均出口额与主营业务收入之比[○]为全国最高。黄河中游、东北和西南地区紧随其后，该比例保持在15%左右。西北地区最低，在10%左右（见图2-2-15）。近年来，沿海地区和西北边境地区出口额占比稳步上升，中部地区企业较为平稳、略有波动，东北和西南地区的这一指标则有所下降。由此可见，我国的单项冠军企业都具有一定的国际化水平，产品同时面向国际和国内两个市场。东部的单项冠军企业更多地依赖国际市场，而中部和西部其他地区的企业则有转向国内市场的趋势。这一现象或与企业所处的地理区位有密切关系。

　　○　基于企业申报单项冠军之前三年的主营产品出口额与主营业务收入之比计算。

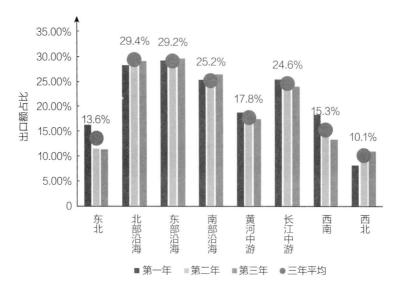

图 2-2-15　单项冠军企业主营产品出口额占比

从各区域规模以上工业企业的出口额占主营业务收入比例[○]来看（见图 2-2-16），东部沿海和南部沿海地区是传统外向型经济的龙头，出口额占比分别为 16.6% 和 22.5%。这两个区域的单项冠军企业同样表现出明显的外向型特征，出

图 2-2-16　单项冠军企业与规模以上企业主营产品出口额占比比较

○　规模以上工业企业的出口额占比用出口交货值与销售产值之比来衡量。

口额占比比规模以上企业高。而北部沿海和长江中游单项冠军企业的出口额占比则比规模以上企业超出 4 倍，大大带动了本区域的出口经济。内陆的黄河中游、西南、西北和东北地区由于地理位置原因，无论是单项冠军企业还是规模以上工业企业，出口额占比均较低；但单项冠军企业的出口占比普遍超出规模以上工业企业 2~3 倍，西北地区更是超出 6 倍之多。总体来讲，单项冠军企业为拉动本地区对外贸易有重大贡献。

5. 不同区域市场占有率各有特征

沿海地区单项冠军产品全球市场占有率总体上较内陆地区略高。国内市场方面，中西部地区的单项冠军企业表现出较强的市场垄断能力，市场占有率普遍在 40% 左右，而沿海地区单项冠军产品市场占有率仅在 35% 左右，竞争较为激烈。

单项冠军产品在全球和全国市场的占有率[○]普遍较高。在全球市场方面，来自东北的单项冠军产品市场占有率最高，达到 35.4%，其他地区的全球市场占有率较为平均，北部沿海、东部沿海、西南和西北超过或接近 20%，南部沿海、黄河中游和长江中游地区略低，在 18% 左右（见图 2 - 2 - 17a）。在国内市场方面，各地区的单项冠军产品都拥有超过三成的市场占有率。东北、黄河中游和长江中游及西南地区的单项冠军产品占有约 40% 的全国市场份额，沿海地区则在 1/3 左右（见图 2 - 2 - 17b）。总体而言，我国单项冠军产品在全球市场上已经稳稳占有一席之地，特别是沿海地区得益于出口优势，其单项冠军产品能够更好地走向国际市场。在国内市场上，一些企业，特别是来自中西部的单项冠军企业具有一定的垄断市场的能力。而新兴电子信息产业和轻工业企业较为集中的东南沿海地区的市场竞争更为激烈。

在市场占有率排名方面，我国的单项冠军产品普遍处于国内外市场的前列。在第二批、第三批共 139 家[○]单项冠军示范企业中，有 88 家企业的全球市场占有率排名第一，127 家企业的全国市场占有率排名第一。按分布地域来看，除西北地区[○]以外，各地区全球市场占有率排名第一的企业都占到本地区单项冠军企业

○ 基于前三批单项冠军企业申报单项冠军之前 3 年的全球与全国市场占有率计算。

○ 由于第一批单项冠军数据市场占有率排名缺失，因此这里只采用了第二批和第三批的数据。

○ 西北地区单项冠军产品市场占有率排名缺失。

总数的六成以上（见图2-2-18a）。在全国市场上（见图2-2-18b），单项冠军企业在本领域具有绝对优势。除西北地区外，其他地区都有超过80%的单项冠军企业的市场占有率排名全国第一。长江中游和黄河中游、东北和西南地区所有的单项冠军企业都拿下了全国市场占有率第一。

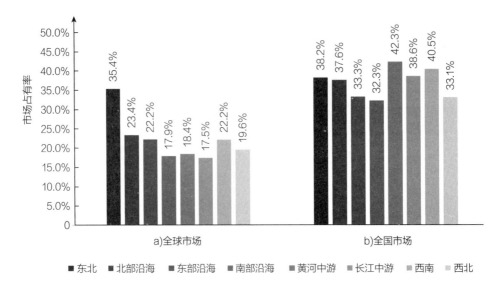

图2-2-17　单项冠军产品市场占有率

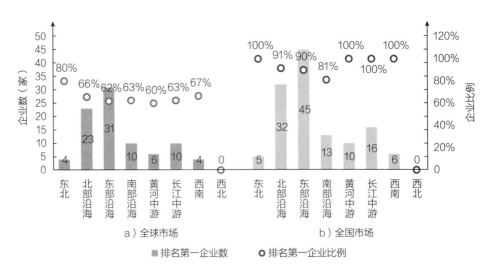

图2-2-18　单项冠军产品市场占有率排名

（四） 八大经济区域单项冠军企业创新性特征

单项冠军企业作为各个行业的排头兵和各地区经济的重要拉动力量，保持良好的创新能力是在未来市场竞争中立于不败之地的关键。在下面的内容中，我们将从企业投入研发的人力、物力、财力（即研发人员投入、研发机构数量、研发经费投入），以及拥有的自主知识产权数量和专利数量等方面，深入分析各地区单项冠军企业的创新能力特征。

1. 北部沿海和东部沿海拥有较多的研发人员和机构

北部沿海和东部沿海地区单项冠军企业的研发人员总数和研发机构数量在全国范围内占有绝对优势。从研发人员占员工总数比例来看，各地区研发人员占比均在10%～20%之间，地区差异不显著，说明了各地区虽然科研基础不同，但同样重视研发创新。从省级层面看，研发人员比重最高的是京津沪三大直辖市，说明现阶段科技含量较高的单项冠军企业仍集中于大城市。

单项冠军企业拥有研发人员和研发机构数量的地区分布与单项冠军企业的地区分布大致相同。拥有单项冠军数最多的东部沿海和北部沿海地区分别汇聚了4.7万名和4.5万名研发人员，占全国总数的29%和26%，分别建设研发机构237个和262个，占全国总数的29%和33%。凭借北京、上海等政治、经济、文化中心城市的辐射力和丰富的教育资源，北部沿海和东部沿海地区成为聚集研发人员和研发机构最多的地区。南部沿海、黄河中游和长江中游地区的研发人员和机构数量处于第二梯队，西南和西北研发人员和机构数量则比较少。在研发人员占员工总数比重方面，北部沿海、东部沿海和东北地区占比在20%左右，其他地区占比都在15%左右，地区差异不大（见图2－2－19和图2－2－20）。可见，全国不同地区的单项冠军企业虽然占有的研发资源不尽相同，但都组建了相当规模的研发团队，对研发投入表现出很高的重视程度。

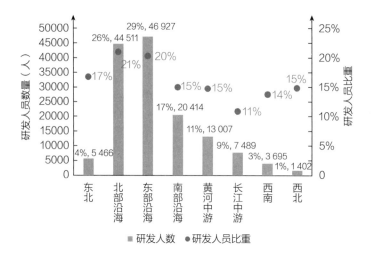

图 2 - 2 - 19　研发人员地区分布

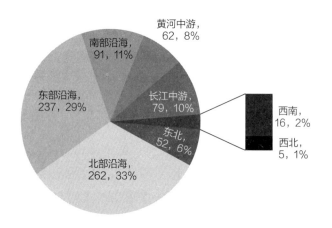

图 2 - 2 - 20　研发机构数量地区分布

从更加细致的省级层面来看（见图 2 - 2 - 21 和图 2 - 2 - 22），拥有单项冠军企业总数最多的山东、浙江和江苏三省在拥有研发人员和研发机构数量排名方面都进入了了全国前五名，是单项冠军企业科技创新能力最强的省级行政区。而单项冠军企业数紧随鲁浙苏之后的广东省在研发投入方面有些欠缺，研发人员和机构总数仅排名全国第七和第八。另外，从研发人员比重排名来看，京津沪三大直辖市排名全国前三位，说明科技含量较高或对科研创新要求较高的单项冠军企业多集中于教育资源丰富、收入水平高的发达地区大城市。

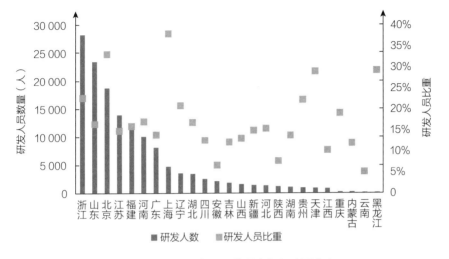

图2-2-21　研发人员数量省级行政区分布

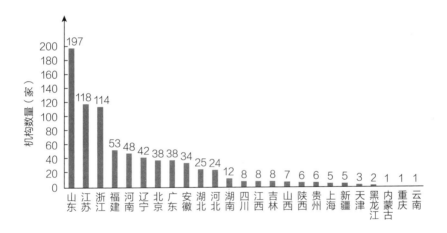

图2-2-22　研发机构数量省级行政区分布

2. 研发投入强度较为平均稳定

全国各区域研发经费占主营业务收入之比多稳定在3.5%~5.6%之间。单项冠军企业研发经费投入强度超出同地区规模以上工业企业5倍以上，反映了单项冠军企业的科技创新能力远高于各地区规模以上企业平均水平。

西南地区单项冠军企业的三年平均研发经费支出占主营业务收入之比[一]为7.3%，居于八大经济区之首。其他区域的研发经费占比水平比较接近，处于

〇　基于企业申报单项冠军之前三年的研发经费支出占主营业务收入之比计算。

3.5% ~ 5.6%之间（见图2-2-23）。但是我们注意到，西南地区重庆市的研发支出占比高达23.5%，这是由于西南地区单项冠军数量较少，小型企业较多，统计结果易受特殊值影响。如果不考虑该特殊值，则全国研发经费支出占比多集中在3.5%~5.6%区间内。近年来，研发经费占比总体上稳步上升，但涨幅较小。涨幅最大的南部沿海地区三年里约上涨了1个百分点。而该指标在东部沿海和西南地区略有下降，在黄河中游和西北地区有微小波动。总而言之，近年来单项冠军企业的研发投入强度一直处于稳定状态。

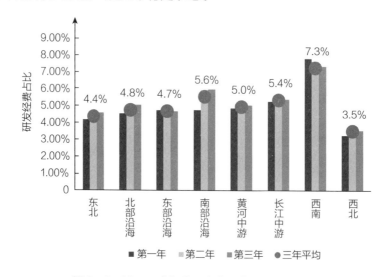

图2-2-23　研发经费支出占主营业务收入比例

全国各区域规模以上工业企业的研发经费占比都在1%左右，沿海地区略高于内陆地区。单项冠军企业的研发投入强度大多超出本地区规模以上企业4倍以上，说明单项冠军企业无论是对研发活动的重视程度还是科技创新的潜力都大大优于一般企业（见图2-2-24）。

3. 北部沿海和东部沿海核心自主知识产权密集

单项冠军企业核心自主知识产权多集中在北部沿海和东部沿海地区，与研发投入密集地区的分布相一致。

企业掌握的核心自主知识产权可以帮助企业解决技术领域的关键性问题，从整体上提升产品的技术水平。核心自主知识产权是企业研发活动的重要成果，反映了研发活动的效率，对企业意义重大。

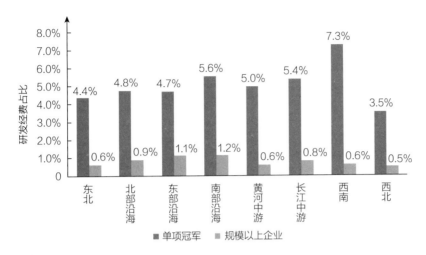

图2-2-24　单项冠军与规上企业研发经费支出占比比较

单项冠军企业掌握的核心自主知识产权多分布在北部沿海和东部沿海地区，与研发人员的地区分布相似。这两个区域分别拥有核心自主知识产权1.6万个和1.3万个，占全国总数的34%和29%。南部沿海、长江中游和黄河中游地区掌握的知识产权数量分别占全国总数的13%、10%和8%。而东北、西南、西北地区掌握的核心自主知识产权很少。从企业拥有的核心自主知识产权数量占知识产权总数来看（见图2-2-25），除西北地区外，其他地区的核心自主知识产权占比

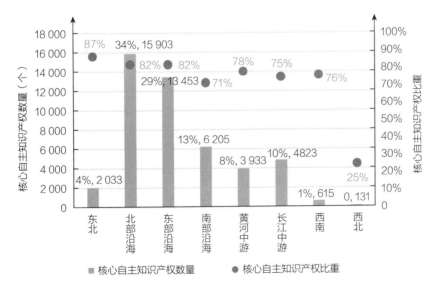

图2-2-25　分区域核心自主知识产权数量及比重

都在70%以上，其中东部沿海、北部沿海、黄河中游和东北地区都在80%以上，南部沿海、长江中游和黄河中游及西南地区略低，在75%左右。由此可见，我国单项冠军企业重视核心技术创新，并取得了一定的成效。但是，企业掌握核心技术的能力仍有一定的地域差别，总体上国有大型企业占比较高的北方区域的表现优于南方区域。

4. 北部沿海专利数全国居首

全国七成左右的有效专利和发明专利分布于北部沿海和东部沿海地区，京东方科技集团股份有限公司这一典型的创新企业在专利产出方面表现突出。从发明专利的占专利总数比重上看，长江中游和西北地区表现突出，发明专利占比分别为38%和27%，高于经济发达的东部沿海和南部沿海地区，显示出较高的自主创新潜力。

企业拥有的专利数量，特别是有效专利数量和发明专利数量是企业自主创新能力的重要标志。单项冠军企业拥有有效专利数量的地区分布形势类似于企业拥有核心自主知识产权的数量和研发投入的地区分布形势。北部沿海地区单项冠军企业拥有有效专利37 625件，占全国总数的49%；东部沿海地区拥有15 622件，占20%；南部沿海、黄河中游和长江中游地区分别占有12%、7%和5%，居于第二梯队；最后，东北、西北和西南地区分别仅拥有占全国约3%、1%和3%的有效专利。我们注意到，华北地区的专利数量之所以脱颖而出，是因为北京的京东方科技集团股份有限公司创新能力强大，拥有有效专利数达到2万件。如果不考虑这家企业，专利数量的地区分布将更加接近于单项冠军企业的地区分布（见图2-2-26）。

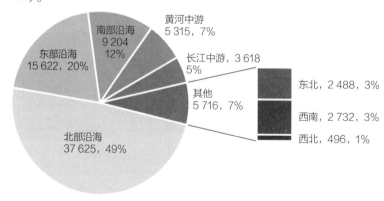

图2-2-26 八大区域有效专利分布

在不同种类的专利中，发明专利是自主创新特征最明显的一种。根据前三批单项冠军企业提供的专利种类数据，我们用发明专利的数量和在专利总数中的比重来衡量企业的自主创新能力。除北部沿海地区外，其他地区都呈现出实用新型专利多于发明专利和外观设计专利的现象，发明专利占专利总数的比重在40%以下。其中，经济发达的东部沿海和南部沿海地区分别达到22%；长江中游地区和西北地区虽然专利总数不多，但在发明专利占比方面表现突出，分别为39%和27%（见图2-2-27），反映了这些地区的自主创新能力仍有较大潜力。总体上来讲，单项冠军企业发明专利占专利总数的比重在单项冠军企业更为集中的沿海地区较高。我国的单项冠军企业都具备一定的自主创新能力，较发达地区的企业优于其他地区的企业。

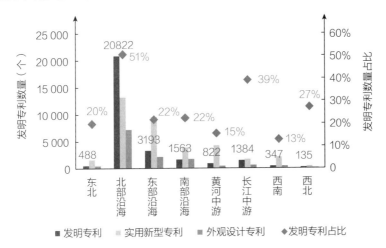

图2-2-27 八大经济区域发明专利数量及在专利总数中的占比

把单项冠军企业的发明专利占专利总数的比重与同地区发明专利近三年的平均占比⊖做对比（见图2-2-28）可以发现，相对发达的沿海和长江中游地区的单项冠军企业的发明专利占比高于同地区的平均水平，长江中游前者甚至能达到后者的两倍，说明这些地区的单项冠军企业的自主创新能力优于一般的工业企业。相对欠发达的东北、西南和黄河中游地区，单项冠军企业的发明专利占比与地区平均水平持平或略低于后者。

⊖ 地区发明专利占比＝近三年年国内发明专利申请授权量÷近三年年国内专利申请授权量。

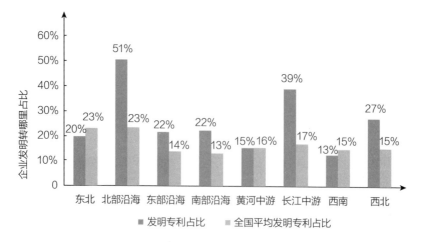

图 2-2-28　八大经济区域单项冠军企业与规模以上企业发明专利占比对比

结　语

通过分析制造业单项冠军（示范）企业的地区分布可以看出，沿海地区集中了大多数的单项冠军企业，这些企业以改革开放之后成长起来的大中型民营企业为主。借助沿海地区良好的经济环境和区位优势，这些企业快速发展壮大，在国内外市场取得较高的市场份额，具有成长快、外向型和业绩稳健的特征。沿海地区单项冠军企业也是科技创新最为活跃的主体，研发投入强度、核心自主知识产权密度和专利总数都居于全国前列。

内陆地区拥有相当数量的国有大型单项冠军企业，这些企业从事本领域时间较为悠久，在长时间的精耕细作过程中形成较大的企业规模、鲜明的专业特色，积累了高额市场份额。新世纪的西部大开发战略和东北振兴战略又给相关地区带来新的发展机遇，涌现出一批年轻的单项冠军企业。内陆地区的单项冠军企业在研发投入和专利产出总量上相比沿海地区有明显差距。虽然内陆地区单项冠军企业的科技创新整体实力还比较弱，但是对研发工作的重视程度却毫不逊色，无论研发人员占比还是研发投入强度都与沿海地区指标接近。

此外，在单项冠军企业和规模以上工业企业的对比中发现，单项冠军企业的各项指标，包括财务绩效指标和创新能力指标，均普遍优于同一地区规模以上企业，在一定程度上反映了单项冠军企业良好的经营管理水平和科技创新意识，也揭示了单项冠军企业对本地区经济发展和技术进步的引领和带动作用。

第三章
行业与地区存在的问题和建议

（一） 制造业单项冠军企业主要集中在传统产业，利润率和盈利率波动明显，企业技术水平有待进一步提高

在 193 家制造业单项冠军示范企业中，除 29 家企业属于新能源、新材料等新兴产业和通信技术、计算机及其他电子设备制造业这一高技术产业外，其他企业均属于中技术水平和低技术水平的制造业。这些企业大部分是跟随我国工业化进程不断发展起来的中小企业，其在工业化初期所选择生产的产品多是技术要求相对较低的传统产业的产品，随着工业化进程不断加快，企业通过这些产品的持续改良和坚持，不断提升自身在国际和国内市场的竞争力和市场份额，但从全球各产业链的位置看，这些产品仍处于产业链中相对较低的位置。例如，专用设备制造业和通用设备制造业是拥有是单项冠军企业数最多的两个产业，但其所生产的轧辊、铸造起重机、非公路矿用自卸车、汽轮机叶片、工业链条、工业用缝纫机、管线球阀等产品，多是传统制造业产业链中的非核心产品。在全球价值链升级的过程中，这些单项冠军企业将面临发达国家先进技术优势与发展中国家低成本竞争的双重挤压，其获利能力和市场生存能力受到了极大的挑战，且近年来呈现出极为不稳定的营业收入和利润率波动。

全球经济发展动力正在由以资本驱动向以技术驱动、商业模式驱动为特征的创新驱动演变，制造业单项冠军企业作为我国制造业中的佼佼者，要想在产业变革中稳固自身市场地位，实现可持续发展，最根本的是要不断提升企业的核心竞争力。在当前制造业转型升级的大背景下，单项冠军企业要顺应经济发展规律，将自身产品不断推向高端化、智能化和服务化。企业有必要凭借自身优越的技术和工艺基础，依托企业技术中心、工业设计中心等创新平台，持续加大研发投入，进一步推动技术改造，提升产品的高科技含量和高附加值；有必要推进数字化车间和智能工厂的建设，形成智能制造示范引领之路；有必要以原有产品为支

点，通过延伸产业链，从制造业向服务业发展，打造"制造业＋服务业"的产业生态，从单一产品制造商向系统方案集成商转变，全面提升企业研发、生产、管理和服务的智能化水平，在复杂多变的国际竞争环境中，将单项冠军企业打造成产业链中不可替代的关键节点，进一步实现高价值、高利润的目标。中央及各地政府在对制造业单项冠军企业进行各类资金扶持和政策支持时，有必要更加重视对新兴或高技术层级单项冠军企业的培育，侧重对企业的技术开发、工艺改良、产品开发、服务升级等方面的支持和鼓励，除了进一步壮大单项冠军企业，更应该支持企业长期专注、不断创新，在全球市场上保持核心竞争力。

（二）制造业单项冠军企业集中于东部地区，但地区影响力尚不突出，有必要充分发挥企业的示范带动作用

从企业的区域分布看，山东、浙江、江苏、广东和福建这些东部省份分别拥有制造业单项冠军示范企业 40 家、31 家、29 家、12 家和 12 家，占企业总数的 64.2%，而西北、西南和东北区域的单项冠军企业数加起来未超过单项冠军企业总数的 10%。制造业单项冠军企业的分布具有鲜明的区域差异性，在一定程度上与地区经济发展水平呈正相关。工业化进程相对缓慢的地区缺少制造业发展的相关经验，这在一定程度上制约了制造业单项冠军企业的发展，而较早、较快推进工业化进程的东部地区，由于加速了制造业部门的发展，为制造业单项冠军企业的培育和发展提供了更优越的市场环境和政策支持，孕育了较多数量的单项冠军企业，但是，东部地区的制造业单项冠军企业数虽然较多，但对其周边的企业并没有发挥出明显的示范作用，对其所在区域的经济发展、产业结构升级也并没有呈现出较强的带动作用。山东、江苏、浙江等各地政府紧锣密鼓地发布《制造业单项冠军企业培育提升工作》的相关文件，在文件中除了指出要积极培育单项冠军企业以外，更明确强调要充分发挥好这些企业的引领带动作用。

要发挥制造业单项冠军企业的引领带动作用，首先需要带动企业梯队的形成，制造业单项冠军企业的认定，给企业带来了巨大的品牌效应和发展动力，各冠军企业在经营指标、市场占有率、技术创新、品牌培育、质量提升等方面均取得了显著成绩，引领了区域制造业企业形成企业发展梯队，打造出了该地区的优势产业和区域品牌，带动了制造业的快速健康发展。其次，要做好经验的总结推

广，山东、浙江、江苏、广东等单项冠军企业数较多的区域，有必要全面梳理和总结各细分行业单项冠军企业的典型经验，为其他地区识别和培育潜在的单项冠军企业，成长和壮大现有的单项冠军企业，提供更全面的经验。最后，对于西北、西南、东北等单项冠军企业相对稀缺、成长缓慢的区域要充分挖掘资源禀赋优势，积极培育良好的市场环境，努力汲取华东、中南等区域的相关经验，努力扶持潜在的制造业单项冠军企业。

（三）单项冠军企业对西部地区经济的带动作用更为明显，加大培育支持力度

西部地区的单项冠军企业在主营业务收入、出口额占比、研发经费占比等方面大大超出本地区规模以上工业企业，在地区和行业内已经占据了领头羊的地位，对带动周边企业成长和拉动西部地区经济增长都能够起到举足轻重的作用。但是，西部地区本身社会经济基础较为薄弱，思想观念和文化意识较为保守，市场机制环境尚不完善，企业发展速度和创新能力都与东部地区有一定差距。西部地区单项冠军企业无论是企业数量、从业人员数量，还是研发人员和机构数量，在全国范围内都处于比较靠后的位置，人力、物力和科研投入明显不足。因此，为了更好地发挥单项冠军企业在区域经济发展中的带动作用和辐射作用，国家应在今后的单项冠军培育工作中适当地向西部地区倾斜，加大资金和科研资源的投入力度，支持西部地区培育出更多、更强的单项冠军企业。

西部地区企业培育的基础条件可谓优劣并存。一方面，丰富的自然文化资源和低成本劳动力资源是西部地区的天然优势；新中国成立以来，我国的国防科技工业逐步在西部地区实现了聚集，形成庞大的国防工业基础，是西部单项冠军企业培育的有利条件；自西部大开发以来，国家在财政、金融、税收等方面均提供了优惠的政策，在基础设施、环境保护、教育培训等方面的大规模投资也极大地改善了西部地区经济发展和投资的软硬环境。另一方面，西部地区在资本、技术、知识资源等高级要素方面劣势明显。由于经济发展程度低、基础设施条件差等原因，西部地区无法吸引到大量优秀人才前来创业，高素质人才严重匮乏；西部地区市场经济体制改革滞后，市场经济体制尚不完善，加上历史文化的影响，使得该地区市场观念淡薄，缺乏以信任为基础的地域文化以及开放、创新、积

极、进取的精神，这也对西部地区单项冠军企业的培育有一定的不利影响。

西部地区单项冠军企业培育应该合理利用现有有利条件，因势利导，并通过单项冠军企业的培育，吸引人才，推动科技创新，完善市场经济体制，带动地区经济社会发展。西部地区的单项冠军企业有相当一部分是依托当地自然资源禀赋发展起来的经营时间较长的大型国有企业，应该进一步引导这些企业发展高新技术，改造传统产业，培养敏锐的市场洞察力，增强核心竞争力，同时，可以通过产业结构优化调整，改造大型企业，创立配套的中小企业，形成以大型企业为核心的多层次的产业群，以此带动一个地区的经济活跃度。单项冠军企业的培育，还要积极培育具有创新创业精神的企业家群体。企业家对一个优秀企业的成长至关重，要从高等教育和职业教育出发，培养有现代企业家知识结构、视野宽广、有创新意识的企业管理人才，另外还需进一步完善政策环境，加强政府政策支持，通过预算资助、税收减让、技术支持、担保协助等手段，助力西部地区企业吸引高级要素，实现跨越式发展。

（四）南部沿海地区制造业创新能力存在隐忧，应积极引导优质资源支持单项冠军企业的创新活动

根据对前三批获批的单项冠军示范企业提供的数据进行分析发现，南部沿海地区单项冠军企业的成长性和创新力均居于全国中等水平。南部沿海地区单项冠军企业的产品市场占有率、研发人员数量和在员工总数中的占比、核心自主知识产权比重和发明专利占比等指标，在全国不同区域的比较中表现并不突出。尤其是广东省，在单项冠军企业研发人力物力投入方面均未进入全国前五名，与综合经济实力相当的江苏、山东、浙江等省份差距较大，且研发人员、资金投入和科研机构建设等指标均被同属南部沿海地区的福建省和中部地区的河南省全面赶超。科技创新的乏力可能造成企业成长能力不足。在目前激烈的市场竞争中，南部沿海地区单项冠军企业的产品市场占有率在全国单项冠军企业中排名靠后。这些现象都与南部沿海地区几十年来经济发展示范地区的形象有一定差距，反映了南部沿海这一传统发达地区的制造业创新能力和成长动力方面存在隐忧。如何培育和引导单项冠军企业，如何借助单项冠军企业的影响力和辐射力带动整个区域制造业的繁荣和发展，将是今后一段时间需要关注的重点问题。

南部沿海有雄厚的经济基础和浓厚的创新创业氛围，为当地单项冠军企业，乃至整个制造业的进一步发展创造了得天独厚的条件。几十年的发展经验证明，南部沿海地区的企业家能够敏锐地掌握市场变化规律，及时面向国内外市场捕捉市场机会；各级地方政府注重增强区域经济，大力培育可持续发展能力；社会资本发育较为成熟，有助于发掘新的产业机会和创新机会，为技术创新提供金融支持；同时，国家的政策调控有助于抑制沿海地区的投机行为，促进资本流向实体经济。

单项冠军企业都以生产技术和工艺国际领先为特征，必须不断坚持技术创新，提高企业的核心竞争力，以始终保持领先优势。首先，依托南部沿海地区良好的对外经济交流基础，加强与国外同类型企业的技术交流，形成技术联盟，进行资源共享、优势互补，实现利益共享。其次，应该加大技术开发投入，围绕有自主知识产权的核心技术和主导产品进行技术创新，将优势产品不断做精、做新、做出特色；借助南部沿海丰富的教育资源，实行多种形式的产、学、研联合，与高校及科研院所建立起开放、稳定的合作关系，消化吸收国际上的先进科技成果，巩固自己的技术优势。

南部沿海地区的单项冠军企业主要由民营企业构成，而我国民营企业的技术创新和发展往往受到人才和资金两方面的制约。因此，保证人才发展和和资金供给的制度创新在突破产业发展瓶颈过程中尤为重要。在人才发展方面，一是应该坚持以人为本的用人观，充分重视人才的多样性需求，给予人才施展才华的机会，为人才提供稳固的发展平台和理想的发展空间。二是应该通过激励机制创新来留住人才，首先是事业留人，让人才参与企业发展战略的实现过程，使人才真正融入企业；其次是待遇留人，对于核心人才实施薪酬激励、股权激励，让智力资本作为资产要素参与分配，使人才产生价值认同。

企业的自主创新活动需要有通畅的融资渠道做保证。符合国家产业政策、有较好财务基础、有良好信用等级的企业比较容易获得政府扶持和金融支持。一般来说，单项冠军企业有较好的融资条件，但仍要不断提升自身实力，增强融资能力，要敢于创新融资方式，拓宽融资渠道，可以通过核心人才股权激励政策来吸收资金，让员工持股成为股东，既有利于企业融资，又有利于调动和发挥的员工积极性、主动性和创造性，一举两得。南部沿海地区的社会资本发育得较为成熟，在财务风险可控的范围内，单项冠军企业也可以适当通过民间资本等渠道进行专项融资，用于企业研发投入和技术改造。

（五）资源型地区成长潜力有待挖掘，借助单项冠军企业技术优势推动产业转型

黄河中游和西北地区等资源型区域的单项冠军企业以大型国有企业为主。这些地区单项冠军企业的主营业务收入在全国排位较为靠前，但主营业务收入增长率和利润率却不容乐观。在创新能力方面，这些地区，特别是黄河中游地区的研发人员和机构数量、研发人员占员工总数比例、发明专利占专利总数比例等指标也低于全国平均水平。从总体上讲，资源型省（市、自治区）的单项冠军企业普遍在盈利能力和创新能力上与东部发达地区存在一定差距，这也从一个侧面反映了传统能源和资源型地区在能源枯竭和能源转型时代面临的经济转型困境。

单项冠军企业的成长与地区的经济基础息息相关。资源型地区是资源和原材料富集的地区，立足于特殊资源和原材料的优势而发展和延伸的企业具有很明显的资源优势。资源型地区的单项冠军企业规模较大，有国家资本做支撑，多与地方主导产业联系紧密，充分得益于地方的资源优势。然而，"资源独大"也对企业的成长造成一定的约束和限制。资源型经济发展均高度依赖于资源型产业的发展，投资更容易偏好于资源部门，这会导致资源产业片面繁荣，从而吸引生产要素过度流入资源产业，并且对其他产业，特别是高新技术产业形成挤出效应。而资源产业又由于其巨大的沉没成本，使其产业发展具有锁定效应，进而制约非资源依赖型企业的发展。资源型地区的支柱产业以及配套产业都是基于资源的开采、加工与利用，严重的环境污染与生态破坏对经济社会的发展极为不利，其融资及吸引人才等方面也受到了巨大的影响，这对地区经济的发展是极大的约束。

由于资源的不可再生性，资源型地区的社会经济和企业个体发展面临的最大问题就是如何实现经济、社会、环境的协调发展，个体企业也需要实现自身的可持续发展。这二者是密切相关的，都需要通过产业结构调整，使经济增长点能够从资源型产业中转移出来。由于资源型地区产业发展的前期投资严重依赖资源，沉没成本大，因此产业调整不可能单纯追求高新技术产业的发展，而应该将改造传统产业与培育新兴产业结合起来，促进产业融合。以优势的自然资源为依托，以产业集群互动和共同成长来带动产业发展，以资源配置和整合能力为竞争优势。产业调整和转型的首要突破口在于传统类型的同类企业实现集群发展，节约

资源和能源，实现规模化，即企业与企业之间实现专业化协作，企业与企业之间在技术、信息、营销等方面资源共享，实现资源型产业的循环化发展。单项冠军企业是各地区、各行业的龙头企业，可以在产业集群发展中起到良好的带动作用。同时，集群中企业协同发展，化竞争为合作，也使包括单项冠军企业在内的所有企业获得一个宽松的生存环境，有利于企业进一步发展。

资源型地区产业转型的另一个有效渠道是，借助信息技术和先进的适用技术改造和提升传统产业。在信息化时代的大背景下，信息技术之间的相互融合和信息技术与其他产业技术之间的广泛渗透都能大大推进产业转型和融合。资源型地区应积极推动高新技术渗透到传统产业中，促进传统产业的优化升级，不断催生出新兴产业，走上科技含量高、环境污染少的新型工业化道路。单项冠军企业的科技创新能力普遍优于同地区的其他企业，在地区产业转型过程中应起到技术引领的作用，通过产业的集群式发展，与其他企业加强信息互通、技术合作，放大知识溢出效应，促进整个集群对先进和适用技术的引进、消化和吸收，提高自主研发的能力。

Part
Three

案 例 篇

单项冠军

制造业单项冠军
企业发展蓝皮书

安利股份：
全球聚氨酯合成革行业的领跑者

全球 70%～80% 的高端足球使用的是它研发生产的材料；耐克、阿迪达斯、锐步、亚瑟士、芝华仕是它的客户；聚氨酯合成革及复合材料产销量全球第一，销售收入全球第二；男女鞋、运动休闲鞋用生态功能性聚氨酯合成革市场占有率全球第二、中国第一。

这家低调的"全国制造业单项冠军"企业，就是坐落在安徽合肥的安徽安利材料科技股份有限公司（以下简称安利股份）。

成立于 1994 年的安利股份，是中国大陆最早以离型纸转移法生产聚氨酯合成革的专业厂家之一，拥有 20 多年的聚氨酯合成革研发生产及经营管理经验，是目前全国专业研发、生产生态功能性聚氨酯合成革最大的企业，连续五年蝉联"中国轻工业塑料行业（人造革合成革）十强企业"且综合排名第一，是国家工信部认定的"全国制造业单项冠军示范企业"，2011 年在深交所公开上市。

凭借过硬的产品质量和核心技术，安利股份的产品受到下游知名品牌企业的青睐，耐克（NIKE）、阿迪达斯（ADIDAS）、锐步（REEBOK）、彪马（PUMA）、亚瑟士（ASICS）、斯凯奇（SKECHERS）、斐乐（FILA）、美津浓（MIZUNO）、安踏、特步、361°、乔丹、大东、卓诗尼、蔻驰（COACH）、三星（SAMSUNG）、新秀丽（SAMSONITE）、阿玛尼（ARMANI）、顾家、芝华仕（CHEERS）、全友、江汽、厦门金龙等国内外知名企业，都与其建立了良好的合作关系。

作为合肥本土的自主创新品牌企业，20 多年来，安利人坚持在聚氨酯合成革领域里深耕细作，一步一个脚印，将一家远离原材料、远离供应商、远离客户的内陆小企业，发展成为全球聚氨酯合成革行业的领导品牌，不仅收获了"中国驰名商标""中国名牌"荣誉称号，还被国家相关部门认定为"全国工业品牌培育示范企业""中国出口质量安全示范企业""国家级绿色工厂"，并荣获安徽省政府质量奖、全国质量奖入围奖，综合实力在业界遥遥领先，如今的安利股份拥有员工 2 500 多人，其中硕士、博士 70 多人，大专以上学历的人员占公司员工总数的 40% 以上；拥有资产原值 25 亿元人民币、总资产约 20 亿元、净资产约 12 亿元人民币；拥有办公、厂房建筑面积 40 万平方米，干湿法聚氨酯合成革生产线 40 条，具有年产聚氨酯合成革 8 850 万米、年产聚氨酯树脂 7 万吨的生产经营能力。

然而，安利股份这个世界聚氨酯合成革行业领导品牌的淬炼过程却充满了艰辛和磨砺。

聚焦主业发展，二十年深耕细作

20 世纪 90 年代后期，国内合成革生产企业迅速增加，竞争异常激烈。由于历史原因，安利股份旗下拥有数家合成革下游产品加工厂，如制鞋厂、箱包厂、纸芯厂等，这些加工厂都是集体企业，属于无技术、无人才、无管理经验的"三无"工厂，粗放的"大锅饭式"经营管理模式严重拖累了安利股份的发展。那些年，安利股份的年销售额始终徘徊不前，生产一度出现停滞，业绩连续亏损，经营陷入窘境。在 1999 年最困难的时候，安利股份连水电费、员工工资和银行利息都无力支付，竞争对手更是嚣张地把"挖人"广告直接贴在了安利股份的厂门口，数十名专业技术人员，甚至两名副总都先后辞职。此时的安利股份已是大厦将倾、摇摇欲坠。

在此关键时期，姚和平董事长临危受命，提出了走专业化经营发展之路。他带领管理层排除万难，迅速砍掉众多无关联产业，只专注聚氨酯合成革主业发展。"市场变化多、变化快，而我们的能力、条件和资源有限，必须专心、专业、专注"。

由于国内鞋、包、沙发的制造企业大多数集中在江浙沿海，因此江浙沿海的合成革企业离终端市场和原材料产地更近，而安利地处内陆安徽中部，要想在不利条件下杀出一条生路，唯有集聚资源，不断提升企业管理水平，依靠产品开发与市场营销潜心打造安利品牌特色。为此，安利股份开辟了向外突破的道路，目光盯上竞争更加激烈的国际市场。"像赛跑一样，赛程拉长，江浙的区位优势减小了，我们都处于同一起跑线。"安利股份一位高层管理人员坦言。避开国内的低价、低质的恶战，安利股份选择了跟国际一流的企业赛跑，并在赛跑中锻炼和提升自己，逐渐走向了国内行业冠军的地位。

优秀的企业善于捕捉市场商机，并以个性化、特色化和高质量的产品引领市场、赢得成功。从早期的 DD 革产品一经投产火爆至今，到如今的六大类科技新产品一经问世就获得市场青睐，安利的创新成果总能在业界引领发展潮流和方向。

集聚资源，长期专注于聚氨酯合成革市场的创新、产品质量提升和品牌培育，走"专特优精"发展之路，如今，安利股份的生产技术工艺处于国际领先水平，在全球聚氨酯合成革领域享有很高的声誉，尤其是在鞋类、沙发家具、球类及体育用品、包装及电子包装用生态功能性聚氨酯合成革产品领域具有很强的影响力，用户满意度达 98% 以上。根据中国塑料加工工业协会人造革合成革专业委员会的统计，"安利股份的聚氨酯合成革的产销量市场占有率全球第一，聚氨酯合成革销售收入全球第二，其中在沙发家具、球类、电子包装及包装用生态功能性聚氨酯合成革细分领域，安利股份的市场占有率约 22%，为全球第一；女鞋、运动休闲鞋用生态功能性聚氨酯合成革领域，安利股份的市场占有率约 16%，为全球第二、中国第一"。正如安利股份董事长姚和平所说："唯有专业和品牌才能使企业在竞争中立于不败之地。"安利股份在运动鞋革、男女鞋革、沙发家具革等领域的技术积淀已有 20 余年，无论是外观手感，还是内在物性，安利股份材料的性价比都是业内第一。

口碑与品牌并不是一蹴而就的，而是日积月累的过程。近年来，安利股份始终坚持以客户为中心、持续为客户创造价值，努力做到产品品质与服务质量双提升，成为安踏、特步、达芙妮、乔丹、大东等品牌企业的优秀供应商；并获得了耐克（NIKE）、米卡萨（Mikasa）、斯凯奇（SKECHERS）、R. L. POLO 等国际品牌的青睐，发展前景广阔。

作为全国专业研发和生产生态功能性聚氨酯合成革最大的企业，安利股份的产销量一直名列前茅。用一句非常形象的比喻来说，安利股份一年的产量可绕地球两圈，安利股份不仅从体量上胜出竞争对手，在高端产品领域也遥遥领先。"全球 70% ~ 80% 的高端足球使用的是我们生产的合成革；此外，一些知名俱乐部的比赛用球、世界杯的训练用球也都使用了我们的材料。"安利人对此深感骄傲和自豪。

坚持自主创新，淬炼"四代同堂"的看家本领

只有掌握核心科技，才能引领全球潮流。

聚氨酯合成革行业是一个时尚的行业，素来变化多、变化快，客户今天想要的是一杯白开水，明天想要的可能就是一杯咖啡。一直以来，聚氨酯合成革行业及下游企业主要集中在广东、福建、浙江、江苏等省份及越南、墨西哥、巴西、印度、欧洲等国家和地区，而聚氨酯合成革的先进核心技术也主要被日本、韩国、意大利的合成革企业所垄断。

对于安利股份而言，地处内陆安徽，远离客户和下游市场，缺乏必要的区位及原材料供应等配套优势，信息传递慢。于是，安利股份主动求"变"。安利人苦练内功，以创新为先导，坚持用"观念、组织、产品、营销、管理"五大理念来指导企业创新活动，推动企业技术和产品的转型升级，在全球市场竞争中占据技术制高点，走出了一条守正出奇、创新求变的特色发展道路。

安利坚持专一主业，不做产业多元化，但主张市场多元化、工艺多元化、品种多元化。以市场需要和客户定制为前提，安利股份坚持"生产一代、研发一代、储备一代、构思一代"的研发思想，立足"自主创新、集成创新、引进消化吸收再创新"研发策略，制定了"产、学、研"和"研、产、销"相结合的研发经营思路。对此，安利股份董事长姚和平形象地将之比喻为"嘴里吃一个、手里拿一个、眼里看一个、脑里想一个的'四代同堂'创新发展理念"。

对于安利股份来说，创新不是停留在表面的文章，而是实实在在的投入和付出。基于聚氨酯合成革行业属于快时尚、快消费行业，产品变化更新十分迅速，安利股份每年投入大量的人力、物力、财力进行市场调研和创新研发。近几年，安利股份的年均研发费用超过 7 500 万元，占年销售收入的 5% 以上，每年推广到市场上的新产品达到二三十种，新产品销售额占到总销售额的 60% 以上。这样大手笔的创新投入在国内同行企业中并不多见，给安利股份带来的优势也是有目共睹的。在管理、技术、销售团队的同心协力下，安利股份相继研发并迅速推广了牛巴革产品、真空吸纹产品、镜面产品、球革产品、无溶剂聚氨酯合成革产品、"科技布"产品、"万向皮"产品、薄型运动鞋革（功能皮）产品等新产品、新技术，迅速打破了日本、韩国、意大利的技术壁垒，并以紧贴客户需求的高技

术含量、高附加值的产品在国际市场上形成了强大的竞争力，成为国内外合成革行业的佼佼者。

安利股份强大的创新能力不仅给市场提供了高质量、高附加值的新产品，也将聚氨酯合成革应用拓展至汽车、室内装饰、医疗、运动装备等新兴领域。从北京人民大会堂的沙发座椅、上海虹桥机场和韩国仁川机场的公共座椅，到美国小布什图书馆和阿联酋七星级酒店的内饰，安利材料的创新科技已经深入全球用户的工作和生活。安利人常常自豪地说"虽然你可能不知道我们安利的名字，但是你生活中肯定会使用到我们安利的创新材料，因为安利材料与全球70多亿人的穿、用、住、行、玩密切相关。"

作为国家重点高新技术企业、国家认定企业技术中心、国家知识产权示范企业和中国聚氨酯合成革创新研发基地的安利股份，不仅拥有"安徽省重点实验室""安徽省工程技术研究中心"和"安徽省工业设计中心"，还先后承担了30多项国家及省市的科研和重大产业化项目，18次获得省市科技进步奖，并荣获国家重点新产品5项、安徽省新产品80多项，获得过中国专利优秀奖和安徽省科技进步一等奖，拥有授权专利339项，主持并参与制定国家和国家行业标准40多项，是全国同行业专利最多、全国同行业主持参与制定国家和国家行业标准最多的企业。

瞄准市场前沿，抢占制高点，掌握话语权

高端市场对于安利股份的意义不仅在于可以引领市场和时代的潮流，更代表着安利品牌价值的巨大潜力。

近年来，安利股份瞄准市场前沿，优化产品结构，提高产品附加值，发展高端市场，规避与低端产品的竞争，以差异化产品领先市场。在安利产品展厅，不仅有各大品牌的运动鞋、休闲鞋、男女鞋、童鞋等普通产品的展示，更有三星手机套、COACH眼镜盒、苹果iPad保护套、芝华仕按摩椅、头等舱沙发以及汽车内饰等高端产品的身影，其中最吸引人眼球的是两台高端大气的双开门冰箱。可能大家会有疑问：为什么满满都是聚氨酯合成革展品和制成品的安利展厅里会出现冰箱？聚氨酯合成革与冰箱又有什么关系？

原来，几年前安利股份与冰箱企业开展了跨界研发合作，创新性地将聚氨酯

合成革材料用于冰箱门板上，成功实现了聚氨酯合成革与冰箱的完美结合。这款冰箱展品的门板使用了具有高科技含量的聚氨酯合成革作为包覆材料，外观简洁大方，手感柔软有弹性，告别了传统冰箱冷冰冰的金属材质，是一款"有温度"的冰箱。采用了新型聚氨酯合成革技术的冰箱门材料不仅具有防污、耐用、手感好、绿色环保等特点，还拥有颜色丰富、花纹多样、可根据不同居住风格进行定制等优势，能够满足当今消费者对家居时尚化、个性化的需求。安利股份此次与冰箱企业的牵手，在行业内首次成功地将聚氨酯合成革新材料拓展到了家电领域，打破了聚氨酯合成革与家电产品融合的界限，拓展了聚氨酯合成革产品新的应用领域，填补了行业的多项技术空白。

在拉开安利产品与市场普通产品档次的同时，安利人还紧紧围绕聚氨酯合成革的绿色环保做文章。当前，聚氨酯合成革行业的发展趋势正朝着企业规模化、生产清洁化、产品轻量化、减量化等方面发展，市场对聚氨酯合成革的要求越来越高。同时，随着全球绿色低碳转型发展趋势，我国环境保护政策法规对生态环保约束的进一步增强，以及欧盟 REACH 法规限制越来越多，"生态环保"问题已成为全球合成革行业的生命线和超强约束条件，众多非环保产品均被下游高端品牌挡在了门外。

安利股份正是瞄准了消费市场对环保、健康、舒适的产品需求，专注提高产品的环保性和舒适度。近年来，安利股份围绕先进功能高分子复合材料、纳米新材料、生态功能性聚氨酯合成革等高新技术领域，重点突破聚氨酯合成革和复合材料的结构功能、集成应用等关键和共性技术，积极开发应用水性和无溶剂工艺技术，努力实现低碳和绿色生产，不断开发综合性能高、时尚流行美、资源消耗小、绿色环保、具有自主知识产权的聚氨酯合成革新材料产品，成为国家工信部认定的行业内唯一一家"国家级绿色工厂"及"全国工业产品生态（绿色）设计试点企业"。2017 年，安利股份的无溶剂聚氨酯复合材料获得了安徽省重大科技专项立项，这个材料是目前全球聚氨酯复合材料行业技术最领先的环保型新品，今后可以广泛运用于体育用品、家居、汽车、游艇等领域。

作为行业内环保水平最高的企业之一，安利股份也是"中国合成革绿色供应链产业创新战略联盟"发起单位和"ZDHC 合成革行业先锋试点企业"，也是国内合成革行业中首家且唯一一家同时通过国际 OEKO-Tex Standard 100 信心纺织品标准和国际绿叶标志认证的企业，4 次被安徽省政府表彰为"安徽省节能先进企业"，是"安徽省清洁生产示范企业""合肥市环保工作先进单位""合肥市环保诚信企业"，参与制定环保部 3 项国家环保标准，引领行业绿色发展。

通过对聚氨酯合成革产品品质和环保的不懈追求，安利股份不仅成功开拓了聚氨酯合成革市场的新蓝海，还与越来越多的国际品牌结缘。深受全球时尚青年喜爱的 ZARA 是全球排名第三、西班牙排名第一的服饰生活用品提供商，作为精准时尚模式的领导品牌，ZARA 也得到了全球年轻人的青睐，成为盈利型品牌的典范。ZARA 十分重视企业的社会责任与环保行为，强调环境友好型增长战略是集团未来发展的关键，并提出了"DMF Free"计划，大力提倡在产品生产过程中使用环保材料。因此，ZARA 在全球范围内寻找合作伙伴时，制定了远高于欧洲标准的环保指标。在比较了全球范围内的材料供应商提供的环保产品后，安利股份最终以高品质、高性价比的无溶剂系列环保产品赢得了 ZARA 的信任，2018年 2 月，安利股份正式成为 ZARA 的核心供应商。要知道，欧洲市场对合成革中二甲基甲酰胺（DMFA）含量的限值一般是小于 1 000PPM，而安利股份开发的无溶剂产品中的 DMFA 含量可达到小于 20PPM！

如今的安利产品深受全球中高端客户青睐，共拥有长期、稳定的国内外客户1 700 家左右，遍布全球 70 多个国家和地区，产品出口率达到 45%。根据中国塑料加工工业协会人造革合成革专业委员会的统计数据，安利股份的聚氨酯合成革近年来的出口量、出口创汇额、出口发达国家数量均居国内同行业首位。

推进智能制造，做工业 4.0 时代的领跑者

机械化、自动化、数字化、智能化，这是世界工业从 1.0 到 4.0 不同时代的鲜明特征，如今，安利股份瞄准机遇开启了"智能制造"的全新模式，实现了企业的转型发展。

在安利股份的生产线上，一台台智能化设备比肩而立，操作人员在机房里直接用计算机下达指令。原来需要靠人工进行的抬运投料、比色配色、手动下配方操作，现在全部被智能化系统所代替。从 2003 年公司建设 ERP 管理信息系统开始，安利股份正式开启了企业的信息化建设工作，随后上线的 DCS 集散控制系统也使安利股份成为行业内首家实现自动化生产的企业。

经过十多年的信息化建设，安利股份一方面充分利用原有设备对传统生产线进行自动化改造，走出了一条"低成本、高成效"的智能改造之路；另一方面，

安利股份积极研发并上线智能化系统，目前已建成 ERP 管理信息系统、OA 协同办公信息系统、HR 人力资源系统、CRM 客户关系管理系统、SRM 供应商管理系统、营销信息化统一业务平台六大信息化基础平台，建立了设备能源信息化智能管理系统、DCS 集散控制信息系统、订单管理（生产计划）信息系统、条形码管理信息系统、WMS 仓储管理信息系统、生产在线智能控制和监控信息系统、环保在线监控信息系统等生产过程控制信息化设施，正在推进 MES 生产制造管理系统的建设。

安利股份将先进的信息技术和管理工作深度融合，自动化、信息化、智能化建设由单项应用阶段迈向综合集成、协同运营阶段，使生产经营管理更加简单、快捷、科学和高效。近年来，安利股份通过了国家级两化融合管理体系评定，是"安徽省制造业信息化示范企业""合肥市信息化与工业化融合示范企业"以及合肥市"智能工厂"。如今的安利股份不仅是全国同行业内两化融合水平最高的企业之一，企业的两化融合建设也在国际同行中处于领先水平。

实施"走出去"战略，打造全球产业布局

当前，开放与合作成为国际交流的主旋律，安利股份本着整合同业、上下游、国内外资源的思路，广泛学习、努力创新，积极建立国际化创新合作网络。通过参观、走访、合作进行技术开发等形式，安利股份充分汲取国内外先进企业的经验，在产品、工艺、设备的研发方面均取得了较好的成绩，并与德国、意大利、美国、日本、韩国等多国先进企业建立了密切合作关系，积极分享新的行业关键技术，创造协同效应。

面对全球化发展大趋势，安利股份不仅使产品走向了全球市场，产业布局也走出了国门。2017 年，安利股份积极响应国家"一带一路"及"走出去"战略，向东欧、东南亚辐射布局。向北，沿着"丝绸之路经济带"，投资收购一家俄罗斯人造革企业，积极布局俄罗斯及周边合成革市场，拓宽安利产品在以俄罗斯为主导的东欧国家以及欧洲市场的营销渠道，向南，顺着"21 世纪海上丝绸之路"，安利股份在越南投资新建了一个生产基地，以顺应合成革下游行业生产基地国际转移趋势，贴近市场、贴近客户。

安利股份坚持走品质化、特色化、专业化、品牌化之路，以"国内争第一，

国际创一流，力争成为全球聚氨酯复合材料领导品牌"的品牌定位为指引，在追求"产品好、管理好、服务好"和实现"知名度高、信任度高、美誉度高"的品牌战略的指导下，始终坚持良好的经营理念和行为，提高企业品质、品种、品位、品牌、品行、品格，不断扩大安利的品牌知名度，提升安利品牌信任度，增加安利品牌美誉度。

目前，安利股份与全球众多知名品牌及其加工生产企业建立了良好合作关系，深受全球中高端客户的青睐，聚氨酯合成革产品畅销全国各地，并出口70多个国家和地区。安利股份已成为国内出口额最大且出口发达国家最多的合成革企业，在国际舞台上打出了一张享誉世界的靓丽名片。

结　语

"不忘初心，深耕主业，砥砺前行，持之以恒"，安利股份正是凭着这股专心、专业的工匠精神，通过自主创新、聚焦高端、智能制造以及全球布局，一步一步从濒临倒闭的内陆小厂成长为全国聚氨酯合成革行业的单项冠军企业，并成为全球聚氨酯合成革的领导品牌。在全球经济持续下行、环保压力陡增、聚氨酯合成革行业迎来全盘洗牌的今天，安利股份这种坚守主业、长期专注于聚氨酯合成革领域、勇于创新、敢于探索的创业精神和成功经验，值得同行借鉴和探索。"思深益远，谋定后动"，随着"单项冠军企业"的示范带动效应，中国聚氨酯合成革行业将迎来一个新的春天！

舜宇光学：
从乡镇工厂到国际名配角

1984 年，被很多人认为是中国企业元年，各路英杰翘首以待的时机终于出现，新中国迎来了第一个下海经商浪潮。在这次的"全民经商热"中，诞生了很多日后叱咤风云的企业，舜宇光学就是其中之一。

舜宇的前身是"余姚第二光学仪器厂"，与其他崛起于 20 世纪 80 年代中期的乡镇企业一样，其成功离不开国家经济体制改革这一历史契机。难能可贵的是，舜宇将敏锐的预见能力贯穿渗透于企业的每一个经营决策之中，最终引领舜宇从一个名不见经传的乡镇配套工厂成长壮大为驰誉全球的"名配角企业"。

2017 年，凭借在手机摄像模组领域的多年深耕和引领示范，其主营单元舜宇光电被认定为国家级"单项冠军"，树立起了我国光电事业的标杆。

制造为基："柔性智造"构筑新动能

几年前说起手机摄像模组，很多人第一时间联想到的领军企业都会是索尼。这家创造了无数黑科技和经典爆品的著名企业，也曾经在手机光学领域开疆拓土、勋章赫赫。但如今，索尼的模组业务正在加速萎缩，尤其是在中国的市场份额已经被舜宇光电等企业蚕食殆尽。究其原因，在于智能手机已经步入存量时代，各大厂商不得不通过推陈出新来换取增量，而索尼的超高度自动化带来的刚性生产模式无法满足市场对于供应链响应能力的高阶需求。也正是因为如此，舜宇光电才通过高效设计、柔性生产、智能制造等核心竞争优势，奠定了在光电领域的"单项冠军"地位。

为紧跟行业趋势，适应多变的安卓机型和参数要求，舜宇光电专门研发了柔性自动化生产线，在形成自动对焦、固定对焦模组等产品领域的规模优势之余，还满足了变焦双摄模组、黑白双摄模组、光学防抖模组和 PDAF 模组等多样化的需求，从而能够在下游客户进行产品升级时，快速推动配套模组生产。例如，华为公司在遴选 P9 手机的双摄像头模组供应商时，曾考虑过日、韩的多家行业龙头，而舜宇光电凭借灵活的生产工艺和夯实的技术积累，提前两个月完成批量试制，最终赢得了该机型的高额订单。

行业发展痛点，呼唤新技术的到来

近年来，顺沿着摄像模组的研发大趋势，整个行业都在朝着高精度、小型化的趋势快速发展。但是，目前所有上下游厂商能够实现关键部件功能优化，比如大光圈镜头、光学防抖马达、线路板变薄、芯片像素变小和感光区域占比变大，双摄算法加强，手机轻薄化，屏占比变高等。对于模组封装厂商而言，对产品的加工难度和精度要求更高，对摄像模组封装的良品率提出的要求也越来越大。并且，自 2015 年以来，双摄模组的渗透率逐年上升，双摄模组的组装难度更是将上述模组封装的工艺要求推上了新的台阶。

市场对于新产品的欢迎态势是不可逆转的，但是国内全行业的封装工艺还停留在传统的摄像模组支架贴装的阶段，如果采用传统工艺方法，必定会逐步触碰到产品尺寸和可靠性的极限，并且难以配套高速发展的行业态势。

痛点一：元器件之间的孤立，制约产品尺寸减小

摄像模组行业的关键元件都在逐步推陈出新，但是作为将相关产品组合到一起的"设计师"，模组厂在努力做好元器件之间的和谐相处，但是现有的设计思路已经被一些基本工艺要求所限制。

如果单纯地看每一个元器件，上下游厂商都在致力于将元器件做得更小、更精、更薄，所以元器件之间的排布也顺势朝着更加紧密的方向发展。但是，为了减少元器件之间的干扰，占用了部分预留空间，伴随着相应的结构设计妥协，这直接决定了摄像模组最终尺寸的减小。

但是，前置双摄、全面屏、超薄是很多手机厂商都追求的设计指标，如果模组厂不能尽最大可能地实现整体模组尺寸的减小，只会让原本应成为手机卖点的摄制模组，变成手机外观设计最大的缺陷。

痛点二：传统结合方式，拖累产品的整体品质

纵观整个模组行业，镜头、镜座、芯片和线路板之间都通过胶水黏合的方式连接，并且贴附面积有限，而且往往需要 AA 自动校准工艺经过优化，这就造成各个环节中的公差累计拖累了最终的成像品质。不仅如此，这一过程费时费力，只能算是对于现有设备和技术的最大限度应用，却缺乏创新意义。进一步来说，整个模组产品的平整度、可靠性等关键品质也很有可能因为结合方式的拖累而难以达标。

综上所述，市场亟须一种崭新技术解决上述行业积弊，将摄像模组封装领域推向一个新的台阶。

新封装模式，彻底变革摄像模组封装模式

舜宇集团全资子公司的宁波舜宇光电信息有限公司（下称舜宇光电），作为摄像模组行业的领导者，具备多年的技术积淀和人才储备。

经过总结行业积弊，并顺应市场发展需求，新封装项目立项之后，舜宇光电就展开了高效、务实的研发态势，通过不断的技术摸索和创新，经历了多年技术积累和长久的技术攻关，最终研发成功 MOB/MOC 技术封装的摄像模组，并于 2016 年大量面向市场销售。

其中，舜宇光电生产的 MOC 摄像模组，是全球首款实现了"线路板、阻容器件、驱动 IC、感光芯片、金线等元器件"一次性封装的摄像模组，并同时具备了尺寸缩小、强度增加、公差累计小、平整度高、散热性能好等多项性能优势。

随着 MOC 技术的推广和应用，一方面，引领了手机摄像模组行业的技术革命；另一方面，也为舜宇光电，乃至整个舜宇集团带来了全新的经济增长点，实现了技术和产品的又一次创新。

（1）新型封装模组，推升行业标准

随着手机行业超薄化、全面屏、双摄等诸多升级趋势纷至沓来，必将催化市场份额向龙头厂商靠拢的进程。而 MOB/MOC 新型封装模组基座面积缩减超过20%，结构强度提升 45%，直击大屏、超薄化、双摄等升级趋势带来的技术痛

点，同时能够给后续的技术改进提供更好的基础和支撑。

依托 MOC 技术，在单摄模组应用上，舜宇光电可以利用一体封装底座，取代传统手机底座，并减少近30%的产品长宽尺寸，适用于屏幕占比高的手机产品中；并且鉴于底座平整度的上升，适于安装 F1.55 以上的大光圈镜头。

在双摄模组中，依托于封装底座带来的平整度优势，更加适合采用一体式基板、一体式马达等结构设计；基于一体封装底座带来的补强作用，可以取消双摄外支架结构，有效减小双摄模组的体积，模组高度降低 0.1mm 以上，长宽尺寸减小 15% 以上。

（2）依托 MOB/MOC 技术，全面提升产品品质

MOB/MOC 技术，不只是简单地在封装模式上的改变，更能以此带来模组整体性能的提升，其结构强度、散热性、模组平整度、可靠性和污坏点不良管控都可以上升到新的台阶，还可以提升产品的自动化程度。

同时，平整度的改善可以使得高像素产品不再依赖 AA 工艺，可以有效简化工序步骤。模组的底部受力会得到显著提升，线路板变形量减少40% 以上，芯片收到应力减少25% 以上，并可以取消一般模组必需的底部补强板。在静态和动态压力测试上，性能都有翻倍的提升。散热效率提升5% 以上。

（3）应用布局长远，产业发展后劲十足

根据舜宇集团近期公布的未来两年的技术发展路线图，以及关于最新研发的双镜头双摄、3D 感应以及非智能手机增长引擎等技术的介绍，预计手机厂商将推出多款升级产品，包括潜望式摄像模组、3D 感应镜头、超小型摄像模组等，MOC 技术在上述技术应用到摄像模组领域方面具备天然的工艺优势，将推动该项技术在全行业更广泛地应用。

封装模式的改进，带来的尺寸改善和性能提升显而易见，也获得了市场的热列追捧。自 2016 年以来，国内多家知名手机厂商大批量订购和采用舜宇的 MOB/MOC 产品，带来了企业销售额和毛利率的显著上升，也进一步奠定了舜宇光电在模组封装领域的行业领头羊地位。

战略护航：从"专精特新"到"单项冠军"

作为国内最大的 CCM 摄像模组生产厂家，2014 年起，舜宇光电便适时调整了公司战略发展方向，从"紧凑型摄像头模组"转变成"光学系统方案解决商"的产业定位，要从单一的硬件制造的产品定位转变成"互联网、软件、硬件"三位一体的产品定位。长期以来，创新一直是公司发展的动力。

制程创新，开创先河，为舜宇光电快速发展奠定坚实基础

2006 年开始，手机摄像模组全面应用在了手机上，但当时市场上的手机摄像模组几乎都是低像素模组，手机制程方面也是 CSP 制程独霸天下。而随着市场对手机摄像头品质要求的提升，手机开始向薄、小发展，手机摄像模组也开始由低像素模组向高像素模组发展。而 CSP 制程无法满足高像素手机模组的生产需求。舜宇光电通过对各个制程方式的研究、分析总结出，COB 制程将是未来的主流制程方式，于是开始在公司发展新的封装技术——COB 技术。

发展 COB 制程，对当时的舜宇光电，甚至整个国内的模组行业而言，都是一次巨大的挑战。当时，国内的手机模组企业尚无 COB 制程人才储备。对此，舜宇光电采用"个别引入外部高级人才，分批引入中级人才，内部批量培养 COB 人才"的人才策略，在较短的时间内组建了一支具备扎实专业技术基础的 COB 人才队伍，并且确保了团队的稳定性，为舜宇光电大力发展 COB 制程技术奠定了基础。

在无尘室建设方面，舜宇光电也进行了大胆尝试。通过市场调研后，舜宇光电与国内无尘室建设公司进行了充分的技术交流，最终确定由国内无尘室建设公司来建设舜宇光电 COB 十级无尘室。基于国产技术建立的十级无尘室，不仅满足了舜宇光电无尘室的建设周期需求，节省建设费用 150 万元以上，还开创了国产技术建设十级无尘室的先河。

在 COB 技术成功地在舜宇光电运用后，随着市场对手机摄像模组品质要求的提升，舜宇光电不断加强对手机摄像模组技术的研发和创新，通过对 COB 制

程工艺的研究和完善，克服了绑定金线难打、COB 产品黑点等技术难题，COB 制程效率和产品良率得到了大幅度的提升。基于 COB 技术的 REFLOW 模组、嵌入式基板 COB 模组等产品陆续推向市场，进一步提升了舜宇光电 COB 模组的市场占有率。随着高像素 CCM 在手机上的应用逐步扩大，逐步取代了低像素 CCM；而智能手机行业发展得风生水起，更是让 COB 制程成为赢得行业竞争优势的撒手锏。到 2014 年年底，COB 产品出货量上升到 96.5%，成为绝对的主流。根据 2014 年全球 CCM 出货报告，舜宇光电的 CCM 总出货量跃居全球第三位，仅次于三星和光宝。

技术攻关，提升实力，舜宇光电坐稳国内模组行业第一把交椅

在创新方面，舜宇光电十分重视 CCM 及其衍生品研发技术的创新。在大力推广 COB 制程之后，根据 COB 制程原理，提出在柔性线路板（FPC）上实现 COB 技术，即 COF 技术；并联合各大关键器件供应商，建立舜宇光电 COF 制程的关键工艺，使 COF 技术在公司得以顺利实施。目前，基于 COF 技术的产品已成为舜宇光电最具核心竞争力的产品，影响并带动了我国整个 CCM 产业的发展，月出货在 3KK 以上；仅 2011 年，就为公司创造了税前利润 1 516 万元；2012 年，COF 产品的税前利润成倍增长，达到 9 197.96 万元。另外，高信赖性 COF 摄像模块关键技术研究与产业化项目还获得了全国工商联科技进步一等奖、浙江省科技进步二等奖、宁波市科技进步奖二等奖等科技奖项。

随着 COB 制程技术在业内的普及，舜宇光电在技术创新方面再次走在了行业前沿。2012 年年初开始，舜宇光电通过技术交流发现，未来大光圈、广角模组将会成为主导，这些新型模组将会使用到动态调心技术，特别是阵列影响技术对未来超薄模组及实现人机交互将会有革命性的影响。舜宇光电通过技术攻关，在业内率先完成了 OIS 模组量产工作，成为国内首家实现 OIS 模组的企业。OIS 模组使用舜宇特有的、自主开发生产设备和生产线，组装达到了最佳精度；舜宇研发的校准方法，防抖效果比业内平均水平高出 20%。同样地，舜宇光电也在国内率先实现了双摄像头模组的量产，生产良率超过 90%，目前已经申请了 4 项发明专利。在 3D 产品领域，投影结构光模组已经具备量产能力，舜宇光电是国际范围业内首家可用于消费领域实现三维建模的解决方案，生产良率达到 90%，

具备专利 14 项，赢得了北美知名跨国公司 L 公司和 A 公司（因合作需要，客户名称需保密）等终端客户的青睐。通过技术上的创新，舜宇光电占据了国内模组行业前列位置。

改造创新，提高效能，舜宇光电自动化改造初见成效

长期以来，国内手机摄像模组生产制造企业的手工操作岗位多，自动化程度低。随着劳动成本的日益成长，摄像模组生产自动化趋势越来越明显。2012 年，为改善产品品质，提高制造效率和人均产出，该公司成立了自动化部，部署自动化改造系列项目，对 SMT 制造部、COB 制造部和组装测试部的多个人员密集型或效率瓶颈岗位进行自动化改造。仅 2014 年该公司共为生产需求部门提供了 500多台自动化设备，其中成品测试机 288 台、自动调焦机 100 台，AA 机台 50 台；同时，还建成了国内最大的 AA 制程车间，为其高端模组生产提供了较好的设备硬件技术支持。同时在自动化设备技术方面，舜宇光电攻克基于 HALCON 的机器视觉系统的开发，并成功应用到自动调焦、AA、二维码扫描等设备上，打破了对国外成套智能相机应用的技术依赖。该技术的成功应用不仅降低了自制设备的硬件采购成本，还解决了机器视觉应用的柔性问题。

受双摄红利放缓、核心元器件产能紧张、算法优化导致对工艺需求降低等因素的影响，手机摄像模组承载着毛利率下滑的压力，2018 年上半年舜宇光电的营收未及预期。所幸的是，围绕着"专精特新"的战略核心，舜宇光电在光电领域不断深耕，产品组合全面优化。

生态协同：坚持上下游融合发展

不同于舜宇光电诞生时的草根创业时代，在当前新一轮的创业潮中，商业精英和技术天才们背靠资本市场的强力支持来势汹汹。面对层出不穷的新兴竞争者们，舜宇光电采取了生态协同的防御策略，即通过上下游融合，特别是与终端厂商互联互通，创造了巨大的价值壁垒，进而巩固了自身龙头地位。

众所周知，国内智能手机市场已经形成了以"HOV + 小米"为主导的稳定

竞争格局，而这四大品牌正是舜宇光电最重要的战略性客户。为进一步释放增量，华为等终端厂商不断提升对手机摄像功能的需求，争相推出了双摄、多摄方案，并进入舜宇光电提供现场指导，此举极大地推动了舜宇光电模组产品的技术创新，带动了出货量的稳定增长。

作为以国际化为导向的企业，舜宇光电全力创造技术和价值优势，融入国际现代光学产业的核心生态圈当中。例如，Google 前两年推出的概念机型 Tango 就由舜宇光电供应了包括三颗摄像头在内的光学组件。此后，联想等企业还依托 Tango 技术量产了若干移动设备，相关零部件同样全部由舜宇光电提供。

结　语

"却顾来时径，苍苍横翠微"，从依靠 6 万元贷款起家的乡镇工厂到问鼎光学领域单项冠军的国际名配角，舜宇光电的发展历经在产业更迭中摸索前进的过程。在全球经济形势不明朗、地缘风险加剧、光学行业迎来升级浪潮的今天，无论是在体制机制、战略策略还是技术路径上，舜宇光电的经验探索都对同行具有重要的借鉴意义。随着"单项冠军"的示范带动效应加快显现，国产光学未来可期。

海天塑机：
走出去的海天路

海天塑机集团有限公司（以下简称海天塑机）是海天国际控股有限公司（以下简称海天国际）的子公司之一，现在已由一家作坊式小厂已经发展成为产量世界第一、规模中国最大、技术国内领先的塑机生产基地。海天塑机一直专注于细分产品市场，目前注塑机产品销售收入占企业全部业务收入的近100%，可谓是注塑机行业名副其实的"单项冠军"企业。

1966年，海天塑机的前身——江南农机厂诞生了。1974年，海天塑机创始人张静章就在浙江宁波的这个农村小作坊里成功试制了第一台30克直角式注塑机，打出了当时市场紧缺的第一只塑料凉鞋。从此，海天塑机进入了注塑机行业并与注塑机结下了不解之缘。此后的45年，海天塑机再也没有离开过注塑机这个领域，一直专注耕耘于塑料机械行业。

改革开放以来，中国消费品市场获得了极大繁荣，塑料制品的需求大增，海天集团迎来了良好的发展机遇。市场利好只是海天塑机崛起的原因之一。在注塑机行业大发展的年代，一些强势企业并未能乘势而上，曾经的"巨头"企业逐渐都消失了。而海天塑机当年在行业里还排不上名次，可是后来却成了行业领军企业。

1989年，海天塑机出口第一台注塑机至欧洲。之后，中国第一台在国外展出的注塑机被海天塑机带进了美国芝加哥展览会。1994年，海天塑机成为全球注塑机产量第一的行业领导者，并保持至今。

作为国内同行业的领头羊，海天塑机的产品定位非常清晰，针对急速增长的通用化塑料制品生产领域，积极调整其生产布局，专注通用液压注塑机的研发和生产，并围绕客户的节能、环保、自动化等需求，不断在注塑机产品领域深耕，研制生产了天隆和天虹等系列产品，能够满足家用电器、汽车零部件、物流容器等大容量产品以及电子产品等小物件的注塑生产要求，产品覆盖的客户范围不断扩大。2017 年，海天塑机为全球市场供应了 3.5 万台注塑机，其中约 30% 的产品出口海外。

海天塑机以其产品的优质、高效和节能闻名于塑料机械行业，其国内市场占有率自 1994 年起一直位列第一，主要客户涵盖汽车、家电、物流、玩具、电子、建筑等行业，包括佛吉亚、江森自控、法雷奥、延锋、日产、雷诺、格力等知名企业。产品还批量出口至北美、欧洲、南美、中东、东南亚等 130 多个国家和地区，服务网络遍及全球，产量和销售额均居中国同行业首位。

海天塑机现为国家大型企业、中国塑料机械工业协会理事长单位、中国轻工机械协会副理事长单位还是联合国技术信息促进系统（TIPS）认定的中国优秀民营企业，并率先通过了 CE 认证、ISO9001—2000 版质量体系认证。作为一家专业从事研发、制造和销售塑料注射成型机的高新技术企业，海天塑机的整体实力及各项经济指标连续 10 余年在全国同行业中名列首位。

专注技术创新，推动企业发展

企业发展取决于不断的技术创新和创新产品在市场中的竞争能力。海天塑机从只能生产镰刀、锄头等农具的乡村作坊，历经半个世纪的持续创新，已经研发出了我国最大的精密注塑机和首台全电动注塑机。海天塑机建立了以企业技术中心为主体、产学研相结合的研发创新体系，把技术创新与市场紧密结合在一起，以市场为中心，把创新成果不断转化为巨大的社会和经济效益。

海天塑机的创新宗旨是"人无我有、人有我优"，以在激烈的市场竞争中保持持久的竞争力和旺盛的生命力。从 20 世纪八九十年代单一的液压式注塑机，到目前的液压式、全电式、电液复合式等，海天塑机走在行业前列。在充分了解国内外市场动态以及掌握塑机行业信息情报的基础之上，海天塑机结合自身的特点优势建立了真正合乎企业发展需要，以企业为主体、以市场为导向的技术创新体系。中国塑料机械工业协会前任秘书长粟东平认为，海天塑机发展的秘密就是"想到的做到，能做的做好，做好的做精"。

与国际上的主要行业竞争对手相比，海天塑机的优势是机型覆盖非常广泛，最小的注塑机为 400KN，最大的达到 88 000 千牛，为世界最大；产品包括伺服节能注塑机、二板式节能注塑机、全电动注塑机，以及多组份注塑机、各种专用注塑机等。同时，海天塑机的产量和客户覆盖率要远大于同类企业，面向的行业也更广泛。针对不同的客户，海天塑机有更为专业和细分的配置和更强定制化的能力。

为了更好地走自主创新之路，海天塑机对信息、人才、设备等技术力量进行整合，扩建为海天塑料机械工程研究中心，集中力量进行塑机产业领域高新技术和高科技产品的研究开发。1998 年，海天技术中心被认定为宁波市市级塑料机械工程研究中心。2000 年，在海天塑机领导层提出的"创海天知名品牌"和"打造塑机王国"的战略目标指导下，从机构、设施、经费、队伍等方面加强研究中心建设，并正式组建技术中心。

海天塑机选拔了多位创新带头人，负责领导技术创新工作；成立技术指导委员会，加强技术创新的指导工作。经过多年的努力，技术中心为海天的发展提供了有力的科技支撑和保障，并为整个行业的技术进步做出了贡献。2000 年，海天技术中心被浙江省经济贸易委员会认定为省级企业技术中心；2005 年 10 月，被发改委等四部委联合认定为"国家认定企业技术中心"。

技术中心创建以来，海天塑机的技术创新工作得到了突飞猛进的发展。近年来，海天塑机的销售收入快速增长，其中新产品贡献率在 60% 以上。海天技术中心自 2001 年起至今，共获得授权专利 200 余项。技术中心平均每年完成技术创新项目 30 余项，专利产品占年销售额的 100%。在不断攀登注塑行业新高峰的征途中，海天持续对产品性能与质量进行改进。

海天发展的历史就是技术创新推动企业发展的历史。海天不断实现产品升级改造，推动自身以及客户企业从耗能污染型向节能环保型升级，从低端加工型向高端研发型升级，进一步巩固了自身在同行业中的竞争优势。技术永远没有最高点，只有局部范围内的制高点，每一次的技术革新都成就了海天前进的每一步。海天塑机追求技术创新的脚步始终没有停止过。

2012 年 2 月 14 日，海天塑机与北京化工大学合作完成的"塑料精密成型技术与装备的研发及产业化"项目，与浙江大学合作完成的"复杂装备与工艺工装集成数字化设计关键技术及系列产品开发"项目，同时获得了国家科技进步二等奖，这是我国塑料机械制造行业首次获得国家科技进步奖殊荣。

2014 年，海天塑机研制出全球最大的纯二板式塑料注射成型机 JU66000/518000，并正式交付给客户。该机的最大锁模力可达 88 000 千牛，容模量超过50 立方米，可注塑目前世界上最大的制品，能够满足汽车工业、国防、市政工

程等领域对超大塑料制品的需求。该机以 JU Ⅱ 二板机为技术平台，采用了带微
调结构的合模机构、连续塑化和大直径柱塞式注射单元、同步抱闸等多项原创技
术，锁模力重复精度达 0.2%，模板空载平行度达 0.6 毫米，对于指定位置的开、
合模定位可以精确到 1 毫米，创超大型精密注塑机纪录，达到了国际先进水平；
两大模板重达 240 吨、整机重 560 吨，已具备了装备制造领域"国之重器"的地
位和影响力。经院士等专家组成的专家委员会鉴定："产品具有节能、环保、精
密、高效的特点，注射量和容模量等关键指标国际领先，整机性能达到国际先进
水平。"

技术和工艺标准的制定是企业知识积累的一个重要方面，海天塑机不但针对
各型产品的要求制定了众多企业标准，还积极参与行业、国家和国际标准的制
定。持续的技术创新使得海天塑机引领了行业的发展走势，也使得海天塑机获得
了制定行业标准的机会。目前，海天塑机已经负责起草了橡胶塑料注射成型机通
用技术条件、橡胶塑料注射成型机检测方法、橡胶塑料注射成型机能耗检测方法
等国家标准，还代表中国参与了《橡胶塑料注射成型机安全标准》国际标准的
起草工作。这些标准填补了我国注塑机行业国家标准的空白，极大地推动了行业
科技进步，提高了这一行业在国际市场上的竞争力和话语权。

技术恰到好处，满足客户需求

设备的技术灵活性结合"技术应恰到好处"在海天塑机越来越得到重视。
海天塑机持续系统性地改进其机器、工艺和服务，确保能够准确满足客户真正的
技术需求。满足实际需求的使用解决方案以及针对行业的、具备完美平衡灵活性
和生产率的性能的解决方案，是实现经济效益和资源保护永续性的长久的解决
方法。

海天塑机根据"产业相关、共性发展"思路，开发出适应不同行业需求的
机器设备，满足了当前多个重要工业领域的切实所需，也符合未来工业的发展方
向。具有高效节能特点的创新型驱动解决方案及相关技术，为推动全球的可持续
发展以及环境保护做出了卓越的贡献，更为客户创造了竞争优势。

产品领先、技术领先是海天塑机立足市场的基本策略。而强大的产品创新能
力和行业技术趋势判断能力，则是海天塑机在行业内能够长期领先的有效保障。

海天塑机要求新产品开发之初先要了解国内和国际市场的最新需求，再通过经验丰富的专家之间的跨学科交流，考虑到全球和区域的行业需求。从而研发出新一代的产品。产品设计出来后，还要再通过小规模边试用、边反馈、边修改"三边"过程达到性能稳定的要求，最后才能大规模投入市场。

海天塑机旗下有"长飞亚""海天""天剑"三大品牌，分别面向高中低市场，可覆盖塑料加工行业的各个领域。企业秉承"技术应恰到好处"的产品创新战略，聚焦广大用户的切实所需，以最优性价比实现生产效率与灵活性之间的完美平衡，为客户创造竞争优势。

现代制造成功的关键在于考虑到成本的同时，达到灵活性和生产率之间的完美平衡。海天塑机"技术应恰到好处"的理念可以归结为如何能够让客户顺利地应对各种挑战，如何让他们始终保持持续盈利和稳定发展。海天塑机坚持在客户可承受的价格范围内提供品质最优的技术方案。海天在与市场合作伙伴及其他相关人员沟通的过程中，不断检视自身的思路和各项措施是否合理可行。由此，海天塑机不仅赢得了客户的信赖，还获得了合作伙伴与投资商的大力支持。

布局"工业4.0"，建立数字化工厂

2014年海天塑机正式提出"**海天工业4.0**"**发展纲要**并付诸实施，开始建设数字化工厂。

2015年6月，海天塑机举行了题为"海天工业4.0"的第二届科技大会，结合自身现状促进自动化、智能化的转型升级，最终目标是"基于产品生命周期管理（PLM）的理念，建立一个高度灵活的个性化和数字化工厂"。

海天塑机一直非常重视信息化建设。早在2011年，海天塑机便率先对数控机床进行联网，为数字化工厂的布局夯实基础。2013年，又投入重金组建了数据中心，从经验管理迈向数据管理。

近几年，海天塑机一直在为布局工业4.0做大量的基础工作，建立信息的无损化传输，布局MES、DNC等软件系统；推动建立组件化生产的基础平台；发展零件RFID射频标签的应用。海天塑机针对客户工厂的生产需求，以注塑机为核心，通过自动化协同和信息化集成，提供注塑全生命周期的成套解决方案；以智能制造为目标的注塑机控制系统，将在控制层、设备层、管理层、服务层提出

并倡导灵活、开放、多样化的兼容接口和协议；以工业现场总线和网络接口协议为标准，建立包含塑机制造、周边设备、注塑工厂、生产应用、云平台在内的注塑价值网路，实现多维竞争力。

采用的技术越有效，越能满足用户需求，为用户带来的竞争优势就越大。海天注塑机采用所有与生产有关的标准，如使用接口的高度集成、为特殊应用设计的解决方案以及模块自动化，同时也包括低投入和维修成本、短交货时间以及透明化且经济有效的备件政策。在保护资源的同时也最大限度地利用了生产能力。为柔性生产设计的海天塑机适用于制造各种塑料产品，可选配所有现有的和符合未来标准的接口，如 EUROMAP 或 SPI 标准。它们可以集成到任何生产单元中，也有各种接口，可以将机器集成到互相关联的生产过程或"信息物理系统"中。这一组合策略始终着眼于需求，价值也已被证实，尤其是在困难时期。它为塑料加工商提供了快速且节能的解决方案，以及通过提供广阔的行动空间和短期适应客户新要求的能力来创造清晰的竞争优势。塑料加工商已经能够在标准化的机器上有效且精准地生产出具有类似参数的同一产品种类下非常广泛的零件。未来，这些机器将变得更加灵活有效、容易操作，并且通过标准化接口实现互相关联。

客户利益才是实施"工业 4.0"的关键。海天国际董事会成员 Helmar Franz 教授说："我们非常仔细地关注了与工业 4.0 主题相关的一切，并且与我们的合作伙伴以及许多客户做了讨论。我们的机器如何以及何时融入'智能'环境中最终取决于客户能够享有的利益和附加价值。当然，首先完成一些其他的挑战这一点非常重要，这些挑战的解决方案并不都是齐头并进的，关键问题包括数据安全性、网络可访问性和网络稳定性。另一方面，还有'什么是有意义的'这个问题，并不是所有技术可行的东西都对每个塑料加工者有经济意义，这是在考虑成本的同时寻找灵活性和生产力之间恰当的平衡点的问题。"

海天塑机正在从单一的设备制造商发展成为全面的智能系统解决方案提供者。道路已经确定，重要措施业已实施，其国际性的项目团队——海天塑机的工程师、系统开发者以及 IT 专家携手共进，寻求不同的解决方法和实现目标。这包括为系统优化或开发新的接口（EUROMAP 77 标准），以便能够更灵活地将高度标准化的机器集成到自动化加工、生产单元和生产线中，而无须在生产力上做出妥协。在工业 4.0 的浪潮中，海天塑机正在努力打造更灵活、更高效、更易操作，且能通过标准化界面实现智能互联的注塑机产品，进一步引领中国塑机行业迈入新时代。

建立全球销售网络，推进"东西两线"发展

海天塑机提出了"走出去"的发展战略。张静章认为，"走出去"已经刻不容缓，这是国际型企业的大趋势，只有"走出去"提高眼界，站在世界的高度上了解差距，才能更加积极地向前冲。

在"一带一路"倡议的引领下，海天塑机开始全球化布局，建立了中国宁波、越南、德国、印度等四大全球生产基地，并在墨西哥、巴西、土耳其、泰国、印尼、日本等地开设海外直属子公司，将原有单一的"服务中心"全面提升至"应用中心"，建立专属海天塑机的全球销售网络。仅 2017 年，海天塑机就为全球市场提供了 35 700 台注塑机，其中约 30% 的产品出口，销往 130 多个国家与地区。

全球销售网络的用途不仅是卖产品，更重要的是为客户提供及时的服务。塑料机械的下游非常分散，通过建立全球网络使得企业能够以更快的速度建立起销售网络和服务团队。此外，由于经销商扎根于地方市场，它能够及时了解区域内客户的产品需求，从而更有利于快速响应客户的服务需求，保证客户生产的平稳性。

在全球销售网络的基础上，海天塑机计划推进海外"东西两线"发展策略。德国是海天塑机"西线"发展的重点。2016 年 6 月，海天国际在德国的第二座工厂开工，工厂门前的新路被当地政府命名为"海天路"。新工厂面积 8 000 平方米，用于海天品牌液压注塑机的组装和生产。建成于 2009 年的第一个德国工厂面积 4 000 多平方米，将继续用于海天塑机旗下长飞亚品牌高端全电动注塑机的组装和生产。同时，海天德国将作为海天国际在欧洲地区的总部，将优化布局欧洲区域的销售服务网络，全面跟踪全球最新的注塑技术、结合海天塑机的战略方向，研发适合欧洲市场的机型及解决方案，立足德国、辐射欧洲，争取更多的市场份额。

在"东线"发展上，除了现有的越南工厂外，海天塑机正加紧布局印度工厂，第一期工厂已于 2018 年 4 月投入使用。未来，海天塑机将进一步扩充印度工厂的产能。作为企业未来发展最重要的增长点，东南亚市场的潜力毋庸置疑，海天塑机在越南和印度的工厂和团队将全面服务于东南亚地区的广大客户。

通过布局"东西两线"并行发展策略，结合"扩大海外组装能力、打造应用中心、加强全球销售及服务网络建设"等形式，海天塑机将打造全方位、多角度的"走出去"战略，从而全面深入拓展海外市场，在激烈的国际竞争环境中保持领先地位。

结 语

海天塑机在 50 多年的创业和发展历程中，始终坚持"三本"管理战略，坚持不懈，有效利用人、财、物资源，努力实现人的价值最大化、利润最大化、财富最大化，促使企业真正走上可持续发展的良性轨道。"三本"中首先是"人本管理"，以人为本，为根本的根本，留住了人心，也就留住了一切；其次是"成本管理"，抓住成本管理，寻找成本与效益的最佳结合点，实现利润的最大化，最大限度地提高企业的经济效益；最后是"资本管理"，形成企业自我积累、自我发展的良性机制。"人本、成本、规模化资本"的"三本"管理理念引领海天塑机抓住发展机遇、做大做强。

（多年以来，海天塑机不忘初心，始终胸怀"实业报国"的理想，以"装备中国、装备世界"为使命，不断打造出高品质、具有国际竞争力的产品。海天塑机的文化根基——"务实、开拓、创新、持恒"，也能够给有志走向"单项冠军"之路的企业带来更多的启示。）

卫华集团：
举重若轻，让世界轻松起来

卫华集团有限公司（以下简称"卫华集团"）始建于 1988 年，经过 30 多年的不懈努力，从 3 亩地起家到占地 342 万平方米，从 6 名员工创业到汇聚 6 800 名精英，从资产十几万元发展到资产 75 亿元，从一个手工作坊一跃成为中国机械工业百强企业。现已形成两大业务板块：一是以起重机械、矿用机械、港口机械、汽车起重机和减速机等产品为主的装备制造板块；二是以房屋建筑、市政工程、钢结构、工程建设、防腐施工以及工程总承包为主的建工板块。卫华集团是中国重型机械工业协会、中国物料搬运协会和桥式起重机分会副理事长单位，全国首批国家技术创新示范企业之一；拥有国家 CNAS 认可和 CMA 认证的技术检验测试中心，是河南省出入境检验检疫局指定的检测机构，总体技术水平处于国内先进水平。其桥门式起重机产销量连续十一年蝉联全国第一、世界第二。

探索：从建一个加工厂矢志

1988 年我国民营经济进入新的发展阶段，国家允许私人办厂，村支书看重韩宪保为人处世真诚踏实，就给他划拨出 2 亩地（后来增至 3 亩地），支持他发展民营企业。就这样，卫华集团在占地不足 3 亩，面积不到 200 平方米的车间里，仅靠 6 名员工、一台直径 200 毫米的砂轮机、一台 12 毫米的小钻床和一部 350A 电焊机开始运作，主要从事电动葫芦维修及卷筒、外罩的制作与销售，正式开启了卫华集团的创业之旅。

创立之初，卫华集团仍然以经营其他厂家的产品为主，自己加工为辅，直到 1989 年 3 月，工厂的第一个生产班组——外罩班成立。1990—1993 年，卫华集团借着改革的东风，卫华集团用三年时间打造了"电动葫芦"的王国，其完全自主生产的 0.25 – 10 吨电动葫芦首次投放市场。卫华集团从此开始有了自己的拳头产品，销售量一年中翻了几番，一度出现购货单位拿钱排队购买的现象。卫华集团凭"诚信发展，质量立市"的经营理念荣获河南省技术监督局颁发的"质量管理验收合格证书"，这在当时那个市场经济刚刚起步、商业信用缺失、品牌管理意识淡薄的年代更显得弥足珍贵。

1988—1995 年，立足于"三亩地"，卫华以逐年增加一两台设备的速度扩张，原材料、电焊机等各种生产资料堆满了厂区，实现了"滚雪球"式地发展壮大。

试错：走出去，步子哪怕快一点

1996—2000 年，随着改革开放的不断深入，长垣县政府为了促进当地民营经济的发展，多次组织民营企业家去外地参观学习。通过参观学习，韩宪保眼界大开，萌生了创建"花园式企业"的想法，并决定扩大生产规模，走出"三亩地"。在当时民营企业异军突起，国营企业陷入衰退的时候，打造"花园式企业"之路充满了风险和未知，既是机遇，更是挑战，同时也遭到了管理团队和家人的强烈反对。他力排众议，决定乘着这股东风奋力向前，在乡政府的支持下，拿出 600 万元，在魏庄工业园区买下 40 亩地，开启了单梁起重机整机生产阶段，朝着"花园式企业"目标迈进。1996 年，新工厂得以建成并正式投产，因厂区干净整洁、规划科学，成为新乡地区远近闻名、管理规范的"花园式工厂"。

1997 年亚洲金融危机爆发，市场急剧降温，很多企业面对当时的市场形势，宁可放弃购买的土地也不愿继续投资建厂。这一年也是卫华集团发展速度最慢的一年，销售额仅增长了 28%。于是，卫华决定及时调整企业经营方向，逆势而上启动双梁起重机整机项目，向规模化扩张。随着经济开始回暖，卫华的销售额一度增长了 60%。同时，卫华集团开始申报全系列起重机认证。1998，单梁、双梁等产品五个认证全部拿到，卫华集团又走上了新一轮的发展之路。

1999 年韩宪保主导企业改制重组，在新乡市卫华起重机厂的基础上新成立了"河南省卫华起重机有限公司"。在对外开放政策的指引下，卫华集团乘势前进，为苏丹麦洛维大坝工程制造了一台 32T 桥机，首次打开了国际市场大门，为日后实施国际化战略奠定了基础。

飞跃：卫华集团进入快车道让世界轻松起来

2000 年，面对"在坚持速度与效益相统一的基础上，抓住机遇，加快发展"利好信号，韩宪保决定奋起直追，积极参与县城西部建设新城开发区计划，投资 3 亿多元购地 500 余亩，建成了 6 万平方米的生产车间，成为当时亚洲起重机行业中面积最大的厂房。经过市场的重重考验，卫华集团的起重机生产能力、工艺装备以及产品质量得到有效提升，从产品上实现了 500 吨起重机生产的突破，并顺利承接了起重机从东部地区向中西部地区的产业转移良机。

为了贯彻"十五"计划指导方针，加大实施科教兴国战略的力度，振兴科技、培养人才，韩宪保打破家族式、本土化管理的固有藩篱，积极引进职业经理人，给专业人才提供关键岗位和充分授权；对表现优秀的员工进行晋升，给予承担重点项目等工作机会。2004 年 10 月 1 日，卫华集团成立董事会，实现管理模式的升级与创新，吸引了河南省 100 多家企业前来学习管理。

在 2000—2005 年的这一阶段，卫华集团快速发展、成绩显著：2001 年 10 月，首台 75/20 吨桥式起重机研制成功；2002 年 12 月，承制的 180 吨冶金起重机制造成功，填补了河南省起重机行业的一项空白，结束了河南省不能制造大型起重设备的历史；2004 年成立卫华集团有限公司，实施集团化管理，公司驶上了快车道、高速路，在河南省起重机工业园区拿下 32 万平方米用于新的起重机生产基地建设；同年度实现销售收入 7.15 亿元，同比增长 25.88%，通用桥门式起重机产销量位居全国第一。

2006 年以来，卫华集团继续苦练内功，形成重视创新、求贤若渴的盛况，从国内外吸纳技术人才和高级管理人才，组建了以中国科学院杨叔子院士为学术带头人的 600 余人的科研团队。栽下梧桐树，引得凤凰来。这一阶段，卫华集团的技术水平有了突飞猛进的发展，整体技术水平达到国内领先水平，部分技术达到国际先进或国际领先水平，成为首批国家技术创新示范企业之一及国家火炬计划重点高新技术企业。

向前：规划发展战略，先利其器

2015 年 11 月，卫华集团以"创新驱动、资源整合、管理提升、国际化拓展"为指导方针，以"全球化经营、品牌化动作的工程总承包商"为长期战略目标，制订了"十三五"发展战略规划。

根据总体发展目标要求，卫华集团制造强国战略，对技术研发、品牌定位、质量管理战略进行重新规划，在技术发展战略中明确了"塑造核心竞争力，追赶国际水平"的目标，成立了卫华机械工程研究院，作为卫华集团整合装备制造的主要抓手，是卫华集团向总承包商转型的关键驱动力量。

卫华集团高度注重科研创新，每年将主营业务收入的 4% 投入研发，设立了 1 500 万元每期的创新基金和 500 万元每期的容错基金，作为技术人员研发项目的激励，弥补技术创新中失误造成的损失，给研发团队以信心支持。卫华集团拥有国家认定的企业技术中心、起重装备轻量化设计国家地方联合工程研究中心、国家认可实验室、博士后科研工作站、河南省起重物流装备创新中心等 16 个国家级和省级研发平台；拥有自主知识产权专利共计 633 项，其中发明专利 73 项，是国家知识产权示范企业、全国知识产权试点企业；承担或参与了 7 个国家级科技项目，主持 3 项河南省重大科技专项，60 余项省级科技研发项目；主持或参与制（修）定国际标准、国家标准、行业标准 75 个；先后获得省部级科技进步奖项 55 项，省级以上科技成果鉴定 61 项，其中国际领先 1 项、国际先进 4 项、国内领先 54 项。

卫华集团始终把人才当作企业发展的最宝贵资源，全面引进高科技人才，拥有一支 600 余人组成的年轻的科研团队，在站院士 2 名，外籍专家 6 名，教授级高工 10 名，博士 10 名，硕士 115 名，其中高级职称技术人员 27 人，工程师 321 名，30 岁以下人员占 56.3%，31~50 岁的人员占 38.6%；知识结构上，机械类（含机电一体化）占 57%、电气计算机类占 15%、工艺类（材料、焊接、加工等）占 15%，对工业起重机产品的研发创新、生产制造、质量管控能力行业内领先，形成了丰富的技术积累和优势。

卫华集团自主研发的防摇摆技术处于世界领先水平，该技术的产品服务广泛应用于我国四大卫星发射基地。卫华集团与酒泉卫星发射基地有长达 11 年的合作历史，因为技术稳定、质量过硬，成为指定装备承制单位。酒泉发射基地一位负责人说："8 年间，河南卫华集团生产的起重设备，在天宫一号建造卸载飞船及神七、神八、神九、神十等发射任务的飞船吊装中，性能稳定、运行可靠，发挥了其他起重产品不可替代的作用。"

产品有价，品牌无价。卫华集团制定了"品牌优先、高端突破、产业链延伸、全球布局"的品牌培育发展方针，获得了"全国工业企业品牌培育示范企业"称号，通过国内外展会、网络、户外广告、高铁冠名等多种途径，加大品牌宣传，提升"卫华"品牌的知名度和美誉度。2018 年 5 月 10 日，作为河南省知名自主品牌，卫华集团亮相首届中国自主品牌博览会，向世界展示河南品牌和卫华集团的形象。

智造：持续创新，问鼎单项冠军

随着新兴技术的发展以及客户需求的多样化，为了适应市场竞争的需要，抢占技术制高点，进一步扩大公司在桥式起重机领域的市场竞争优势，卫华集团加大了对行业共性关键技术的研发攻关，探索起重机行业的智能生产方式，将起重物流装备逐步向绿色化、智能化、定制化、网络化方向发展，以打造公司产品的差异化竞争优势。

在绿色化方面，卫华集团着重开展了对桥式起重机轻量化的研究。中国的起重机产品是以大起 85 系列图纸为原型，经过多年的消化、吸收，进行了许多有效的改进，但仍有一部分零部件设计还停留在传统结构上。在实际工作时，客户要求起重机尽量降低外形高度、简化结构，减小自重和轮压。基于此，卫华集团在 10 多年前即开始研究轻量化技术，通过用 H 形梁结构替代现有包络式小车、用三合一减速机替代电机减速机制动器传动轴单元、研发新型吊钩等诸多方式，实现了起重机高度相对传统起重机降低 15% ～30%、自重减轻 15% ～30%、能耗降低 15% ～30%，大大降低了厂房建筑物的建造成本和起重机的运行能耗。

在定制化方面，工业生产方式和用户需求的多样性，使专用起重机的市场不断扩大，品种也不断更新。卫华集团面对不同的行业和不同的作业环境，设计特有功能的起重机来满足特殊客户的需要，以便发挥出最佳的效用。

在智能化方面，通过对图像识别及图像数字驱动控制、嵌入式 PC 远程监控运维、物联网、PLC 可编程控制技术、变频调速技术、伺服电机驱动技术、智能传感技术、防摇摆技术等技术的研究,卫华集团实现了起重物流装备操作自动化、控制数字化、监控远程化、服务在线化、故障诊断自主化等功能,助力智能制造新模式的推广应用,实现了产品功能的升级,广泛应用于航空航天、核电、石油、化工、电力、仓储、机械、冶金等行业,在"神舟十号""天宫一号""嫦娥三号""长征七号""天宫二号""神州十一号"等重大航空航天项目中,发挥了重要作用。

在两化融合方面,卫华集团在分析起重机产业集群的特点以及起重机行业供应链管理现状的基础上,根据集团总体战略和"两化融合"子战略,确定了打造产业链整合协同的可持续竞争优势,成功建设了"面向集中采购的供应链协同管理能力",形成了"供应商参与研发""供应商参与制造"的协同创新模式,充分发挥出自身的行业引领优势,建设了行业级工业互联网平台。通过起重设备物联监控和客户实时互动,卫华集团提升了资源的利用效率和质量,实现了从"卖产品"到"卖服务"的跨越,加速了向服务型制造的转型升级。

卫华集团通过搭建工业互联、协同高效的起重物流装备关键结构件数字化车间,提升产品设计、工艺、制造、检测、物流等环节的智能化和数字化水平,完成了物流和信息物流的全面集成,以智能调度、智能故障诊断、质量在线检测、智能物流和车间制造执行 MES 系统等手段,实现桥式起重物流装备关键结构件智能化、柔性化和数字化制造,智能化发展让起重机成为"起重机器人"。

目前,卫华集团已经搭建了计算机辅助设计系统 CAD、产品数据管理系统 PDM、企业资源管理系统 ERP、车间生产现场管控系统 FMC,具备了信息管理系统、车间现场管控系统单独运行的功能;并在此基础上搭建了 MES 系统、客户关系管理系统 CRM、供应商关系管理系统 SRM,打通了与外部客户和供应商之间的信息交互桥梁,实现了内、外运营信息的高度协同与集成。

远瞩:定位全球,国际市场与国内市场并重

在"一带一路"倡议的指引下,卫华集团制定了国际化发展战略,进军全球高端市场,逐步彰显出中国民族工业和卫华国际品牌的魅力。卫华集团先后成立了泰国分公司、墨西哥分公司等驻外机构,在 8 个国家建立了具有当地现场售

后服务能力的专业团队，设立了 85 家国外经销代理，形成了规范的海外营销网点。产品远销美国、英国、日本、俄罗斯、韩国等 125 个国家和地区，是所在行业营销网点最多、客户分布最广的企业。卫华集团 2017 年的出口销售额同比增长 80.59%，市场拓展新增国家 52 个；其中"一带一路"沿线国家 18 个，数量占比 34.6%；2018 年实现国际订单 21 592 万元。

卫华集团在全国三十多个省、市、自治区建立起了完善的营销管理体系，构建起遍及全国的销售分公司、经营部 129 家，业务人员 1 万余名，按照产品应用领域的不同，卫华集团将市场细分为冶金机械、煤炭、化工、电力、交通、航空航天、船舶等领域。2016—2017 年主导产品桥式起重机产量（以产品总吨位算）达 1 109 534 吨和 1 688 416 吨，2017 年实现主营业务收入 110.4 亿元，同比增长 10.44%。

卫华集团围绕客户与市场建立了完善的营销和服务网络，把"打过一次交道，便是永远朋友"这一理念贯穿在整个企业的经营活动中，通过建立"长期、稳定、合作、共赢"的客户关系，来为客户提供售前、售中、售前无缝对接的技术服务，赢得顾客满意度，实现顾客与企业共同发展的战略规划。

结 语

卫华集团在过去 30 年里取得的成绩斐然在核工业领域室内桥式双梁起重机成功试验，刷新世界核工业领域起重机室内跨度最大记录；申报的"'双创'示范基地平台＋模式变革建设项目"荣获 2017 年国家级制造业"双创"平台试点示范项目；连续 13 年蝉联全县纳税冠军，已被国家税务总局列入"千户集团"企业；以 68 天的高标准、高质量水准完成原本一年才可建成的国际会展中心工程，被长垣县政府称誉为"卫华速度"；成功入选了全国制造业单项冠军示范企业，被确定为省级制造业创新中心培育单位，成为全国起重行业的领军企业。

威猛股份：
初心不改，把绿色还给世界

河南威猛振动设备股份有限公司（以下简称"威猛股份"）总部位于河南省新乡经济技术产业集聚区，始建于 1954 年，前身为国营新乡县振动设备总厂，1994 年进行股份制改造，更名为新乡威猛振动设备股份有限公司；2000 年 12 月进行股份制完善，河南威猛振动设备股份有限公司正式注册成立，是国内较早的筛分设备专业制造企业。

敢为天下先

1958 年，当时的新乡县政府将铁业社、木业社和白铁社等整合起来，正式组建"新乡县合作工厂"，由部立和同志任工厂书记及厂长，工厂主营业务为农机具、农产品加工机具生产、制造。新乡县合作工厂的组建，对新乡地区农业机械化的发展进程起到了推动作用。

得益于第一任厂领导班子的努力，合作工厂的技术水平不断提高，工人队伍迅速扩大，新产品不断出现。后来，在新乡县合作工厂的基础上，成立了地方国营工厂——新乡县机械厂。

肩负时代使命

1967 年，全国各地大批大学毕业生和知识青年，纷纷涌进新乡红卫机械厂。

在新老干部的磨合协力下，工厂如虎添翼，新技术、新产品呈井喷式的发展。工业所需的大型电动机、军工和农用变压器、农用拖拉机拖车、水泵、轴承等装备相继试制成功批量生产，有力地支援当地经济发展。

1970 年，根据上级指示，新乡红卫机械厂除了电动机和变压器以外，其他产品都转移到社办工厂生产，厂里陆续选派一批批技术人员到上海起重设备厂学习起重电动葫芦和起重用旁磁电机技术，形成第三次赴上海的学习潮。

与此同时，汽车曲轴的试制工作也正式展开。当时，曲轴试制面临两大难题，第一是材料，第二是加工母机和加工精度。球化不匀、石墨漂浮、石墨偏析、团絮状散乱、球化粗大等球化不良现象严重，以及铸造缺陷和抗拉抗剪抗扭力学问题突出，上述技术瓶颈如何解决成为技术难题。经过姜传学师傅和郑州工学院戴晓玲老师等人的刻苦钻研和多次试验，以上主要问题得以解决。此外，通过添置加工设备、制造工装、提高加工精度，机械加工师傅们同步攻关，工厂终于试制出了解放牌汽车曲轴。

顺应时代要求

威猛股份深知，在市场竞争激烈的今天，企业掌舵人的思想和水平必须跟上时代的步伐，必须具备良好的管理能力和创新意识。

2000 年年底，公司在《河南日报》刊登招聘总经理的广告。总经理依照公司法的规定行使全部经营管理权。一时间，新乡市的有志人士纷纷来厂应聘。经董事会面试答辩、反复甄选，北京航空航天大学经济管理学院经济管理硕士、北京京办投资公司项目经理被聘为总经理。新的领导班子到位后，公司管理体系开始走向规范、现代、科学。现代企业管理下，员工的观念也产生了大转变，企业效益增速远超越以前，公司发展速度加快，员工收益大幅提高，依法纳税快速增长，同时还在帮扶农村、帮扶学校、帮扶困难大学新生、帮扶老年人、抗灾救灾和多方位精准扶贫等方面为社会做出了贡献。

进入资本市场

2015 年 3 月，威猛股份董事会启动新三板挂牌项目。

2016 年 5 月 30 日，正式完成新三板挂牌，威猛股份股票正式在资本市场中可以公开转让。

2016 年 7 月 15 日，威猛股份在全国中小企业股份转让系统挂牌，威猛股份董事长和董事会秘书、财务总监在北京举行挂牌敲钟仪式。

从上市到冠军

公司挂牌新三板的初衷，一方面是为了实现公司股票的公开转让流通，一方面是为了实现融资，引进战略机构投资者。2017 年 3 月，经民生银行引荐，深圳市创新投资集团有限公司（简称"深创投"）先后数次到公司调研考察，于 12 月达成合作。深创投投资 3 000 万，成为威猛股份第三大股东。有了行业排名第一的深创投背书，威猛股份开启"实体 + 金融"双轮驱动发展阶段。

威猛股份起家于振动，壮大于筛分，未来将成就于循环经济。公司始终坚持创新学习的企业文化、格物自省的企业精神，以知识产权为中心，以绿色、智能为两翼，依托"柔性化生产管理模式"，聚焦"工业升级、基建民生和循环经济"三大领域，紧跟国家政策及行业动态，借助"一带一路"开拓海外市场，顺利实现业务转型升级，建筑垃圾资源化处理、生活垃圾分类处理、污水污泥综合处理业务优势凸显。

威猛股份先后被评为国家级高新技术企业、国家级两化融合管理体系贯标试点企业、国家级两化融合试点企业、国家级知识产权优势企业、国家级守合同重信用企业，河南省质量标杆企业、河南省智能制造试点企业、河南省技术创新示范企业、河南省科技创新试点企业，银行信用"AAA"级企业；在行业中率先通过质量、环境、职业健康、知识产权管理体系认证；特别是 2017 年 11 月，荣获全国制造单项冠名示范企业称号。

威猛股份始终坚守做世界筛分专家，坚持把绿色还给世界之初心，推广"高效、节能、环保、智能"的高端产品，助力实施"制造强国战略"。

科学管理尊重知识

威猛股份目前已建立完善的知识产权体系，为企业核心竞争力的融合创新提供支撑，将专利整理分类入库，统一管理，分析企业专利群体短板，结合企业研发方向，指导生产实践，为企业后续加强核心竞争力提供体系保障。自 2015 年知识产权贯标认证以来，威猛股份专利发明申报数量成比例上升，申请数量同比增长在 30% 以上，每年发明专利占当年总专利申请数量比例逐年递升。截至 2018 年 9 月，威猛股份拥有有效实用新型专利 63 项、发明专利 5 项，所申请专利均应用到了相应的产品上，效果显著。

威猛股份在管理创新模式的带动下，在近四年进行了有序的战略扩张和转型升级，从过去较单一的振动筛产品生产发展升级为工业升级、基建民生、循环经济三位一体的综合发展模式。未来的技术方向主要以筛分为主线，拓展分选技术，将"一切皆可筛"作为愿景继续努力。

威猛股份主要进行非标定制产品的研发和生产，产品均为自主研发设计，拥有省级工程技术研究中心和省级企业技术中心两大研发平台，研发设计团队约 150 人。为了解决不同客户对同一功能的不同需求，威猛产品设计实行柔性定制化服务。为提高生产效率和加工质量，解决标准生产装备不符合或不能有效完成公司产品生产要求的问题，威猛股份自行研发网格化智能焊接系统、VR 智能涂装系统、研制车载移动式焊接工作站、卧式五轴双工位数控钻床、磨耗试验机、自动定尺万能辆对法兰工装等专有技术与设备。

威猛股份创新的驱动力"一平台双驱动"的发展理念和模式，即以知识产权体系为平台主导，以"智能"和"绿色"为驱动加持，让威猛股份在实现降本增效上成绩卓然。

威猛股份与多所高校以产学研用合作的形式广泛开展合作，与郑州大学建立了战略合作伙伴关系，还与新乡学院合作开发大吨位振动筛的在线监测装置；并与中国电子科技集团公司第二十二研究所联合组建"智能谐波分选重点实验室"，利用第二十二研究所的光波分选技术，将生活垃圾中的玻璃及有色金属高效挑出，提升了生活垃圾分选的效率与效益。

方案细化拓展市场

市场和客户规模的发展得益于公司的转型发展，由单一的传统振动筛转向工业升级、基建民生、循环经济三大领域。目前，威猛股份致力于解决循环经济领域下的建筑垃圾处理、生活垃圾处理、污水污泥处理、废旧电池等固废处理以及土壤修复等问题，以筛分核心技术为支点，进行建筑垃圾处理和资源化利用、生活垃圾深度处理、污水污泥处理、废旧动力锂电池等固废处理、土壤修复等产业装备研发，并进行产业化运营。目前，建筑垃圾处理、生活垃圾处理和污水污泥处理技术已经大面积推广应用，客户需求量大，市场前景广阔。焚烧渣处理、热能、尾矿处理、污水污泥及废旧电池处理都取得了阶段性成果，部分产品和技术已进行市场应用，总体反应良好。2013—2017 年，威猛股份的利润率分别为4.54%、7.14%、18.84%、12.43%、17.12%，取得了喜人的成绩。

为了充分开拓国际市场，威猛股份先后在北京、上海购置办公场所，分别成立了国际贸易一部和国际贸易二部，利用优越的办公条件吸引高端国际贸易人才。除此之外，威猛股份还采取与国内外代理机构合作、参加全球专业设备展会及开设办事处等方式，积极推进公司的境外市场开拓。目前，威猛股份已经在越南和博茨瓦纳等国家和地区设立了代表处，印度代表处和迪拜代表处正在积极运作中，东南亚和印度的建厂计划也在考察落实中。

面对纷繁复杂的国内外行业发展态势，威猛股份为实现"做世界筛分专家，把绿色还给世界"的企业愿景，积极探索，勇于创新。在总经理王思民的领导下，威猛股份汇聚国内外先进管理理念，结合企业发展规划与实际情况，探索汇总出"一平台双驱动"这一具有威猛特色的创新管理机制，在解决制约企业提质增效的短板和瓶颈问题上起到了重点突围、聚力出击的效果。

风险防控稳扎稳打

在经营风险防控方面，2003 年起，威猛股份组建专业团队发布了相关管理制度，对资金的组织管理、建立程序、风险防范措施、追踪核查程序等做出详细规定，最大限度地确保了公司运营安全。同时，威猛股份还强化运用"管理流、现金流、资产流、信息流、业务流"五大控制系统，保障企业的正常发展。对于"五流"，威猛股份的基本管理模式是：在科学和合理前提下，规范管理流、放权业务流、控制现金流、监控资产流、开放信息流。管理流强调其规范性，在经营中刚性贯彻；业务流充分放权，让一线的经营管理者发挥自身能动性，实现业务的快速发展；现金流严格控制，以确保稀缺资源的高效、合理、有序流动；资产流适度监控，资产各种形态的有效性必须要在风险控制措施的控制之下。

应收账款收回风险应对措施：首先，建立合同评审流程，销售部、市场管理部、证券部、财务审计部根据客户的经营动态、资信、往来业务、付款方式等信息，综合评定客户等级，提高合同质量，尽量减少应收账款回收风险对公司带来的不利影响；其次，根据客户的回款情况，建立客户信用评级机制，依据等级授予客户账期；再次，完善欠款追缴机制，对逾期不支付货款的客户积极协商解决，协商不能解决的，采取法律措施保障公司权益。

原材料价格波动风险应对措施：首先，公司建立起牢固可靠的物资供应网络，并不断开辟和优化物资供应渠道，与主要供应商保持着长期的良好合作关系，根据原材料价格变化情况，及时与客户进行沟通，调整产品价格；其次，公司通过创新产品的设计和研发来提升产品技术含量，进而提升公司产品价值与市场价格。

宏观经济波动风险：公司所属行业为专用设备制造业，部分下游行业涉及煤炭、钢铁、矿山、冶金等重工业，其需求量直接受到宏观经济的影响。公司下游相关行业的发展与宏观经济的整体发展趋势基本一致，经济环境变化对公司产品的市场需求影响较大。如果下游相关行业受宏观经济波动的影响而使经营状况受到冲击，那么公司的生产经营也将面临一定的风险。

应对措施：公司在改进现有成熟产品的设计基础上，投入大量的人力、物力进行新产品、技术的研发，在保持现有主营产品竞争力的同时面向市场，紧跟经济发展的大潮，适时推出新产品，进一步丰富产品种类，拓展产品应用的新领域，使得公司所提供的各项产品能够得到客户的广泛认可，逐步扩大公司在行业内的知名度，进一步巩固市场地位，保持收入增长的稳定性，尽量减少宏观经济波动及下游相关行业变化对公司业绩造成的影响。

绿水青山就是金山银山

绿水青山就是金山银山，在贯彻国家绿色可持续发展理念的过程中，威猛股份认为，企业必须树立"绿色"的新发展理念，既要抛弃走"先污染，后治理"，甚至"只污染、不治理"的老路，又要打破"纳税大户"这块"免死金牌"。在新环保法面前，无论企业大小，无论纳税多少，只要是污染环境，都将受到法律的制裁，都将付出惨重的经济代价。企业要深刻意识到，环保就是竞争力、生产力，也是经济效益，要始终把环保摆在生产经营的首位。

其次，企业必须加强环保设施的投入和制度建设，应当优先使用清洁能源，并采用资源利用率高、污染物排放量少的工艺、设备。防污设施应当与主体工程同时设计、同时施工、同时投产使用。企业既要从源头上减少污染物的产生，又要在生产过程中提高污染物的处理能力，这些都需要真金白银砸下去，需要加大经济投入和技术保障。与此同时，企业还要建立和完善内部环保责任制度，通过层层分解、层层落实，明确单位负责人和相关人员的责任。这些既是新环保法的基本要求，又是企业自身绿色发展、转型升级的不竭动力。

最后，企业还要重视环保违法风险。除新环保法外，与环保相关的法律法规和司法解释也在不断完善，可以预见：污染企业因环境污染侵权而被提起公益诉讼的现象将会越来越普遍，环境行政公益诉讼将会倒逼行政机关加强环保行政执法，环保行政执法与刑事司法的衔接也将会更加通畅。而这些都意味着，企业必须真正做到依法依规生产经营，否则将面临巨大的法律风险。

总的来说，环保是全社会共同的责任，但企业作为"污染大户"，其责任更是重如泰山、不容推卸。当前，企业发展面临着诸多问题，但是环保问题绝不能丢在一边，企业想要长期发展，就必须转变环保观念，而且是宜早不宜迟。否则，污染企业就要在环保上栽大跟头，生产经营也会处处碰壁、处处受限，最终也只会被社会和市场所淘汰。

威猛股份的发展战略主要围绕"以筛分分选为核心，聚焦三大领域"目标。首先，工业升级领域以工业改造和升级为机遇，专注"工业升级改造项目"，结合国家倡导的煤炭、钢铁等传统行业的改造和升级政策，运用公司成熟的技术，为市场提供高效、节能、环保和智能的筛分分选装备。

其次，基建民生领域以盾构系统和精细筛分为抓手，专注"基建民生项目"。以"地铁、海绵城市、地下管廊、地下停车场"等城市基础建设中盾构系统泥水处理需求为研发导向，同时结合食品、医药、化工等关乎民生领域中精细筛分的成功案例，继续拓宽公司产品在基建民生领域的辐射面。

最后，循环经济领域以资源利用和分类处理为导向，专注"循环经济项目"。依托成熟筛分分选技术，进行工艺与整体方案研究，借助筛分分选优势带动系统集成、高效处理，实现建筑垃圾资源化处理、生活垃圾分类处理、污水污泥综合处理、土壤修复领域深度研发与试验。

近年来，随着我国供给侧改革和"三去一降一补"政策不断推进，煤炭、钢铁行业去产能力度持续加大，市场倒逼机制迫使行业发展增速放缓，依旧呈现供过于求激烈的竞争局面，威猛股份作为单一振动传统行业，发展活力呈现出不足。在环保监管趋严、去产能不断强化的前提下，对产品"高效性、节能性、环保性、智能性"要求越来越高，行业消费从"单一振动"扩展到"综合筛分分选"，这对威猛股份是一个难得的发展机遇。威猛股份提出"一平台双驱动"的管理办法，即以知识产权体系为平台主导，以"智能"和"绿色"为驱动加持，将绿色理念根植于每位设计员心中，形成"无绿色不研发"的研发理念，创造性地研发出了符合绿色制造的十大系列100多种产品，具有低能耗、低噪音、无粉尘外泄的环保特点，首要解决客户的痛点、难点问题。

结 语

威猛股份在坚守自己主业——振动筛的前提下重点研究循环经济、土壤修复领域，将环保设备做大做强，实现"一切皆可筛"愿景，为环境保护贡献出优秀的新产品，预计在2018—2020建成一条废旧动力锂电池处理试验线，为迎接第一批废旧动力锂电池处理做好研发准备。

60余年的行业积累，一个甲子的底蕴沉淀，从新乡县合作厂、机械厂、红卫机械厂到新乡威猛、河南威猛；从铁业、农用机械、电动机、汽车曲轴到振动筛、筛分分选装备。"创新、学习"的企业文化得以传承，敢为天下先；"格物、自省"的企业精神得以锻造，勇做行业匠者；"艰苦奋斗、自强不息"的奋斗精神得以延续。

文登威力：
用"小扳手"制造世界工具名牌

文登威力工具集团有限公司（以下简称"威力集团"），始建于1968年，一直专注于专业级和工业级的通用工具、高效工具、智能工具的研究与创新，始终保持国际、国内同行业领先地位。威力集团是中国五金制品协会副理事长单位、工具五金分会执行理事长单位，是中国五金制品行业公认的领军企业，是中国最大的五金工具制造和经营企业，被认定为"山东省五金工具生产基地龙头企业"，并先后荣获"中国工具十强企业""中国工具十大著名企业""中国轻工行业排头兵企业""出口创汇先进企业"等荣誉称号。

威力集团是国际五金制品协会认定的全球最大的可调手动扳手及扳钳（活扳手）生产经营企业，产销量居全球首位，同时管钳、断线钳等产品的产销量居全国首位。威力集团在国内有800多个销售网点，产品远销欧、美、非及东南亚等100多个国家和地区，可调手动扳手及扳钳（活扳手）连续三年（2014—2016）销售收入分别为51 019万元、52 061万元、54 230万元，占全部业务收入的72%；全国市场占有率达65%，居全国同行业首位；全球市场占有率更是遥遥领先，连续三年分别为40%、41%、42%，稳居全球首位；2016年的利润总额为4 569万元，销售利润率为6%，利润率超过同期同行业企业的平均水平。

从13人的小工厂到制造业单项冠军

今天的威力集团已经是全球五金行业的龙头企业了，而50年前，威力集团的前身文登县五金厂却是一个只有13名员工的县级小工厂。1968年，文登县五金厂在山东省威海市文登县（现文登区）成立，主要生产锉刀、小农具、小五金等。1973年，文登县五金厂更名为文登县工具厂，开始生产可调手动扳手及扳钳（活扳手）。短短 3 年后，文登县工具厂的活扳手就远销海外，开始了小工具的出口贸易。时至今日，这把小小的活扳手，已经在威力集团成功开发了 85 个型号，400 多种规格，三年（2014—2016 年）销售数量分别为 3 000 万支、3 050 万支、3 150 万支，是威力集团跨越式发展历史上的第一款，也是最重要的一款产品。

打开了出口贸易市场之后，威力集团不断扩大生产规模，开拓创新。1985 年，活扳手产品获得国家轻工业部"银质奖"。1987 年，文登县工具厂被中机总公司定为全国重点活扳手生产企业之一。1988 年 11 月，文登县工具厂与香港国际招商局贸易投资有限公司，成立了文登威力工具（集团）有限公司，年生产活扳手 250 万把，出口 200 万把，并形成了 400 万把的生产能力。

1998 年 11 月，企业改制成为股份制企业，2001 年被评为山东省企业技术中心，2008 年通过了 ISO 14001 环境管理体系认证；OHSAS 18001 职业健康安全管理体系认证；活扳手、断线钳、管钳产品通过了日本 JIS 认证。2009 年 6 月，威力集团与工具制造商美国史丹利工具公司联合成立了史丹利（文登）工具有限责任公司，实现了强强联合，优势互补。2010 年 12 月，威力集团与中国物理研究院合作，成立中物南海投资有限公司。

2011 年 9 月，成立了以文登威力工具集团有限公司为母公司，文登威力迈泊工具有限公司、文登威力高档工具有限公司、文登市威力风机有限公司、文登威力环保设备有限公司等子公司组成的企业集团，集团登记名称为"文登威力工具集团"，简称"威力集团"。2012 年 11 月威力集团被国家发展改革委、科技部、财政部、海关总署、国家税务总局联合授予"国家认定企业技术中心"，2013 年 1 月与中国物理研究院合作，成立威海久威材料科技有限公司。

2017 年 12 月，文登威力集团有限公司被国家工信部授予"全国制造业单项冠军示范企业"荣誉称号，从"质"和"量"上高度肯定了威力工具在制造业领域的冠军地位。在活扳手工具细分产品市场中，威力集团拥有强大的市场地位和很高的市场份额，单项产品市场占有率位居全球首位；生产技术、工艺国际领先，产品质量精良，相关关键性能指标处于国际同类产品的领先水平；持续创新能力强，拥有核心自主知识产权。获得"全国制造业单项冠军示范企业"称号，是威力集团公司竞争能力和综合实力的真实体现，也是对威力集团在可调手动扳手及扳钳（活扳手）工具领域专注、坚守、创新精神的充分肯定。

大力投入研发，提高核心竞争力

威力集团坚持以创新带动发展，实施"技术、管理、品牌"同步创新战略，加快产品研发速度，强化企业内部管理，拓宽产品销售渠道，实现了从"中国制造"到"中国创造"的蝶变。

一是推动技术创新。从改善优化入手，注重对一线工人"小创造"的有效运用，通过技术革新不断提升产品的质量和性能，在精益求精中创造精品。在创新研发上有所突破，注重尖端人才与技术的引进，加大技术联合创新和自主创新的深度、宽度和广度。以建设高新技术企业为契机，依托国家级技术开发中心、省级工程技术研究中心，划拨专款进行技术研发与科技创新；先后与上海交大、西北工业大学等高校院所建立起了合作关系，借助"外力"联合开展技术攻关，成功申请国内外专利100多项。

二是推动管理创新。威力集团把握发展格局，紧跟国家战略步伐，引导企业借势借力，在企业内部营造创先争优的良好氛围。围绕山东省"十三五"规划纲要中提出的"质量强省"战略，大力实施质量提升行动，提倡"工匠精神"，不断提升威力集团的国际影响力和知名度。

三是推动技术改造。威力集团在生产技术、工艺制造，产品质量，性能指标上一直处于国际同类产品领先水平，同时拥有一批具有创新梦和创新力的强大研发团队，依托国家级企业技术中心、高新技术企业，时刻以创新思想为指导，依靠才智创造性开展工作，把旧动能变成新动能，把老产品变成新产品，提升产品的档次，加强产品研发，将创新成果应用于新产品开发，实现最大化的转化率；借助机器人和机械手，提升自己的制造能力，做适合自己的自动化生产线和智能化生产线，加快新旧动能转换，提升智能化水平，以全面提高生产效率和人均产值为目标，实现五金工具工业制造业生产的良性循环。

威力集团拥有国家级企业技术中心、CNAS国家认可实验室、省级工程技术研究中心、省级高新技术企业及院士工作站。企业技术中心现有员工216人，其中研发和试验人员60人，拥有高级专家22人、博士3人。企业技术中心拥有各类试验设备153台，各类检测仪器仪表89台，各类计算机及服务器168台，所有测试试验设备均属于国内领先或先进水平，部分高端设备从国外进口，计算机模拟和分析软件均采用国际知名公司的成熟产品，完全满足企业研发过程中设计、中试、检测及测试各阶段要求。依托一系列科研创新平台，平均每个工作日创造出一个新产品或专利产品，引领工具行业不断升级和发展，使公司产品逐步迈向中高端。

目前，各大系列产品在新材料、新工艺的运用下，正在向多功能、高效化和互联网智能化方向发展。公司自主研发的具有多项专利的智能工具系列产品，运用现代技术与互联网相结合，通过智能系统，实现对自身的状态、环境的自感知、具有故障自诊断功能；利用无线传输技术，即时将作业数据传统到计算机或移动终端，跟踪作业信息，确保装配作业质量，同时给用户提供数据分析挖掘，实现创新性应用，目前已经应用到中国的飞机制造和轨道交通行业。各大类工具正在采用 CRV 合金钢材料、铝镁合金材质、等离子渗透技术等新材料新技术，满足各领域的使用需求。

2014—2016 年，威力集团投入的研发经费分别占主营业务收入的 4.1%、4%、4.3%，完成新产品、新技术、新工艺开发项目 41 项，共形成 31 种新产品的产业化生产，其中承担省级以上研发项目 13 项目；完成成果转化项目 12 项，其中技术服务项目 12 项；成果推广项目 12 项，其中新技术、新工艺推广项目 5 项，新产品推广项 6 项，新设备推广项目 1 项；获得专利 26 项，其中发明专利 4 项，实用新型专利 21 项，外观专利 1 项；可调手动扳手及扳钳（活扳手）的专利 10 项。专利水平达到国际领先水平，填补国内空白。

截至 2016 年，威力集团共获得各项专利授权 58 项，其中发明专利 7 项，外观专利 6 项，实用新型专利 45 项，获得科技进步奖 31 项。活扳手产品在主要性能指标上高于国内领先水平，达到甚至超过了国际先进水平。

严抓质量保障品牌发展

威力集团通过实施管理创新，对企业全部资源进行整合，创新管理模式，实现资源配置和利用的最佳化。早在 1996 年，威力集团就建立了严格的质量控制体系，率先在同行业中通过了 ISO9001 认证审核，2008 年 4 月获得"计量保证确认合格证书"，5 月获得标准化良好行为企业 AAAA 级认证。此外，威力集团也先后通过了韩国 KS、日本 JIS、欧洲 VPA/GS 认证，同时从产品开发到生产、交付的各环节，致力于环境管理建设、职业健康安全管理建设，于 2008 年 5 月顺利通过了 ISO14001 环境管理体系、OHSAS18001 职业健康安全管理体系认证，为员工提供了健康、干净的工作环境，厂区建设、车间卫生、设备配置乃至管理水平在全国同行业中均属一流水平。

为确保产品质量，威力集团设有专职的质量控制部，负责全公司范围内产品的质量控制和管理工作，并安排经验丰富的专职品管员负责产品质量管理。从新产品开发之初，品管人员就参与设计、工艺、试制的全过程，对所有工序制定详细的工艺操作规程，明确各个阶段的质量标准和预防纠正措施，详细规定设备、刀具、工装、原材料等应达到的控制水平，对所有外购件制定详细的质量接收标准，严格按照抽样法进行检验并记录。此外，制定全员质量管理制度，对所有品管员层层落实责任，以确保产品质量在生产过程中受到严格的监督和控制。

为控制并提高产品质量，威力集团高度重视对全体员工的质量意识和质量管理教育培训，开展全面质量管理工作。在明确质量方针的基础上，制订短期和中长期质量解决目标，不断总结质量管理工作中存在的问题，改进影响质量提高的设备和工艺，完善质量管理制度，持续改善并加以巩固，以促进公司质量管理工作不断提高，满足客户和市场对产品质量日益增长的要求。

此外，威力集团积极参与制定、修订国际标准、国家标准、行业标准及团体标准，截至目前，共参加制定、修订各类标准 105 项。在产品性能指标、生产技术、工艺制造、产品质量及节能降耗等方面，威力集团一直处于国际同类产品领先水平，严格执行内控标准高于国际标准 30%～50% 以上，连续三年（2014—2016 年）通过省级以上专业机构检测，确保企业在国际市场中的领先地位。产品注册商标"MAXPOWER"（已全球注册）、"威达"是业内公认的知名品牌，被工信部认定为工业品牌建设和培育试点企业。产品获得"中国驰名商标""山东省著名商标""山东名牌""重点培育和发展的山东省出口名牌""山东省重点培育和发展的国际知名品牌"等荣誉称号。

威力集团的自主品牌产品凭着高性价比的优势，已扩展到泰国、印度尼西亚、印度、菲律宾、马来西亚、越南、匈牙利等国家，并逐步在美国、欧洲、日本、韩国等专业市场得到认可，全面展开了"中国制造"服务"全球制造"的进程，提升了中国制造形象。

以先进管理模式提升企业运行效率

威力集团与上海交通大学合作开发的工具行业生产管理信息化系统，是行业内领先且唯一具有自主知识产权的 ERP 信息化系统，为企业的信息化管理提供了一个良好的技术平台，使企业资源充分利用。公司充分利用最新网络技术，建立健全企业以及分布在全国各地的销售客户、物料供应客户的信息网络体系。借助现代化的物流管理中心，企业实现真正意义上的产、供、销、存等各个环节的计算机网络化管理，使每个产品从生产到销售各个环节都能通过网络实时反馈出来。企业还可以通过销售的最终环节有效地控制生产，依靠网络直接调控中间环节及经销商的产品分布，减少中间环节的库存，加快资金周转速度，力争逐步实现零库存的管理模式。同时，利用先进的销售网络信息化系统反馈的市场信息，实现产品设计开发、内部生产计划调控，决定企业的物料供应计划。利用内部网络系统，加大内部管理的透明度，实现企业内部的有效监督、管理工作，真正有效的节约管理成本和生产成本，缩短生产周期，有效利用资金。通过企业内部网络，实现企业内部物流、资金流、信息流的信息化管理，加强财务管理力度，有效地监管销售客户状况和物料采购状态。通过人力资源系统、办公自动化系统、决策分析系统，提高各部门工作效率，充分挖掘企业潜力，用最少的投入产生最大的效益。该系统获得了山东省科技进步三等奖。

传统的五金制品属于典型的劳动密集型产业，生产过程被分割为多个孤立的工序，工人数量多，生产周期长，工序间库存积压严重，生产成本居高不下。落后的生产方式带来的是企业经营成本高昂，管理困难。通常，工厂均采用"计件制"工资制度，难以协调工人与企业之间利益，给质量管理工作带来了挑战。企业若要在激烈的市场竞争中胜出，必须具有超出一般水平的成本控制能力，消除生产过程中的无效和浪费环节，提高生产效率，降低生产成本。为解决以上问题，威力集团在公司内部进行了精益生产方式的探索与推广，开创了工具行业精益生产模式，得到中国五金制品协会的广泛宣传和大力推广，为提高行业整体经营和管理水平起到了巨大的推动作用。

单机自动化改造。针对低效环节，威力集团开发高效专用设备，尽最大可能实现一次装夹多次加工的生产方式，并针对工具类产品装夹时间长，加工时间短的特点，应用人机工程学原理重新设计工装夹具，将传统的人工操作改为自动化运行，提高了瓶颈环节的工作效率。

将生产设备按照工艺顺序重新整合，打破按照工艺类别摆放的传统模式，同时进行各工位生产速度的均衡化管理，尽最大可能地减少工序间的半成品积压，实现生产过程一个流到底不停顿，提高产品周转速度，减少半成品资金积压，最终提高企业资金周转率和盈利水平。

提高包括设备在内的生产过程所有要素的稳定性和可靠性，并进行持续改进，确保生产过程长期可靠运行。推行精益生产方式以来，威力集团共减少库存积压约3 000万元，资金周转率提高了5%以上，人员数量降低8%以上，生产响应速度提高了15%左右，缩短了生产过程和交货期，且有效稳定了产品质量。

精益生产方式已经远远超出了普通意义上的设备改造或技术改造，而更强调的是一种先进的管理理念和管理方式。精益生产方式在威力集团的成功实施，带动了一大批行业内企业前来参观学习并推广，产生了巨大的社会和经济效益。

结 语

据中国轻工业联合会统计数据，我国五金工具全行业销售额2015年就已经突破4 000亿元人民币，进出口总额超过385亿美元，占整个制造业的比例约为5%。五金工具行业的发展在一定程度上已经影响了我国经济发展的总体水平。

工具被广泛应用到航空航天、轨道交通、军工等重要产业当中，是现代工业文明的基础，是整个工业的基础中的基础。重要的科研项目、生产项目，离不开好的工具，工业越发达，对基础工具的需求量也越大。

满足各行业、个性化、智能化、高效化需求，是威力集团奋斗的目标和方向。为此，威力集团正在将智能制造文化融入研发、技术、生产、销售等各个环节，提升制造能力，加快新旧动能转换，以全面提高生产效率和人均产值为目标，实现五金工具工业制造业的可持续性发展。

龙净环保：
环保冠军企业的创新发展基因

自 2010 年以来，我国连续出台多项政策加强环境治理、支持环保企业，特别是对"三废"（工业污染源产生的废水、废气和固体废弃物）的集中治理，以及在电力行业广泛推行超低排放标准，支持了我国的环保产业做大、做强，并直接推动了一批环保企业的加速发展。其中，福建龙净环保股份有限公司（下简称"龙净环保"）是当之无愧的领军企业。

龙净环保创立于 1971 年，是中国最早一批涉足大气污染治理的企业，专注于"除尘设备"细分领域的技术创新、产品质量提升和品牌培育已经将近半个世纪。龙净环保在除尘领域数十年的发展中，开创、丰富和发展了我国相关除尘技术，拉动了我国除尘技术的进步和产业的发展，并推动我国成为世界上应用除尘设备数量最多的国家。

作为中国除尘行业的龙头和领军企业，龙净环保的除尘技术创新能力在同行中遥遥领先，性能指标处于国际同类产品前列。在全球除尘领域中，龙净环保是全球最大的"除尘设备"研发制造商，其除尘技术的种类最全、产品最丰富、工程业绩最坚实。鉴于突出的技术优势、市场地位和经营业绩，龙净环保自 2016 年起，先后获得了工业和信息化部"中国制造业单项冠军企业""中国机械工业百强企业"的称号，并在 2018 中国环境企业 50 强榜单中，以 81.13 亿元（2017 年）的营业收入位居第 11 位。

龙净环保的高速发展，离不开国家环保政策和产业结构升级，更与企业历史积累深厚、重视创新研发息息相关。

构建产业优势地位，"补课"中国环保

1971 年，龙净环保的前身龙岩无线电厂成立，开始了艰难的创业之路，当

年的资金仅有 5 万元，员工共 7 名。1976 年，龙岩无线电厂更名为龙岩空气净化设备厂，正式进军大气污染治理行业。1983—1994 年，企业的主营业务经过试水期、调整期，正式进入成长期。

1995 年，企业又更名为福建龙净企业集团公司，并在此基础上组建了福建龙净企业集团。1998 年，企业进行股份制改制，由龙岩市国有资产管理局联合中国电能成套设备总公司、福建龙净企业集团公司工会、龙岩环星工业公司、福建龙岩龙净工贸有限公司、福建龙岩汽车改装厂、龙岩市排头建筑工程有限公司、龙岩市通用机械有限公司、龙岩市汇东金属材料有限公司、龙岩市电力建设发展公司和福建省龙岩市经济技术协作公司共同发起并成立了福建龙净股份有限公司。同年 12 月，龙净环保在上海证券交易所成功上市。龙净环保成为全国大气污染治理行业的首家上市公司。

大气污染治理设备主要包括"除尘设备""脱硫设备"和"脱硝设备"，其中"除尘设备"是中国发展最早、应用最广、在国际同行中最具竞争力的产品，主要用于工业烟气粉尘污染物的排放治理。

放眼国际，大气污染治理"除尘领域"的代表性企业主要有法国阿尔斯通、日本三菱重工、丹麦史密斯、日本日立、美国 B&W、韩国 KC 等。由于欧美日的发达国家较早开展工业化建设，进入 21 世纪以前，发达国家已基本完成了大规模的大气污染治理，近十余年来技术发展基本处于停滞状态，应用数量非常少。部分国际企业通过技术许可、技术转让、合资办厂等形式，寻求在中国、印度等发展中国家开拓市场。

反观国内，我国工业化进程起步晚、环保欠账大，并且电力、建材、冶金等行业的规模都是世界最大的，对大气污染治理的技术及工程应用都有迫切的需求，倒逼了我国近十余年以除尘脱硫为显著特征的大气污染治理产业的快速发展。特别是进入"十二五"规划时期环保产业迎来黄金机遇，国务院把节能环保产业列在七大战略性新兴产业之首，直接拉动了福建龙净环保股份有限公司、浙江菲达环保科技股份有限公司、科林环保装备股份有限公司、浙江天洁环境科技股份有限公司等一批除尘设备研发制造企业的飞速发展。目前，在除尘技术和设备领域，我国工业的应用总量已是世界第一，总体技术达到了国际先进水平，电袋复合除尘等技术已经超过国际同行企业，走在了世界技术的最前沿。

龙净环保自 20 世纪 80 年代，开创了我国顶部振打电除尘技术流派，形成了高效节能电除尘器、电袋复合除尘器、烟气余热利用低低温电除尘器、湿式电除尘器、袋式除尘器、关断振打电除尘器、移动电极电除尘器以及除尘用高频电源、脉冲电源、节能优化控制系统等一系列适应各行业、各种用户需求的除尘设备及成果。在国内外同行中，龙净环保的除尘技术门类最全、产品种类最丰富，且总体技术国际先进，多种产品先后获得国家级科技进步奖和部级、省级科技进步成果奖等六十多项。龙净环保的大气污染治理收入和除尘设备销售收入连续多年位居行业全国第一，产品出口量也在同行业中排名第一，是名副其实的除尘行业领导者。

龙净环保的"除尘设备"在电力、建材、冶金、轻工和化工等行业得到了广泛应用，其中电力行业的应用占有率超过80%。面向全球市场，龙净环保的设备出口到日本、俄罗斯、塞尔维亚、土耳其、巴西、印度等四十多个国家和地区，创建了一大批世界级的示范工程。

几十年来，龙净环保在自主除尘技术和产品研发方面不断努力，不仅打破了国外企业的技术垄断，拥有了一大批专利技术。由龙净环保自主研发的烟气余热利用低低温电除尘器、湿式电除尘器、电袋复合除尘器等技术还成为当今烟气治理的主流技术，牢牢占据了我国大气除尘领域技术和市场销售的龙头地位，被工信部、发改委、环保部等列入重大环保装备技术目录及技术指南等政策引导，为我国烟尘的超洁净排放治理提供了坚实的技术和装备保障，对我国治理雾霾、改善大气质量发挥着重要作用。

龙净环保同时拥有湿法脱硫、干法脱硫两项脱硫技术，技术水平和市场占有率均处于行业领先地位。尤其是国内首创的循环流化床干法脱硫工艺，解决了干法脱硫技术在火电行业大型化应用的多项世界性难题。龙净环保在冶金烧结、垃圾焚烧等领域展开的系列实验研究和技术攻关，为我国冶金行业烧结烟气脱硫治理提供了重要的技术支撑，也使龙净干法脱硫的技术和工程应用业绩达到了世界领先的水平。

创新技高一筹，研发以人为本

"技高一筹"的创新研发战略，是龙净环保的立身之本。龙净环保和同类企业最大的不同是，始终把"以市场为导向的技术创新"放在最突出的战略位置上，不断抢占节能减排技术的最高点，使得企业始终站在行业技术进步的最前沿。

在"技高一筹"创新战略引领下,龙净环保探索建立了具有企业自身特色的激励机制,建成了本领域国内外条件最好的试验平台,由国家科技部、国家发改委、环境保护部等批复而相继组建了一批高水平的创新平台,与国内外一流高校、院所开展了深入的产学研合作。同时,面向全球,不拘一格、"一人一策",引进了一批除尘领域的国内外顶级的专家,坚持在本土培养高层次人才和研发创新带头人,持续提高企业创新团队的实力。

龙净环保的技术中心是企业技术创新的核心机构。2004年由国家发改委等四部委评定为"国家认定企业技术中心",2006年通过科技部首批认定。依托国家认定企业技术中心实力,龙净环保组建了国家地方联合工程研究中心、国家环境保护工程技术中心、国际科技合作基地等一批高层次创新平台,为企业与国内外顶级高校、院所和大型企业的沟通交流创造了条件。企业设立了电除尘设备设计研究院、电袋及袋式除尘研究院、电控设备设计研究院、脱硫脱硝设计研究院、物料输送研究院及实验研究中心等研究开发机构。同时,龙净环保认为,企业技术创新是一个动态的过程,包含产品从研发、试验、设计、制造、检验以及设备现场安装在内的各个过程,每道环节都是技术创新的重要组成部分。

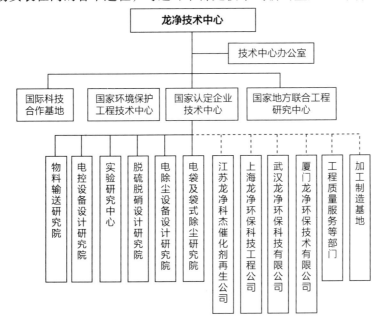

龙净环保的技术研发机构组织结构

龙净环保创新研发最大的奥秘就在于技术研发机构的运行机制，这套机制确保了企业得以打造包容、宽松、充满生机和活力的技术创新氛围和制度安排。为规范科研开发、经费使用、成果保护等技术创新管理，龙净环保不断建立健全各项技术创新管理制度，相继制定实施了《科技创新管理办法》《科研项目管理办法》《科研项目经费管理办法》《专利管理办法》《技术标准管理办法》《执业、职称证书管理与激励办法》等，用制度保证技术创新落到实处。同时，以制度的形式，建立了以事业部（研究院）为技术创新主体，以公共平台为支撑的创新体系，确定了公司科技项目的层级以及不同级别项目开发的侧重点，明确了公司和各事业部的技术管理机构、人员及相应的权利和职责，确定了各类创新成果的奖励标准，为公司技术创新取得预期目标提供了制度保障。

（1）管理运行机制

龙净环保成立公司科技创新工作领导小组，由总经理任组长，分管技术的副总经理兼技术中心主任为常务副组长，分管除尘、脱硫脱硝、电控、物流输送等主要业务的副总经理为副组长，公司有关领导和各专业副总工（设计院院长）为成员。该领导小组负责审批公司科技发展规划和年度科技开发计划，决定新技术、新领域的开发立项和科技投入，确定公司重大科技成果奖励方案，研究解决公司科技创新体制和机制的重大问题。

龙净环保建立由公司有关领导、相关技术领域专家、副总工、资深专业人员及有关部门领导组成的专家库，主持评审公司科技项目立项、验收及技术指导。技术中心办公室负责公司科技创新工作统一归口管理，在公司科技创新工作领导小组的领导下统一管理、组织和协调公司的科技创新工作。公司事业部（研究院）是公司科技创新的主体，负责开展所属专业领域的科技创新工作，承担公司和政府科技开发项目的具体实施，负责做好人员、设备、时间等资源的组织保障。同时，公司配套制定实施了《科研项目管理办法》《科研项目经费管理办法》等制度，推动项目研究的规范开展。

（2）创新激励机制

龙净环保的科技创新以市场需求为科研开发的目标，以市场成效作为检验研发是否成功的重要依据，积极探索建立知识、技术、管理等要素参与分配和"上不封顶"的创新激励机制，坚持"让创造价值的人获得相应财富""体制无障碍，政策无禁区"。多年来，龙净环保在科研开发、科技管理、专业技术职务评聘、推优评奖、专利管理、技术标准管理以及股权激励、创新命名、开发奖励、新产品提成、专利标准奖励等方面持续探索，形成制度，为有能力的人提供释放能量的平台，探索建立以市场为导向、具有龙净特色的科技创新约束激励机制，不断推动企业的技术创新，实现公司持续的技术改进和产品质量提高。

（3）研发经费保障机制

为保障科技创新工作的持续发展和科研基础建设，龙净环保规定科研活动经费支出需超过当年总销售收入的3%，建立科技创新专项基金。科技创新专项基金由公司财务部统一管理，对科技经费实行分项目单独核算，企业资金和政府资金分别进行专项管理，专款专用。科技创新专项基金主要支出包括研发机构日常运营管理费用，研发人员工资福利及绩效支出，管理费用，研究费用（包括设备、原辅材料、仪器等）等。科技经费核算设置的会计科目与公司制定的会计核算制度完全一致，其核算内容和方法可以满足财务报告信息的真实、准确和完整性要求。公司科技经费开支的审批程序和手续与公司其他开支的制度规定相一致，具有完备性。

（4）人才培养机制

龙净环保以培养创新精神和实践能力为重点，坚持理论与实践相结合、学以致用、讲求实效的原则，实行目标管理策略，力求培养理论扎实、技术深厚、知行合一、德才兼备、开拓进取的中高级技术人才和管理人才；积极利用龙净环保现有的良好基础平台和优惠政策，吸引国内外优秀的技术人才力量，加强现有各方向的科学研究、成果转化和技术服务力量，培养、锻炼并形成优秀的人才队伍；通过建立健全人事制度和各种激励措施，规范人才的选拔和培养，通过考核促进各部门领导培养人才，营造有利于优秀人才公平竞争、脱颖而出的政策环境和生活工作环境；各部门按照公司战略规划和有关规定，并结合各类专业人才的具体情况编制人才培养计划，将人才培养计划的制订、执行、修订及调整作为最重要的人才培养立法和执法活动；加强与国内外著名高校、科研院所和企业等机构的交流合作，有计划地选送人员到相关单位进行进修学习和开阔视野，促进并提高科研及管理人员的技术能力及综合素质；对培养人员进行跟踪考评，并根据培养人员的工作表现及思想情况在培养方式上进行适当调整，激励人才增强自我完善意识，并实行动态管理，严格执行优胜劣汰制。

（5）产学研机制

龙净环保鼓励事业部（研究院）充分利用国内、国外两种资源，与企业、高等院校、研究院所或专家、学者开展多种形式的合作，包括解决企业急需解决的共性关键技术，新产品、新技术、新领域开发项目，共同申请国家科研课题等。龙净环保积极与我国大气污染治理领域相关专业的重点实验室、科研机构、院校、科技企业等创新主体建立良性互动关系，并经常邀请本行业或领域内的知名院校、省重点实验室、科研院所和企业以及国内外顶尖专家进行技术交流与研讨活动。

为了给科研创新提供最佳的"硬件"平台，龙净环保不惜成本，建立了行业条件最好、水平最高的实验研究平台，确保大气污染控制技术装备的研发、测试、验证及设计仿真能力建设持续走在同行业前列，特别是独树一帜自主研发建成的电除尘、湿式电除尘、电袋除尘、干湿法脱硫等一大批达到国际先进水平的大中型试验台，成为全国同行技术创新的一大亮点。龙净环保现有科研办公、实验大厅及中试车间建筑面积1.8万平方米，建立了电除尘、电袋及袋式除尘、电控、脱硫脱硝、物料输送5个研究院及1个实验研究中心。龙净环保在工程验证、产品检测、数字化仿真等领域，根据产品技术的细分领域，自建并引进了大量的试验台、实验检测仪器和数字化仿真软件，有力支持了产品创新研发和工程项目的实施。

对于创新研发而言，研发机构、创新机制以及各种试验、检测设备是保障，人才是核心。龙净环保依托独具特色的创新机制及各高层次创新平台，先后吸纳了一大批国内著名专家和海外优秀人才加盟，带动了龙净环保整个研发团队的快速成长，形成了以除尘、脱硫等领域顶级专家为科研带头人，以有多年环保产品开发经验的技术骨干为中坚力量，以大批年富力强的青年技术人员为主体的老中青结合的研发梯队，具备了强大的研发创新能力。龙净环保还聘请了一批大气环保及相关领域的知名学者和专家参加技术中心技术委员会，进行技术指导、咨询等支持工作。截至目前，龙净环保拥有各类专业技术人员2 144人，其中研发人员1 164人，享有国务院特殊津贴的专家7人、教授级高级工程师15人，硕士以上232人，其中博士14人。

研发体系健全、创新成果丰厚、人才济济的背后是研发投入的逐年提高，截至2016年，龙净环保的年度研发投入占全年营业收入的比例高达4.93%，远高于行业平均水平（<3%）。在龙净环保的职工中，18.2%属于研发人员；在企业可控、可利用的知识产权中，自主核心知识产权的比例高达74.9%。

创新研发反过来又强有力地支撑了企业的发展，在环保产业进入拐点的当下，众多环保企业的业绩进入瓶颈期，甚至出现业绩下滑的情况，而龙净环保不仅营收突破80亿元，最近三年的营收和利润仍保持大幅增长。

打造龙净品牌，构建知识产权、专利壁垒

龙净环保持续发展并成为环保设备行业单项冠军的另一个有力保障是：不断强化龙净品牌，并围绕品牌建设加强了知识产权的保护，构建了企业的专利壁垒。

早在1991年，龙净环保就申请并获得了"龙净"注册商标专有权，有意识地在"高压静电除尘整流设备"领域确立品牌地位。随着企业的发展壮大，"龙净"品牌的知名度不断扩大，企业仍不断加大对"龙净"商标的保护力度。2002年，龙净环保在我国45个商标类别中的44个类别注册了"龙净＋图形"商标。2003年，龙净环保申请国际马德里商标注册，在美国、日本、韩国、巴西、印度、印度尼西亚、菲律宾、泰国、柬埔寨、马来西亚、老挝等十几个国家和地区注册了商标。

龙净环保以成为"国际环保产业第一品牌"为战略目标，经过十几年来的品牌培育与发展，"龙净"商标知名度不断上升，先后被评为福建省著名商标和福建省名牌产品。2012年，龙净环保以总分第一的成绩获福建省人民政府质量奖，取得了"出口信用管理AA级企业""出口工业品分类管理一类企业"、欧盟EN1090证书等品牌信誉。依托"龙净"的品牌力量，2015年全国首个空气污染治理设备国家质检中心在福建龙岩建立，2017年中国首个国家级出口环保机械装备质量安全示范区也在福建龙岩建成。"龙净"牌电除尘器获得全国环保行业首个"中国名牌产品"称号，"龙净"商标获得"中国驰名商标"称号。"龙净"成为全国环保行业的知名品牌，品牌知名度与美誉度享誉全国，在国内外市场中享有很高的声誉。

随着"龙净"商标知名度不断扩大，企业不断加强对"龙净"商标的保护力度，同时对同行企业商标侵权行为运用法律手段进行有效维护。龙净环保在产

品品牌建设过程中，一是对实物产品以高标准要求，严格把关，使龙净环保的产品成为同行业内高技术、高品质的代表，并通过建立示范工程、星级服务和新技术为客户创造价值、进行公益支持等活动来打造品牌，赢得了广大客户的赞誉与信赖；二是赋予产品丰富的特性和内涵，使客户在使用产品的过程中，深刻感受到龙净环保产品的价值所在，并深深感受龙净品牌产品不仅是一个单纯的产品，同时也承载了一种社会责任和义务，体现出了环境和生态的效益；三是投入足够的宣传和广告，在电视、各类媒体、专业展会、行业会议、平面广告等处展示龙净环保品牌的形象，使龙净环保从品牌、名称、标识到实物产品、企业形象的各个方面都为广大用户所了解和熟悉，成为环保产品中具有极高知名度的品牌。

龙净环保历来重视企业知识产权保护工作，不断运用知识产权战略推动企业技术进步和科技创新工作开展的探索。近年来，龙净环保通过采取制定管理制度，设立专利发展专项资金、实施专利申报责任制考核，建立竞争对手专利数据库等综合措施，特别是《专利管理办法》《专利管理流程及细则》《专利专责员管理制度》等制度的实施，建立并推行从专利申报、审稿、批准各项流程，到项目研发申报、专利许可转让等工作流程和标准，建立一套健全的关于知识产权工作机构、职责、奖惩、保密、知识产权运用等约束和激励机制的龙净环保知识产权制度体系。

龙净环保还尤其注重激励及考核制度，设立超额完成发明专利指标奖，对出色完成年度发明专利指标的事业部给予高额奖励；并根据《技术创新管理办法》，对产生重大经济效益和社会效益的技术发明，再一次性给予奖励或提成奖，对有利于提升产品性能或降低生产成本的专利技术，会用发明人的姓名对其改进的工艺或产品进行命名，同时，还建立知识产权工作考核评价指标，将知识产权列入部门年度经济责任制中。

为了跟踪行业技术动态、更好地保护自身知识产权，龙净环保还建立了具有检索、分析和预警功能的全球专利数据库，主动跟踪主要竞争对手的专利信息动态。通过推进专利评估工作，龙净环保积极推进专利引进、输出、交叉许可等，有效强化了企业知识产权创造、风险管控和保护能力。此外，龙净环保还主动联系有关部门，在专利文献撰写、专利检索等方面组织开展了一系列的培训交流活动，不断提高技术骨干及专利管理人员的业务能力，并与国家、省、市知识产权管理部门及专利代理机构建立了较好的业务联系。经过几年的大力推动，龙净环保基本实现了专利管理重心由注重数量的单一增长向数量与质量并重转变，由注重成果产出后的专利申请到综合考虑科研立项、新产品开发、技术引进过程的有组织申请转变，使专利管理工作更加系统、规范。

截至 2016 年，龙净环保累计承担了国家及地方科研任务 93 项，主持制定国家及行业标准并发布 37 项，参与制定 38 项；核心技术获授权专利 589 项，其中发明专利 125 项，大幅领先于同行；研究成果获国家科技进步奖 2 项、省部级以上科技奖励 60 多项，成为全国环保行业科技创新的示范企业。

结　语

2016 年，国家发改委和环保部联合发布的《关于培育环境治理和生态保护市场主体的意见》提出，到 2020 年，要培育 50 家以上产值过百亿元的环保企业。2017 年，十九大报告强调了我国环保事业的重要性，要坚持全民共治、源头防治，持续实施大气污染防治行动，打赢蓝天保卫战……构建政府为主导、企业为主体、社会组织和公众共同参与的环境治理体系，积极参与全球环境治理，落实减排承诺。

工业转型和升级的大趋势，以及"以企业为主体"的环保政策导向，都将进一步推动环保行业的发展，并为龙净环保这样的领先企业提供不断发展的空间。龙净环保认为：紧抓生态环保产业的重要发展机遇，实施内生式增长和外延式拓展并举的发展战略，以大气为根基，抢占非电技术和市场制高点，打好非电治理攻坚战。同时，龙净环保还将积极向水污染治理、固废处理、土壤及生态修复、环保新材料以及智慧环保等环保全产业链拓展和延伸，借力资本市场，加速新兴业务的突破，实现产业和资本的双轮驱动，全力打造具备"水陆空"全方位作战能力的环保航母战斗群，朝着具有国际竞争力的世界一流生态环保企业的目标阔步前行。

珠江钢琴：
领先民族乐器品牌的求索之路

广州珠江钢琴集团股份有限公司（以下简称"珠江钢琴集团"）成立于1956年，是一家集钢琴、数码乐器、音乐教育、文化传媒、互联网科技协同发展的综合乐器文化企业，是国内首家实现 A 股整体上市的乐器文化集团，具有国际先进水平的产品创新能力和当前全球规模最大的钢琴生产能力；自 1987 年起钢琴产销量一直保持国内同行业第一，2001 年跃居全球第一并保持至今，目前已拥有具有国际先进水平的产品创新能力和全球规模最大的钢琴产销能力，形成三大业务板块、四大产业基地的国际化运营格局。创业 60 余载，珠江钢琴人秉承"造世界最好的钢琴，做世界最强的乐器企业"的愿景，弘扬开拓创新的优秀企业文化精神，让珠江钢琴从中国走向世界。

从一穷二白开始的探索历程

20 世纪 50 年代，我国实行"公私合营"工商业改造，广州乐器行业也逐步进行社会主义改造。1956 年 1 月，由上海、共和、虞炎、裕泰、新乐、傅喜 6 家修理钢琴、风琴等乐器作坊组成**广州钢琴厂**，成为华南地区唯一的钢琴制造厂。当时，广州钢琴厂仅有 55 名职工，固定资产原值 2.82 万元，厂房建筑面积 490平方米。同年 7 月 22 日，广州钢琴厂成功生产出第一架钢琴并通过专家技术鉴定。为进一步扩大企业规模，满足社会主义文化事业需求，1957 年，国家投资兴建 5 010 平方米的厂房作为钢琴生产车间，实现了小批量生产规模，年生产能力 55 架。1958 年，广州钢琴厂设计和启用图案化英文 "Pearl River"（珠江）商标且一直沿用至今。

1993 年，作为试点企业的珠江钢琴集团大步迈入了市场经济轨道，大胆实施战略经营，强化战略管理，确立了珠江钢琴"雄踞中国、冲出亚洲、走向世界"的战略目标。

珠江钢琴集团在"制度创新"与"配套改革"上有了新的突破，将"三改一加强"有机结合，通过改革、转换企业经营机制，建立现代企业制度，实现了政企分开，落实了企业自主权；通过改组、优化企业组织结构和国有资产结构，理顺了产权关系，并承担起了国有资产保值增值责任；通过改造，使集团公司真正成为自主经营、自我发展、自我约束的法人实体和市场竞争主体，增强了市场竞争力和发展后劲；通过抓内部管理，制定管理体系和竞争机制，实行"成本倒算"法，充分发挥各种生产要素的作用，提高了经济效益；初步实现了生产力的跨越式发展，企业化解经营风险的能力在市场竞争中不断得到增强。

在市场营销方面，珠江钢琴集团的做法是通过建立销售网络，一方面在各重点城市直接面对消费者，采集营销信息、把握市场主动权，调研市场需要，生产满足消费者需要的产品，受到了消费者的欢迎；另一方面，与经销商结成利益共同体，促进珠江钢琴热销成为双方的共识。通过努力，珠江钢琴以良好的品质、信誉和服务迅速打开了全国市场。

科技战略助力企业提升之路

珠江钢琴集团深知科技的推动作用，确立了科技领先战略，以自主创新为主，并引入国际智力和产学研相结合的"三位一体"的科技创新体系。

1997 年以来，珠江钢琴建立了行业中最具规模的技术研究开发中心（广东省重点）和技术中心（省级）。在新技术、新工艺、新材料的应用与研究方面进行了卓有成效的工作。新产品的产值率和利润率分别达到了 33% 和 36%。与此同时，珠江钢琴集团还以产学研为主要模式，通过"三个并举"（聘用外籍技术专家与聘用国内技术人才并举、培养年轻人才与返聘退休专业骨干并举、争夺现实人才与争夺潜在人才并举）等手段，有力提升了研发团队的技术实力。例如1987 年著名钢琴制造工艺专家科雷先生成为珠江钢琴集团首位技术顾问，肩负起生产制造的流程监督。他在技术上的见解，为珠江钢琴解决了击弦灵敏度不高、音板爆裂、琴键变形、弦轴钉松动四大技术难题，让珠江钢琴的声学品质、弹奏性能均有了明显提升。当年，珠江钢琴年产销量突破 1 万台大关，跃居全国第一并保持至今。此外，珠江钢琴集团还与华南理工大学、广东自动化研究所等高校、科研机构和高科技企业合作，加强自主技术的研究开发，探索联合开发新技术和新产品的模式。珠江钢琴集团与合作单位联合开发的激光键盘测平仪、计算机拨音器等高技术成果，不仅为企业节约了大量外汇，也为人才培养创造了条件，使珠江钢琴的品质有了一个质的飞跃。

通过科技战略的实施，珠江钢琴集团完成了年产 8 万架立式钢琴"双加"工程技术改造，建成立式钢琴、卧式（三角）钢琴和木材加工处理等六大生产基地，扩大了生产规模；加快了新产品开发和产品结构调整，提高了产品的附加值，确保每个年度利润递增 1 000 万元。

从"冷板凳"开始走向国际舞台

1985 年，珠江钢琴走出国门，首次参加德国法兰克福国际乐器展览会。展会上，珠江钢琴人信心满怀，然而不足 10 平方米的展位门可罗雀。珠江钢琴由此意识到，要想跟"土生土长"的欧洲同行们比拼，必须得向全球领先的制琴工艺前进。在"量"和"质"双丰收的基础上，为了使集团可持续发展，珠江钢琴开始全面走上创立"中国名牌""中国世界名牌"的全球战略攻坚之路，制订了 5 年内达到欧洲中档钢琴水平的目标。

在品牌战略实施过程中，珠江钢琴更加注重产业和产品结构的调整提高，培育企业新的增长点，重点优化销售产品结构，扩大新产品和高档产品的销售量和市场占有率。在此期间，珠江钢琴相继获得"中国驰名商标""中国名牌产品"等称号。经权威机构评估，2004 年"珠江钢琴"品牌价值为 16.42 亿元，是中国乐器制造行业最具价值的国产乐器品牌。

为深入掌握欧洲核心技术，打入欧洲市场，1999 年，珠江钢琴收购了欧洲十大钢琴品牌之一的德国"里特米勒"（Ritmuller）。借用该品牌自 1795 年以来就在国际市场建立的品牌优势和情感优势，珠江钢琴集团顺利打开了欧美市场，提升了企业形象与国际影响力，扩大了国际市场销售份额，珠江钢琴开始蜚声海内外。此后几年里，珠江钢琴集团通过收购国际品牌，推广自主知识产权的民族品牌形象，完成了在美国、德国、澳大利亚等地建立海外分公司和销售网络的全球战略布局，实现了从"产品走出去"到"企业走出去"的根本性转变，在世界发达国家乐器市场占据了一席之地。

珠江钢琴集团产品和品牌均得到了国际乐器厂商的认可。2005 年 4 月，珠江钢琴与国际顶级钢制造商施坦威公司达成共同开发合作协议，推出了由施坦威钢琴设计，珠江钢琴进行制造和生产的数款新型的艾塞克斯（Essex）钢琴。珠江钢琴集团成为施坦威首家中国 OEM 伙伴，这次合作不仅让珠江钢琴集团有机会近距离学到很多国际顶级钢琴制造企业的技术和理念，还为双方赢得了更广泛的市场机会。

据统计，1992—2006 年，珠江钢琴集团的钢琴年产量从 2.4 万台增长到 7.45 万台，增长 3.1 倍；钢琴出口量从 7 939 台增长到 16 264 台，增长 2.05 倍；出口创汇从 600 万美元增长到 3 033 万美元，增长 5.06 倍；总资产从 20 131 万元增长到 140 203 万元，增长 6.96 倍。2001 年，珠江钢琴产销量跃居全球第一，成为全球最大的钢琴生产企业。2006 年，珠江钢琴集团成为国内唯一一家产量累计超 100 万台钢琴的乐器制造企业。1 月 22 日，美国国际音乐制品协会 NAMM 向珠江钢琴集团颁发了"里程碑奖"，这是该协会成立 104 年以来，首次向中国乐器企业颁发最高荣誉。

是里程碑也是新起点——珠江钢琴成功上市

2012 年，珠江钢琴于 2 月 22 日在中国证监会一次性成功过会。5 月 30 日上午，清脆的钟声在深交所响起，宣告了中国乐器第一股——珠江钢琴正式挂牌上市。

珠江钢琴集团的成功上市是其发展历程中又一个重要里程碑。珠江钢琴集团借助上市，募集资金用于投资珠江钢琴国家级企业技术中心增城研究院、珠江钢琴增城中高档立式钢琴产业基地和珠江钢琴北方营销中心等三个项目，着力打造国家级文化产业示范基地，以巩固钢琴年产量规模全球第一的市场地位，培育数码乐器、音乐教育等新的收入增长点，提高企业发展速度和提升公司盈利水平。

据统计，2007—2013 年珠江钢琴集团的钢琴年销量从 8.28 万台增长到 13.63 万台，增长 64.61%，数码钢琴 2013 年销量为 1.5 万台，同比增长 63.94%；主营业务收入从 9 亿元增长到 14.13 亿元，增长 57%；利润总额从 5 581 万元增长到 2.31 亿元，增长 313.9%。珠江钢琴集团成为乐器行业唯一的

"全国轻工行业先进集体",是广州市第一家、中国乐器行业唯一一家"全国质量奖"企业,是国家文化出口重点企业、国家文化产业示范基地。

打造综合乐器文化强企

2014 年以来,中国经济面临新的发展形势,国际钢琴市场出现疲软,国外高端钢琴品牌纷纷进入中国,二手钢琴对市场的冲击日益明显,行业竞争呈白热化。面对复杂的市场环境,珠江钢琴集团积极响应国家供给侧改革的号召,制定了以转型为核心的战略发展方向,积极推动产业融合、多元发展、转型升级,通过贯彻执行创新驱动战略,加快产业链、创新链、资本链融合发展;借助资本市场的助推力,积极整合全球优势资源,保持自身在业内的领先地位;抓住互联网时代机遇,积极发展关联产业,形成三大业务板块、四大产业基地的国际化运营格局,打造了实质上的跨国运营企业、多元业务联动发展的综合乐器文化平台。

加强资本运作,助力做强做优做大。2016 年年初,珠江钢琴集团启动非公开发行 A 股股票方案,投资文化产业创业孵化园项目、增城国家文化产业基地项目(二期)、全国艺术教育中心建设项目、云服务平台建设及补充流动资金。2017 年 8 月,珠江钢琴集团完成了非公开发行 A 股股票工作,募集资金总额为10.93 亿元。该项目的成功实施加快了集团向先进制造和文化服务的转型升级,增强了上市公司的核心竞争力。同时,珠江钢琴集团控股子公司艾茉森于 2017年 1 月完成股份制改造,2017 年 12 月完成了增资扩股、引入战略投资者及核心管理层持股工作,2018 年 4 月实现在新三板挂牌。通过稳步推进艾茉森股改挂牌,将国有企业资源的优势和非公有经济资源的优势有效结合起来,提高国有企业发展的质量与效益。

珠江钢琴集团还通过国际并购提升了品牌地位及盈利水平。2016 年 5 月,珠江钢琴集团成功收购了具有较高行业品牌地位及高端研发能力的德国高端钢琴品牌舒密尔公司。这项在钢琴发源地的深度合作,依托珠江钢琴集团资源,整合了双方供应链和营销网络优势,促进了珠江钢琴集团人才、技术、管理的全面国际化进程,提升了珠江钢琴高端产品的研发、制造能力及品牌形象,为珠江钢琴集团产品结构的优化升级奠定了良好的基础。

加强技术创新,迈向高端高质高新。为打造全球最大的钢琴制造基地、全球领先的乐器研发中心、全球最大的乐器展销中心和具有全国影响力的音乐文化中心，珠江钢琴集团开展了增城珠江钢琴国家文化产业基地项目建设，增加了中高端产品的产能，推进了传统声学钢琴的智能化改造，推动高端产品销量提升。

2014年以来，珠江钢琴集团促进乐器制造与高新技术有机结合，加快传统乐器制造工业转型升级。2015年11月，恺撒堡演奏会钢琴赢得了刘诗昆、维阿杜、石叔诚等中外钢琴演奏名家的高度评价，认为"恺撒堡演奏会钢琴设计先进、工艺精湛、选料精良，具有极高的专业性和艺术性，整体性能达到了国际（欧洲）高档钢琴水平，并基本接近世界顶端钢琴的水准"。2017年，珠江钢琴集团引入欧洲先进技术，新研发恺撒堡KHA系列、里特米勒RS系列、特色三角钢琴等中高档产品，恺撒堡KN系列钢琴还荣获省轻工联科技进步奖三等奖。

同时，珠江钢琴集团大力发展智能制造。2015年，珠江钢琴集团控股具有自主数字课程知识产权的珠江埃诺公司，研发了国内第一代IN系列智能声学钢琴、与知名互联网公司合作研发第二代大屏幕"幻彩"智能个性化三角钢琴。至2017年年底，珠江钢琴集团共完成1 000多项核心技术、产品研发、工艺试验改进项目；拥有技术专利136项，其中发明专利32项；拥有企业技术秘密328项；拥有博士后工作站1个，国家级企业技术中心1个，省级工程技术中心1个，高新技术企业4家。

数码乐器方面，2014年，艾茉森公司与国际合成器制造商KORG公司达成技术合作，引入音板共振、踏板半踏功能、136位复音数等多项具有国际先进水平的核心技术，引进全新的设计理念，运用日本高端数码技术及电子配件，打造出Amason、Pearl river avec KORG等知名数码品牌，产品线覆盖数码钢琴、MIDI键盘、6 + 1儿童启蒙数字音乐教室等，产品市场竞争力大大提升。2012—2016年，艾茉森的数码钢琴连续五年销量增长超过30%，已进入中国市场销量前三名。

加强业态创新，推进平台化电商化多元化。 2014年，为促进产业链的延伸融合，珠江钢琴集团融合原有艺术中心及品牌赛事等优势项目，成立文化教育投资公司，设立文化教育产业并购基金，将音乐教育作为重点发展业务进行培育，结合智能乐器和智能教学App应用的发展，改变传统艺术教育发展模式，推进珠江钢琴品牌艺术教育体系走向全国。截至2017年，全国文化艺术教育中心建设项目北京艺术之家、福州万宝旗舰店、济南中心店、佛山旗舰店已开业运营，珠江钢琴艺术教室快速增长至600多家，有效提升了珠江钢琴艺术教育品牌的知名度和影响力。

珠江钢琴集团还积极尝试通过"互联网＋"切入钢琴后服务市场。2016年，珠江钢琴集团与阿里云达成战略合作，携手广证珠江壹号、广东惠尔云网络科技等企业，共同投资成立广东琴趣网络科技有限公司，打造国内首个大型互联网乐器服务平台—91琴趣网乐器云服务平台，并于2017年12月发布作为AI人工智能技术、云技术、音视频识别技术与钢琴教学领域深入结合的创新典范产品"钢琴云学堂"，构建公司"制造—租售—服务—教育"的产业链闭环，为700万名钢琴用户提供调琴调律、钢琴维修、产品咨询、钢琴教育等多种增项服务，创造了钢琴服务新生态。

同时，珠江钢琴集团试水类金融和影视传媒产业，2013年成立了广州珠江小额贷款股份有限公司和广州珠江八斗米文化传播有限公司，2014年09月发起设立广州珠广传媒股份有限公司，以进一步拓展产业链，实现产融联动创效益。

加强品牌建设，提升服务力带动力竞争力。珠江钢琴集团以品牌核心价值为原则，积极参与重大文化活动并大力支持音乐教育事业，铸就品牌国际影响力。集团与教育部艺术教育促进会联合举办"珠江·恺撒堡"国际青少年钢琴大赛、承办"恺撒堡杯"全国老年大学钢琴比赛，连续十七年与教育部联合举办"珠江·恺撒堡"全国高校音乐教育专业基本功展示活动，连续十年参与承办中国金钟奖、"全国高校音乐教育专业声乐比赛"等活动；还在星海音乐学院等60多所全国知名院校中广泛开展"珠江恺撒堡奖学金"活动，赞助国内外各大钢琴比赛、电视文艺活动、文化教育事业等，凸显企业的社会责任感和使命感，有效提升了集团的品牌影响力和美誉度。2016年9月，恺撒堡演奏会钢琴以优异品质成为G20峰会文艺演出唯一用琴，向20国领导人及中外嘉宾展示了中国品牌，展现了中国声音。2017年，第十一届中国品牌价值500强榜单发布，珠江钢琴名列第317位，品牌价值136.55亿元，是乐器行业唯一一家上榜企业。

据统计，2013—2017年，珠江钢琴集团的钢琴年销量从13.63万台增长到14.48万台，增长6.24%；数码钢琴年销量从1.5万台增长到3.93万台，增长162%；公司实现营业收入从142 170.59万元增长到179 020万元，增长25.92%，其中文化服务收入从483.20万元到4 720.82万元，增长876.99%，归属于上市公司股东的净利润从14 113.04万元到16 470.13万元，增长16.7%。

珠江钢琴集团还是唯一荣获国际音乐制品协会"特别贡献奖"等荣誉的民族自主品牌企业，是工信部首批"制造业单项冠军示范企业""中国轻工业研发能力百强企业"，并自 2011 年起蝉联中国乐器行业十强企业第一名。

结　语

　　未来，珠江钢琴集团将以强化企业内部管理为主线，以"提质、增效、降耗"为抓手，做精做细内部管理，打造"干净、整洁、平安、有序"的企业环境，坚决梳理并深入推进"乐器＋教育＋服务"这一新业态的战略布局，有进有退。做世界一流的综合乐器文化强企是珠江钢琴人的梦想，加快业务转型和创新，切实执行、狠抓落实、不怕艰难险阻、勇立潮头、奋勇搏击，共同筑造珠江钢琴新的辉煌。

贵州钢绳：
三线建设老企业的创新之路

钢丝绳是电梯、起重机械等关系生命及生产安全的重要设备中的关键部件，是能源、交通、军工、农林、海洋、冶金、矿山、石油天然气钻采、机械化工及航空航天等领域必不可少的部件或材料，在提升、牵引、拉紧和承载等过程中的具有不可或缺的独特性能。

贵州钢绳股份有限公司（以下简称贵州钢绳）是国内主要从事钢丝绳、钢丝、钢绞线生产、加工、销售相关产品材料设备以及技术研究的重点企业，现有员工3 921人，技术实力、生产能力和市场占有率都名列国内行业前茅。公司坐落于中国西部重镇遵义市，占地总面积100万平方米，厂房建筑面积40万平方米；金属制品年生产能力达45万吨，其中钢丝绳年产能15万吨，商品钢丝年产能10万吨，钢绞线年产能20万吨。贵州钢绳于2000年10月19日设立，2004年5月14日在上海证券交易所成功上市，至今已连续盈利15年，获得了良好的市场信誉。

"三线建设"八七厂——"备战备荒为人民，好人好马上三线"

在1964—1980年的三个五年计划当中，我国中西部三线地区开展了大规模的军工企业建设。1966年，在中央"三线建设"决策下建成的军工代号"八七厂"，是中国钢丝绳始创企业，并组建了唯一的厂所合一的研究院——遵义金属制品研究院（中钢集团金属制品研究院前身）。

在"备战备荒为人民""好人好马上三线"的时代精神感召下，当年的建设者们不远万里来到了遵义，用他们的勤劳、勇敢和智慧建设"八七厂"。五十载斗转星移，"八七人"不仅贡献了自己的青春和一生，还贡献了他们的子孙。正因有这样的"三线精神"，才使"八七厂"从无到有、从小到大、从弱到强，最终成为中国钢绳制品行业龙头企业。

三线建设的"八七厂"初期，钢丝绳产品在数量、品种结构和规格上以一般用途中小直径的点接触钢丝绳为主。经过不断的发展，"八七厂"由原来的军工代号厂名改制为现在的"贵州钢绳（集团）有限责任公司"，并组建了子公司"贵州钢绳股份有限公司"。

1980年年初，企业在粗绳车间开始试制当时国内最粗的107毫米直径钢绳，产品的结构型式和组成部件已经制定完，然而最终合成钢绳的设备需要改造，否则将无法合成。贵州钢绳的职工在车间领导的带领下通力协作，确保公差完美配合、设备零部件组装稳定，重新改造了设备，并在当年8月终于生产出了一根国内最粗的107毫米直径光面钢绳，顺利交付给了交通运输部救助打捞局。

梦想成真——2004年成功上市

2004年5月14日，贵绳股份（600992）在上海证券交易所成功上市，成为国有控股上市公司，至今已连续盈利15年，获得了很高的市场声誉。如今，贵州钢绳已拥有行业多项核心技术及360件专利，制定、修订45项国际国内行业标准，并获多项省部级科技进步奖、技术创新奖和国家优秀专利奖，年产45万吨，牢牢占据了国内钢丝绳产品销量第一的位置，朝着国际化、科学化和标准化方向的大力发展。"二流企业做产品、一流企业做专利、超一流企业做标准"的先进理念在贵州钢绳深入人心。股份公司成立并成功上市，达到了转换企业经营机制，增强企业活力，优化产业结构，合理配置资源的目的，激发了职工的主人翁责任感，增强了企业凝聚力，强化了企业竞争力，提高了企业效益。这次成功上市意义重大，是贵州钢绳发展的一个里程碑。

作为国内最大的金属线材制品专业生产基地，五十多年来，贵州钢绳早已立下赫赫战功："神舟飞船"成功降落，世界最大直径（264毫米）钢丝绳，北盘江第一桥等诸多大桥，世界最大500米口径球面射电望远镜——平塘"天眼"，都使用了贵州钢绳的产品。贵州钢绳是我国目前最大的金属线材制品专业生产基地，有突出的技术优势，能生产高强度、高韧性、特粗、特长、特殊结构和特殊用途钢丝绳，先后开发出桥用吊杆绳、提升用四股不旋转钢丝绳、异型股钢丝绳、挖泥船用三股钢丝绳、回火轮胎钢丝等十几种新产品，填补了多项国内空白。

贵州钢绳党委书记、董事长黄忠渠十分重视企业内部管理，注重提高公司运营整体质量，建设有特色的企业文化和"团结、诚信、务实、创新"的企业精神，以及"真诚合作，共谋发展"的企业价值观。贵州钢绳逐步建立了一套完善公司管理的标准化体系；推进质量、环境、职业健康、测量管理体系和国际产品标准建设；建设无烟厂区，美化工作环境；积极采用新技术，引进先进的管理经验，加强财务、计划、营销、信息收集等工作，提高经营决策水平；重视人才，鼓励员工参加各级各类学习培训；通过强化企业管理，大力降低生产成本，使公司成为国内具有很强竞争力的金属制品生产和出口基地。黄忠渠多年来一直有个梦想——把贵绳股份打造成金属制品行业的国际知名企业。"我坚信，公司全体员工一定会以上市为契机，与国内外用户真诚合作、共谋发展，把公司做大、做强，以回报股东、回报社会！"而这正是今日贵州钢绳的真实写照。

谈到未来，黄忠渠充满信心。他表示，贵州钢绳将把握国家"一带一路"与"长江经济带"战略发展机遇，积极探索在东南亚、中东、非洲等区域市场潜力大、发展条件好的国家和地区进行战略性布局，因地制宜地发展贸易、深加工、营销渠道建设和国际线材制品产能合作基地等。未来的贵州钢绳将更加积极地响应"制造强国战略"，紧跟信息技术＋机器人、物联网＋大数据、云计算等代表着制造业与互联网融合的大趋势，通过应用互联网技术，进一步提升贵州钢绳的工艺装备能力，推进智能制造、绿色制造的智能化工厂建设，为信息化与工业化深度融合和绿色发展打下坚实的基础。贵州钢绳将继续优化并完善品牌培育管理体系，提升员工的品牌意识，继续努力让贵州钢绳产品成为市场首选品牌，积极参与全球竞争，在竞争中创出优质品牌效应。

新起点新责任——国家荣誉责任感

2009 年被认定为"国家高新技术企业"，2013 年被认定为"国家认定企业技术中心"，这是贵州钢绳几十年来加强自身建设，提升自主技术创新能力，努力发展壮大的具体表现，是对贵州钢绳人完善经营管理方式，孜孜不倦攻克技术难题，创新研发新产品，升级改造制造装备的肯定。贵州钢绳人深知这些国家级荣誉称号无法一劳永逸，只是对贵州钢绳过去成绩的肯定，更多的是鞭策、是激励，必须着眼未来，扎实地开展工作，立足稳增长、促改革、强后劲，积极应对经济新常态，运用创新发展的理念，认真谋划企业转型发展各项工作，大力推动企业提质增效、做强做优做大。

贵州钢绳人按照新起点和新标准要求自己，肩负起新的责任：维护加强国家高新技术企业、国家级技术中心的科研平台建设，完善创新机制，加大产学研结合力度，面向国际市场中海洋石油、矿山开采、现代交通、先进制造等领域的需求，开展高性能、高质量及升级换代产品技术的开发和应用。

为神舟飞船研发部件产品的贵州创造

随着神舟八号到十一号飞船陆续顺利升空，一批为中国航天事业做出贡献的企业逐渐为人熟知，贵州钢绳就是其中一家企业。

有关部门于 2007 年 10 月开始征集符合航天用途的不锈钢丝绳，要求近乎苛刻，内外品质均要超过国内现有产品。当时的贵州钢绳并没有相关产品可供挑选，但公司决定立即投入研发，并且在一年之内就研制生产出了高标准的不锈钢丝绳，成功拿到了订单。

2016 年 11 月 18 日 13 时 59 分，神舟十一号飞船进入大气层，返回舱降落装备打开，要修正飞船降落姿态，确保返回舱平稳着陆，关键靠两根约 20 米长的钢绳连接。航天钢绳要求直径小、重量轻、承载力强、洁净度高。早在 2012 年，贵州钢绳就主导修订了 GJB7970—2012《飞船用不锈钢丝绳》国家军用标准。神舟十一号飞船的成功降落，"贵州智造"的航天钢绳功不可没。

企业做的不仅是产品，更是人品。产品的成功更多体现的是贵州钢绳先进的生产技术、创新发展和经营管理理念以及厚重的文化底蕴，体现的是贵绳人的使命和担当，体现的是企业强劲发展的内生源动力。

奋发图强——2016 年超大直径钢绳研发成功

技术革新与革命是提高企业可持续发展能力必不可少的因素。所谓的先进技术只是相对于某一历史阶段的社会生产力水平而言。在 21 世纪，科技快速发展，原有的技术设备必将被更为先进的技术及装备所代替。海洋工程打捞、锚泊以及大型吊装索具具有高承载能力的需求，这类钢绳产品强度高、结构复杂。而某些工程需要使用更为粗大的钢丝绳。钢绳越粗，构成钢绳的组件直径也就越大，包括构成钢绳组件在内的整体系列技术难度加大，现有技术及制造设备有时无法直接满足如此高的要求，因而需要考虑调整整个流程的工艺技术方案，并进行设备构造的改进。

贵绳人奋发图强，坚持精钻深耕，始终把科技创新放在企业发展战略的核心地位，持续推进自主创新，技术和产品不断创新。2016年5月，贵州钢绳攻克了260毫米以上超大直径钢丝绳生产的技术难题，成功研制生产出目前世界上直径最大的264毫米钢丝绳产品，并获得了"一种超大直径缆式钢丝绳"的国家专利。2017年岁末通车的北盘江大桥离不开"贵绳造"的支撑，在杭瑞高速公路上这个标志性的工程上，贵州钢绳的百吨"巨龙"钢绳托起1 341米横跨尼珠河峡谷的水泥构件，助力这座相当于200层楼高的世界第一高桥拔地而起。

贵州钢绳还走出国门，为韩国"世越号"客轮打捞工作提供了有力的支撑。中国上海打捞局项目团队战胜了水流湍急、海底地质条件复杂等恶劣环境，经过590天的作业，于2017年3月25日，在韩国西南海面上，成功实施"钢梁托底"整体起浮技术，在44米深海下，让沉没近3年的韩国"世越号"客轮重见天日。这次参与打捞的12 000吨起重船的10件锚机用钢丝绳，均由贵州钢绳提供。2016年，贵州钢绳共为上海打捞局生产了93件近400吨钢丝绳，用于这次"世越号"的打捞任务。这次打捞，累计完成潜水作业逾6 000人次，水下作业总时间近13 000小时，工程时间之长、任务之艰巨，创造了多项世界纪录，也间接表明了中国的救捞技术和实力已处于世界领先水平。"巨龙"牌钢丝绳凭借安全可靠的产品质量，成功将韩国"世越号"客轮牵出水面，充分展示了贵州钢绳在打捞用钢丝绳方面的技术实力。

开拓进取——ISO 2408：2017《钢丝绳通用技术条件》国际标准的修订

占领市场是一种能力，但是更难能可贵的能力，还在于"标准的建立"。贵州钢绳主导钢丝绳国际标准修订，在我国钢丝绳行业尚属首次。这是一项严谨、专业而又复杂的系统性工作。贵州钢绳管理层高度重视，从 2012 年 8 月开始，在国家标准委、冶金工业信息标准研究院、贵州省质量技术监督局等专业部门的支持和指导下，立项论证和工作准备全面展开，成立了由贵绳公司党委书记、董事长黄忠渠任项目负责人，多名资深行业专家组成的标准起草工作组，于 2014 年 5 月通过 ISO 国际标准化组织立项，正式启动标准起草工作。

历时三年多，标准起草工作组经历了国际标准委员会预工作项目、新工作项目提案、工作组草案、委员会草案、问询草案、最终问询稿、出版发行共七个阶段的讨论和审查流程。在此过程中，本着促进世界钢丝绳行业进步和规范国际钢丝绳贸易健康发展的使命，贵州钢绳的相关人员克服语言差异、国际化分歧等诸多困难，加强与国际标准化组织钢丝绳技术委员会国际专家的沟通，积极阐述我国承担项目的能力和立项的技术理由，说服欧美发达国家的技术专家支持立项，虚心听取各国专家的意见和建议，认真对标准的每一项技术数据进行验证，努力做到了标准的合理性、科学性和先进性。为验证标准参数的合理性和钢丝绳生产能力，贵州钢绳于 2016 年 4 月研发生产了一件世界最大直径 264 毫米钢丝绳。经取样测试，各项参数均达到 ISO 2408 标准和设计要求。同时，标准还完善了大量以往不能国际通行的钢丝绳技术参数，增加了很多近年来随技术进步而新增的钢丝绳品种结构。最终，这份国际标准获得了全票赞成通过，并于 2017 年 6 月 16 日正式发布。

这次成功修订该国际标准，是中国钢丝绳行业的标志性事件，表明中国在钢丝绳制造技术上真正拥有了国际"话语权"；向发达国家充分展示了我国钢丝绳行业的技术实力，表明了贵州钢绳具有较高的标准编制水平、专业技术水平和英语翻译水平，得到了 ISO/TC105 技术委员会秘书处、国家标准委、冶金工业信息标准研究院等单位的充分肯定和国内外钢丝绳技术专家的高度认可，进一步提升了贵州钢绳的企业形象和品牌价值。

创新并级——多举措， 全方位砥砺前行

多年来，贵州钢绳因为在业界表现突出、成绩斐然，所以屡获殊荣：获得"中国质量奖提名奖""全国质量管理先进企业""贵州省省长质量奖提名奖"等荣誉，被认定为"国家火炬计划重点高新技术企业""国家技术创新示范企业"

"全国工业品牌培育示范企业""国家知识产权优势企业""国家级企业技术中心""高性能特种金属线缆制造技术及应用国家地方联合工程研究中心""贵州省特种金属线缆及装备工程技术研究中心"等研发平台，建立了"贵州钢绳金属制品人才基地""贵州省特种金属线缆研发科技创新人才团队"、"中国合格评定国家认可委员会实验室"，拥有行业中最大的 30 000 千牛整绳破断拉力试验机、8/2200 成绳机、9/1270 直进式拉丝机、1120 多丝大直径 PC 钢绞线组合捻制设备等代表国内最高水平的生产及试验装备。贵州钢绳还先后完成了所承担的高强度低松弛预应力钢丝、钢绞线用钢及制品研发、特大跨径悬索桥缆索系统关键材料研究、不锈钢丝绳产业化、海洋用绳制造关键技术及装备研发与应用等一批国家科技支撑计划项目和国家重大科技成果转化项目，已研发出一批比如世界最大直径 264 毫米钢丝绳、多丝大直径 PC 钢绞线、航天用不锈钢丝绳、桥梁吊索钢丝绳、直径 130 毫米锌铝合金镀层全密封钢丝绳等具有完全自主知识产权的产品及技术。

贵州钢绳还荣获全国"第二批制造业单项冠军示范企业"称号，这是国家工业和信息化部、中国工业经济联合会对贵州钢绳长期在钢丝绳产品制造领域精钻深耕，持续研发创新以及严格把控质量的肯定，将有利于企业专注细分产品领域的创新、产品质量提升和品牌建设，加快向钢丝绳精品制造方向发展，扩大优质增量供给，进一步增强企业的核心竞争力。

贵州钢绳努力维护来之不易的荣誉称号，努力做好公司的发展规划及安排，及时深化工作任务分解、分管责任领导的工作安排，使企业的品牌优势和影响力始终居于行业领先地位，力争达到具有全球竞争力和世界领先水平，进而推动中国线材制品制造工艺进步和行业整体质量提升，迈向全球价值链之高端。

时至今日，贵州钢绳已积累了 50 多年钢丝绳生产经验和技术，拥有国内高水平的生产装备、先进的生产工艺和完善的质量管理体系，主体设备从德国、日本、意大利引进及公司自制，拥有 8/2200 成绳机、LZ－9/1270＋SG－1120/1250 直进式拉丝机和 SKIP1＋6/1120＋LW3 预应力钢绞线等先进生产装备，公司专业生产 $\varphi1.0 \sim \varphi190$ 毫米各种结构钢丝绳、$\varphi5.0 \sim \varphi28.6$ 毫米 PC 钢绞线、$\varphi0.15 \sim \varphi9.0$ 毫米各种用途钢丝以及钢丝绳预张拉、涂塑、索具等衍生产品，具有生产高强度、高韧性、特粗、特长、特殊结构、特殊用途钢丝绳的突出优势。贵州钢绳已承担并完成多项国家重点技术创新项目，具备雄厚的钢丝绳技术研发实力。贵州钢绳生产的"巨龙"牌钢丝绳广泛应用于煤炭、石油、冶金、化工、船舶、桥梁、电力、邮电、橡胶、军工、旅游、水利等行业，形成了矿用钢丝绳、船舶用钢丝绳、桥梁用钢丝绳、石油用钢丝绳、索道用钢丝绳、特大直径钢丝绳、特殊用途钢丝绳、镀锌钢绞线、回火胎圈钢丝九大系列拳头产品。"巨龙"牌钢丝绳先后应用于葛洲坝水利枢纽工程、龙羊峡水电站、武钢、宝钢、汕头海湾大桥、广州虎门大桥、润扬长江大桥、贵州坝陵河大桥、舟山西堠门大桥、湖南矮寨大桥等国家重要工程，为国民经济和国防建设做出了贡献。按国际先进标准生产的"巨龙"牌钢丝绳已出口到美国、英国、加拿大、丹麦、荷兰、新加坡等国家。"关注顾客，以质量求生存"是公司的一贯方针，依靠技术进步不断提高产品质量、满足用户需要是公司的不懈追求。

贵州钢绳的"巨龙"牌商标为中国驰名商标，"巨龙"牌钢丝绳连续五次（15年）被评为用户满意产品；公司被确认为国家AAAA级"标准化良好行为企业"，被命名为"贵州省线材制品人才基地""国家火炬计划重点高新技术企业"，还被认定为贵州省知识产权示范企业及优势企业，拥有国家授权专利83项。贵州钢绳主持、参与起草了GB/T20067-2006《粗直径钢丝绳》等30余项国家标准和行业标准。公司通过了ISO9001质量管理体系、ISO14001环境管理体系、GB/T28001职业健康安全管理体系、ISO10012测量管理体系、GJB9001B国军标质量管理体系、美国石油学会（API）认证，以及CCS、LR、DNV、BV、GL、KR等船级社工厂认可。44种结构、116种规格型号产品通过了矿用产品安全标志认证，获得煤矿安全标志证书，认证认可数量居同行业首位。贵州钢绳分布在全国的20多个销售分公司能够随时为客户提供优质的服务。

结 语

欲穷千里目，更上一层楼。未来，贵州钢绳将秉承"团结、诚信、务实、创新"的企业精神，本着"深耕制品主业，打造百年企业"的战略思路，深入贯彻新发展理念，全面落实高质量发展要求，认真实施制造强国战略，高标准建设数字化、智能化、绿色化、高端化新区，保持国内行业领先地位，建成世界一流制品企业，迈向全球钢丝绳产业的中高端。

Part
Four

单项冠军

制造业单项冠军
企业发展蓝皮书

政　策　篇

制造业单项冠军企业培育提升专项行动实施方案（工信部产业〔2016〕105 号）

山东省制造业单项冠军企业培育提升专项行动实施方案（鲁经信产〔2017〕143 号）

江苏省经济和信息化委员会关于做好 2018 年制造业单项冠军企业培育提升工作的通知
（苏中小科技〔2018〕85 号）

福建省制造业单项冠军企业（产品）管理实施细则（闽经信产业〔2017〕159 号）

湖北省支柱产业细分领域隐形冠军企业培育工程实施方案（鄂经信产业〔2017〕103 号）

云南制造业单项冠军企业培育提升专项行动实施方案（云工信产业〔2016〕195 号）

江西省制造业单项冠军企业认定管理办法（试行）（赣工信产业字〔2017〕315 号）

天津市工业和信息化委落实《天津市关于加快推进智能科技产业发展若干政策》实施
细则（津工信规划〔2018〕4 号）

宁波市制造业单项冠军培育工程三年攻坚行动计划（2017—2019 年）（甬工推进办
〔2017〕13 号）

青岛市关于促进先进制造加快发展的若干政策（青政发〔2017〕4 号）

单项冠军

制造业单项冠军
企业发展蓝皮书

制造业单项冠军企业培育提升专项行动实施方案

（工信部产业〔2016〕105 号）

制造业单项冠军企业是指长期专注于制造业某些特定细分产品市场，生产技术或工艺国际领先，单项产品市场占有率位居全球前列的企业。制造业单项冠军企业是制造业创新发展的基石，实施制造业单项冠军企业培育提升专项行动，有利于引导企业树立"十年磨一剑"的精神，长期专注于企业擅长的领域，走"专特优精"发展道路；有利于贯彻落实制造强国战略突破制造业关键重点领域，促进制造业迈向中高端，为实现制造强国战略目标提供有力支撑；有利于在全球范围内整合资源，占据全球产业链重要地位，提升制造业国际竞争力。现就开展制造业单项冠军企业培育提升专项行动制订以下实施方案：

一、总体要求

（一）基本思路

围绕实现制造强国战略目标，以企业为主体，以市场为导向，开展制造业单项冠军企业培育提升专项行动，加强示范引领和政策支持，引导企业长期专注于细分产品市场的创新、产品质量提升和品牌培育，带动和培育一批企业成长为单项冠军企业，促进单项冠军企业进一步做优做强，巩固和提升其全球地位，提升我国制造业核心竞争力，促进制造业提质增效升级。

（二）主要原则

坚持企业主导与政府引导相结合。以企业为主体，以市场为导向，充分调动企业的积极性和创造性。政府主要是加强服务和政策引导，为企业创造良好的发展环境，引导和支持企业创新发展。

坚持培育与提升相结合。既要重视单项冠军企业的巩固提升，发挥其引领带动作用；也要重视发现和培育一批有潜力的企业，引导和支持其创新发展为名副其实的单项冠军企业。

坚持示范引领与总结推广相结合。筛选并公布一批制造业单项冠军示范企业与单项冠军培育企业名单，发挥其引领带动作用。注重总结企业的成功经验和好的做法，通过多种方式进行推广。

（三）目标任务

到 2025 年，总结提升 200 家制造业单项冠军示范企业，巩固和提升企业全球市场地位，技术水平进一步跃升，经营业绩持续提升；发现和培育 600 家有潜力成长为单项冠军的企业，支持企业培育成长为单项冠军企业，总结推广一批企业创新发展的成功经验和发展模式，引领和带动更多的企业走"专特优精"的单项冠军发展道路。

二、主要条件

企业可根据自身情况自愿申请单项冠军示范企业（以下简称示范企业）或单项冠军培育企业（以下简称培育企业）。申请示范企业和培育企业的条件为：

（一）示范企业

1. 聚焦有限的目标市场，主要从事制造业 1－2 个特定细分产品市场，从事 2 个细分产品市场的，产品之间应有直接关联性，特定细分产品销售收入占企业全部业务收入的比重在 70% 以上。

细分产品可参照现行《统计用产品分类目录》的产品分类或行业分类惯例，企业近 3 年研发上市且无法归入《统计用产品分类目录》的产品视为新产品。

2. 在相关细分产品市场中，拥有强大的市场地位和很高的市场份额，单项产品市场占有率位居全球前 3 位。

3. 生产技术、工艺国际领先，产品质量精良，相关关键性能指标处于国际同类产品的领先水平。企业持续创新能力强，拥有核心自主知识产权（在中国国境内注册，或享有五年以上的全球范围内独占许可权利，并在中国法律的有效保护期内的知识产权），主导或参与制定相关业务领域技术标准。

4. 企业经营业绩优秀，利润率超过同期同行业企业的总体水平。企业重视并实施国际化经营战略，市场前景好。

5. 企业长期专注于瞄准的特定细分产品市场，从事相关业务领域的时间达到 10 年或以上，或从事新产品生产经营的时间达到 3 年或以上。

6. 符合工业强基工程等重点方向，从事细分产品市场属于制造业关键基础材料、核心零部件、专用高端产品，以及属于制造强国战略重点领域技术路线图中有关产品的企业，予以优先考虑。

7. 制定并实施品牌战略，建立完善的品牌培育管理体系并取得良好绩效，公告为我部工业品牌建设和培育示范的企业优先考虑。

8. 企业近三年无环境违法记录，企业产品能耗达到能耗限额标准先进值。

9. 具有独立法人资格，具有健全的财务、知识产权、技术标准和质量保证等管理制度。

（二）培育企业

1. 聚焦有限的目标市场，主要从事制造业1－2个特定细分产品市场，从事2个细分产品市场的，产品之间应有直接关联性，特定细分产品销售收入占企业全部业务收入的比重在50%以上。

2. 在相关细分产品市场中，拥有较高的市场地位和市场份额，单项产品市场占有率位居全球前5位或国内前2位。

3. 生产技术、工艺国内领先，产品质量高，相关关键性能指标处于国内同类产品的领先水平。企业创新能力较强，拥有自主知识产权。

4. 企业经营业绩良好，利润水平高于同期一般制造企业的水平。企业重视并实施国际化经营战略，市场前景好，有发展成为相关领域国际领先企业的潜力。

5. 长期专注于企业瞄准的特定细分产品市场，从事相关业务领域的时间达到3年或以上。

6. 符合工业强基工程等重点方向，从事细分产品市场属于制造业关键基础材料、核心零部件、专用高端产品，以及属于《中国制造2025》重点领域技术路线图中有关产品的企业，予以优先考虑。

7. 实施系统化品牌培育战略并取得良好绩效，公告为我部工业品牌建设和培育的企业优先考虑。

8. 企业近三年无环境违法记录，企业产品能耗达到能耗限额标准先进值。

9. 具有独立法人资格，具有健全的财务、知识产权、技术标准和质量保证等管理制度。

三、组织实施

（一）组织推荐

各省、自治区、直辖市及计划单列市、新疆生产建设兵团工业和信息化主管部门（以下统称省级工业和信息化主管部门）负责组织本地区制造业企业的推荐工作，相关行业协会可组织本行业领域企业推荐工作。企业根据相关条件要求自愿申请示范企业或培育企业，申请示范企业的，填写《企业申请书》（见附件1）；申请培育企业的，填写《企业申请书》，并编制《培育发展方案》（参考附件2），明确今后3-5年的目标任务、具体计划和措施。

省级工业和信息化主管部门、相关行业协会按照本方案要求，组织遴选并推荐企业，提出推荐意见，连同正式上报文件、申请书、培育发展方案等（纸质材料一式三份）报送工业和信息化部（产业政策司）。

（二）论证公告

工业和信息化部组织专家对推荐企业进行论证，对通过论证的企业，网上公示其企业基本情况，公示无异议的，分别公告为"中国制造业单项冠军示范企业"（以下简称示范企业）和"中国制造业单项冠军培育企业"（以下简称培育企业）。

（三）培育提升

公布的示范企业和培育企业（以下统称两类企业）要部署落实和组织实施培育提升工作。示范企业要围绕细分市场进一步做专、做精、做强，加大研发投入，持续提升技术创新能力，提高产品质量，培育国际品牌，全面巩固和提升全球市场地位。培育企业要按照《培育发展方案》，明确任务分工和实施进度，确保资金投入，每年报送相关工作进展情况，力争尽早达到示范企业的条件要求。组织企业开展同行业单项冠军企业对标活动，瞄准标杆企业查找出差距和薄弱环节，不断加以改进，向标杆企业看齐。组织专家开展培育提升诊断咨询活动。

（四）动态管理

工业和信息化部对两类企业实行动态管理，对示范企业每3年组织一次评估，培育企业在落实完成《培育发展方案》各项任务、自评达到示范企业要求后提出评估申请。申请评估的企业须填写《评估申请表》（见附件3）报省级工业和信息化主管部门。省级工业和信息化主管部门填写评价意见后报工业和信息化部。工业和信息化部组织专家进行评估，对达不到相关要求的企业按程序撤销相关公告，对达到示范企业要求的培育企业，公告为"中国制造业单项冠军示范企业"。

四、保障措施

（一）加强政策支持。对两类企业申报国家有关技术改造、工业强基工程、重大专项、节能减排等资金支持的项目，以及申报国家级工业设计中心、技术创新示范企业的，予以优先支持。加强对企业的跟踪，分析企业发展面临的突出问题，研究完善促进制造业单项冠军企业创新发展的政策措施。

（二）开展总结示范。加强对两类企业的跟踪管理，认真总结企业在培育提升工作中典型经验和好的做法，每年选择一批典型经验，通过编写案例集、组织培训班、召开经验交流会、企业现场会等多种形式进行示范推广。总结归纳世界其他国家单项冠军企业的成功经验，组织企业学习交流。

（三）强化组织领导。各级工业和信息化主管部门要做好单项冠军企业培育提升工作的组织实施，加强对示范企业和培育企业的指导、跟踪和服务，建立工作阶段性总结和监督检查制度。鼓励地方对两类企业给予政策支持。相关行业协会要加强服务，指导企业开展对标，提供培育提升诊断咨询服务，推广典型经验。

山东省制造业单项冠军企业培育提升专项行动实施方案

（鲁经信产〔2017〕143 号）

为深入贯彻落实制造强国战略、《制造业单项冠军企业培育提升专项行动实施方案》和《〈制造强国战略〉山东省行动纲要》的文件精神，引导我省制造业企业培育精益求精的工匠精神，走"专特优精"发展道路，打造一批专注于细分市场、技术或服务出色、市场占有率高、抗风险能力强的"单项冠军"，省经信委确定开展我省制造业单项冠军企业培育提升专项行动。现制订以下实施方案：

一、总体要求

（一） 基本思路

以建设制造强省为根本任务，以企业为主体，以市场为导向，开展制造业单项冠军企业培育提升专项行动，加强示范引领和政策支持，引导企业长期专注于细分产品市场的创新、产品质量提升和品牌培育，促进单项冠军企业进一步做优做强，带动和培育一批企业成长为单项冠军企业，提升我省制造业核心竞争力，推动产业迈向中高端。

（二）主要原则

1. 坚持企业主导与政府引导相结合。以企业为主体，以市场为导向，充分调动企业的积极性和创造性。政府主要是加强服务和政策引导，为企业创造良好的发展环境，引导和支持企业创新发展。

2. 坚持培育与提升相结合。既要重视单项冠军企业的巩固提升，发挥其引领带动作用；也要重视发现和培育一批有潜力的企业，引导和支持其创新发展为新的单项冠军企业。

3. 坚持示范引领与总结推广相结合。筛选并公布一批制造业单项冠军企业，发挥其引领带动作用。注重总结企业的成功经验和好的做法，通过多种方式进行推广。

（三）目标任务

到 2025 年，总结提升 100 家制造业单项冠军企业，巩固和提升企业全球市场地位，技术水平进一步跃升，经营业绩持续提升；总结推广一批企业创新发展的成功经验和发展模式，引领和带动更多的企业走"专特优精"的单项冠军发展道路。

二、主要条件

申请企业的条件为：

1. 聚焦有限的目标市场，主要从事制造业 1－2 个特定细分产品市场，从事 2 个细分产品市场的，产品之间应有直接关联性，特定细分产品销售收入占企业全部业务收入的比重在 50% 以上。

细分产品按照现行《统计用产品分类目录》的产品分类第 6 位或行业分类惯例。如企业近 3 年研发上市且无法归入《统计用产品分类目录》的产品，视为新产品，也可申报。

2. 在相关细分产品市场中，拥有强大的市场地位和很高的市场份额，单项产品市场占有率位居全国前 5 位且全省第一位。

3. 生产技术、工艺国内领先，产品质量精良，相关关键性能指标处于国内同类产品的领先水平。企业持续创新能力强，拥有核心自主知识产权（在中国国境内注册，或享有五年以上的全球范围内独占许可权利，并在中国法律的有效保护期内的知识产权），主导或参与制定相关业务领域技术标准。

4. 企业经营业绩优秀，利润率高于同期同行业的平均水平。企业重视并实施全球性经营战略，市场前景好。

5. 企业长期专注于瞄准的特定细分产品市场，从事相关业务领域的时间达到 10 年及以上，或从事新产品生产经营的时间达到 3 年或以上。

6. 从事细分产品市场属于制造业关键基础材料、核心零部件、专用高端产品，以及属于《〈制造强国战略〉山东省行动纲要》重点发展领域有关产品的企业，予以优先支持。

7. 制定并实施品牌战略，建立完善的品牌培育管理体系并取得良好绩效，公告为工业和信息化部品牌建设和培育示范、省级质量标杆的企业优先考虑。

8. 企业近三年无环境违法记录和重大安全事故，企业产品能耗达到能耗限额标准先进值。

9. 具有独立法人资格，具有健全的财务、知识产权、技术标准和质量保证等管理制度。

三、组织实施

（一）组织推荐

各市经济和信息化委员会负责组织本地区制造业企业的推荐工作，相关省级行业协会可组本行业领域企业推荐工作。企业根据相关条件要求自愿申请，填写《企业申请书》（见附件1），并编制《培育提升方案》（参考附件2），明确今后3-5年的目标任务、具体计划和措施。

市级经济和信息化委员会、相关省级行业协会按照本方案要求，组织遴选并推荐企业，提出推荐意见，连同正式上报文件、申请书、培育提升方案等（纸质材料一式三份）报送山东省经济和信息化委员会（产业政策处）。

（二）论证公告

山东省经济和信息化委员会组织专家对推荐企业进行论证，对通过论证的企业，网上公示其企业基本情况，公示无异议的，公告为"山东省制造业单项冠军企业"。

（三）培育提升

公布的单项冠军企业要按照《培育提升方案》，部署落实和组织实施培育提升工作，要围绕细分市场进一步做专、做精、做强，加大研发投入，持续提升技术创新能力，提高产品质量，培育自主品牌，全面巩固和提升市场地位。组织企业开展同行业单项冠军企业对标活动，瞄准标杆企业查找出差距和薄弱环节，不断加以改进，向标杆企业看齐。组织专家开展培育提升诊断咨询活动。

（四）动态管理

山东省经济和信息化委员会对单项冠军企业实行动态管理，每3年组织一次评估，企业在落实完成《培育提升方案》各项任务、自评达到示范企业要求后提出评估申请。申请评估的企业须填写《评估申请表》（见附件3）报市级经济和信息化委员会。市级经济和信息化委员会填写评价意见后报省经济和信息化委。省经济和信息化委组织专家进行评估，对达不到相关要求的企业按程序撤销相关公告，对达到要求的企业，公告为"山东省制造业单项冠军企业"。

四、保障措施

（一）加强政策支持。对单项冠军企业申报省级有关技术创新项目、重大专项、节能减排等资金支持的项目，以及申报省级工业设计中心、企业技术中心、质量标杆的，予以优先支持。加强对企业的跟踪，分析企业发展面临的突出问题，研究完善促进我省制造业单项冠军企业创新发展的政策措施。

（二）开展总结示范。加强对单项冠军企业的跟踪管理，认真总结企业在培育提升工作中典型经验和好的做法，每年选择一批典型经验，通过编写案例集、组织培训班、召开经验交流会、企业现场会等多种形式进行示范推广。总结归纳国家级单项冠军企业的成功经验，组织企业学习交流。

（三）强化组织领导。各市经济和信息化委及省级行业协会要做好单项冠军企业培育提升工作的组织实施，加强对单项冠军企业的指导、跟踪和服务，建立工作阶段性总结和监督检查制度。鼓励地方对单项冠军企业给予政策支持。相关行业协会要加强服务，指导企业开展对标，提供培育提升诊断咨询服务，推广典型经验。

江苏省经济和信息化委员会关于做好
2018 年制造业单项冠军企业培育提升工作的通知

（苏中小科技〔2018〕85 号）

各设区市、县（市）经信委（局）：

根据《关于公布第二批制造业单项冠军企业和单项冠军产品名单的通告》（工信部联产业函〔2017〕570 号），我省共有 15 家企业（产品）入选（附件 1），其中单项冠军示范企业 8 家，位居全国第三；单项冠军产品企业 7 家，位居全国第一。为做好 2018 年我省制造业单项冠军企业培育提升工作，现就有关事项通知如下：

一、抓好经验总结推广。为总结推广单项冠军企业的典型经验，发挥好单项冠军企业的引领带动作用，组织编印我省单项冠军企业宣传册。请各地认真组织本地两批入选企业（含示范企业、培育企业和单项冠军产品企业）报送相关材料，包括每个企业的基本情况（300 字），企业负责人简介（100 字）及证件照，企业的典型经验及其成效（1 000 字），企业厂容厂貌、主营产品、注册商标及获得荣誉等图片（5 - 6 张）。

二、加强跟踪管理。请各地对单项冠军示范企业（产品）加强跟踪服务，支持企业研发创新和智能化升级，巩固其行业领先地位；对培育企业，督促其落实培育发展方案，帮助企业在自评达到示范企业标准后提出评估申请，力争如期实现示范晋级。

三、做好排查摸底储备。指导有条件有意愿申报国家单项冠军示范企业（产品）的企业，对照工信部《制造业单项冠军企业培育提升专项行动实施方案》《关于组织推荐第二批制造业单项冠军企业和单项冠军产品的通知》等文件要求，提前与国家级行业协会（主要指一级协会或联合会下属二级协会）就产品市场占有率证明做好对接沟通。在企业自愿和充分对接国家级行业协会的基础上，排出今年申报国家制造业单项冠军储备企业（产品）名单。

四、落实完善支持政策。落实好省政府对单项冠军企业的奖励政策，确保资金及时到企。结合本地实际，研究优化促进制造业单项冠军创新发展的政策措施，引导支持企业专注于细分产品领域创新、产品质量提升和品牌培育，提升企业的国际知名度和核心竞争力。

请各地于 3 月 31 日前将入选企业宣传册资料（电子版）及储备企业（产品）信息表（附件 2）汇总后报中小企业科技创新处。

联系人：王忠宇（025－86635720）

邮　箱：1906874435@ qq. com

附件：1. 第二批制造业单项冠军江苏企业（产品）名单

　　　 2. 制造业单项冠军储备企业（产品）信息表

福建省制造业单项冠军企业（产品）管理实施细则

（闽经信产业〔2017〕159号）

第一条 为贯彻落实《工信部制造业单项冠军企业培育提升专项行动实施方案》，引导我省制造业企业专注于细分产品市场的创新、产品质量提升和品牌培育，提升福建省制造业核心竞争力，推动产业迈向中高端，带动福建制造走向全国乃至全球，特制定本实施细则。

第二条 福建省制造业单项冠军企业（产品）是指长期专注于制造业细分产品市场，生产技术或工艺国内领先，单项产品市场占有率位居全国（全省）前列的企业（产品）。

第三条 申报福建省制造业单项冠军企业（产品）的主体应当为在福建省区域内注册、具有独立法人资格，具备产品研发、设计和生产制造能力的企业。

第四条 申报的福建省制造业单项冠军企业（产品）应当符合以下条件：

（一）聚焦有限的目标市场，主要从事制造业1－2个细分产品市场，从事2个细分产品市场的，产品之间应有直接关联性。申报"单项冠军企业"的，细分产品销售收入比重应占企业全部业务收入的70%以上；申报"单项冠军产品"的，对该产品收入占企业全部业务比重不作要求。

填报的细分产品分类，原则上参考《统计用产品分类目录》8位代码填报，难以准确归入的应符合行业普遍认可的惯例。

（二）在相关细分产品市场中，拥有强大的市场地位和很高的市场份额，单项产品市场占有率位居全国前5位且省内前3位。

（三）生产技术、工艺国内领先，产品质量精良，相关关键性能指标处于国内同类产品的领先水平。企业持续创新能力强，拥有核心自主知识产权，主导或参与制定相关业务领域技术标准。

（四）制定并实施品牌战略，建立完善的品牌培育管理体系并取得良好绩效。

（五）企业具有健全的财务、知识产权、技术标准和质量保证等管理制度。

符合工业强基工程等重点方向，从事细分产品市场属于制造业关键基础材料、核心零部件、专用高端产品，以及属于制造强国战略重点领域技术路线图中有关产品的企业，予以优先考虑。

第五条　设区市经信主管部门受理申请、提出初审意见，并将相关材料报送省经信委。省属企业可向省属控股（集团）公司提出申请，由省属控股（集团）公司初审后转报省经信委。

第六条　申请"福建省制造业单项冠军企业（产品）"，应当提交如下申请资料：

（一）福建省制造业单项冠军企业（产品）申报书（附件）。

（二）企业营业执照副本复印件。

（三）企业主营产品市场占有率的证明材料。全国、全省市场占有率和排位证明可分别由国家级行业协会（或其下属分会）、省级行业协会等出具。申请"福建省制造业单项冠军企业"，还须提供细分产品销售收入占企业全部业务收入超过70%的证明材料。

（四）近3年获得的知识产权、质量认证、质量荣誉、品牌荣誉等相关证明材料。

（五）企业认为有助于其参评的其他材料。

第七条　省经信委对企业申报材料进行审核，并组织专家进行材料评审和现场查验。对评审通过的福建省制造业单项冠军企业经公示无异议后，由省经信委发布《福建省制造业单项冠军企业（产品）名录》。公布名录时，对入选"单项冠军产品"的，将突出标识产品名称。

第八条　列入《工信部制造业单项冠军示范（培育）企业名单》、《福建省制造业单项冠军企业（产品）名录》的企业按照企业所在设区市经信、财政部门发布的项目申报指南规定的程序和要求上报相关材料申请专项资金奖励。

第九条　对列入工信部制造业单项冠军企业（产品）的一次性给予100万元奖励；对列入工信部制造业单项冠军培育企业或省级制造业单项冠军企业（产品）的一次性给予50万元奖励。奖励资金由各地从省工业和信息化专项转移支付资金中统筹安排。

第十条　省级制造业单项冠军企业优先推荐为工信部制造业单项冠军示范（培育）企业。

第十一条　各级经信部门应当依法依规对福建省制造业单项冠军企业（产品）进行监督检查。福建省制造业单项冠军企业（产品）申报主体如存在弄虚作假或采取不正当手段骗取制造业单项冠军企业称号和奖励资金行为的，取消称号，追缴奖励资金，依法依规追究责任。

第十二条　专家应公平公正开展评审工作，省经信委对参与评审工作的专家进行信用记录。对违反评审工作相关规定的，取消其评审专家资格，造成严重影响的，依法追究责任。

第十三条　各设区市可结合本地区实际，出台相应扶持政策，加快制造业单项冠军企业（产品）的培育、示范推广。

第十四条　《福建省制造业单项冠军企业（产品）名录》一经公布，有效期三年。

第十五条　本实施细则自发布之日起实行，由省经信委负责解释。

附件：福建省制造业单项冠军企业（产品）申报书

湖北省支柱产业细分领域隐形冠军企业培育工程实施方案

（鄂经信产业〔2017〕103号）

为认真贯彻落实《制造强国战略湖北行动纲要》，引导企业专注于擅长的领域，走"专特新精"发展道路，推进传统产业转型升级和战略性新兴产业培育，促进产业迈向中高端。经省政府同意，决定在全省支柱产业细分领域中开展隐形冠军企业培育工作。结合我省实际，制定本方案。

一、总体要求

（一）基本思路

牢固树立五大发展理念，以制造强省为目标，以企业为主体，以市场为导向，以示范为引领，通过"十三五"期间持续组织实施隐形冠军企业培育提升工程，引导企业长期专注于细分产品市场的创新、产品质量提升和品牌培育，带动和培育一批企业成长为隐形冠军企业，巩固和提升其全国乃至全球地位，提升我省制造业核心竞争力，打造我省工业发展新优势，推动湖北由制造大省向制造强省跨越，为"建成支点、走在前列"提供重要支撑。

（二）主要原则

企业主体，政府引导。以企业为主体，市场为导向，引导企业树立"十年磨一剑"工匠精神，专注细分领域，"专特新精"创新发展。政府加强服务引导和政策支持，为企业创造良好的发展环境，引导和支持企业竞相发展。

统筹协调，多极发展。以高新技术和新兴产业为主，兼顾传统产业转型升级。既要抓两头，更要带中间。统筹和优化区域发展格局，实现均衡、可持续发展。形成以武汉为龙头，宜昌、襄阳为双翼，多点梯次错位竞相发展的局面。

示范带动，滚动发展。既要重视隐形冠军企业的巩固提升，发挥其引领带动作用；也要重视发现和培育一批有潜力的企业，引导和支持其创新发展成为名副其实的隐形冠军企业。

（三）目标任务

力争通过三年培育，到 2020 年在我省支柱产业细分领域中培育形成 1 000 家隐形冠军企业。其中，国家级示范培育企业 50 家，省级示范企业 100 家，科技小巨人企业（产品）200 家（即 1 512 企业）。

二、申报条件

（一）聚焦有限的目标市场，主要从事制造业特定细分产品市场。原则上细分产品参照现行《统计用产品分类目录》的产品分类前 8 位或行业分类惯例。如企业近 3 年研发上市且无法归入《统计用产品分类目录》的产品，视为新产品，也可申报。

（二）生产技术、工艺国内领先，产品质量精良，相关关键性能指标处于国内同类产品的领先水平。企业持续创新能力强，拥有核心自主知识产权（在湖北省内注册，或享有五年以上的全球或全国范围内独占许可权利，并在中国法律的有效保护期内的知识产权），主导或参与制定相关业务领域技术标准。

（三）企业经营业绩优秀，利润率超过同期同行业的总体水准。在相关细分产品市场中，拥有强大的市场地位和较高市场份额，企业规模或单项产品销售收入居全球前 10 位，或国内前（含）5 位，或全省前 3 位。

（四）制定并实施品牌战略，建立完善的品牌培育管理体系并取得良好绩效，公告为工业和信息化部品牌建设和培育示范、省级质量标杆的企业优先考虑。

（五）企业近三年无环境违法记录和重大安全事故，企业产品能耗达到能耗限额标准先进值。

（六）具有独立法人资格，具有健全的财务、知识产权、技术标准和质量保证等管理制度。

申报省级示范企业的，除达到隐形冠军一般申报条件外，企业在国内处于行业龙头企业地位，企业规模或单项产品市场占有率位居全国前 3 位或全省第 1 位；

申报科技小巨人企业（产品）的，除达到隐形冠军一般申报条件外，企业必须是规模以上高新技术企业，且具有一定合理规模，生产专用设备（产品）或关键零部件、材料等，填补国内空白，具有很强的市场竞争力和发展前景，单项产品市场占有率位居全国前 3 位或全省前 2 位。

三、申报程序

（一）组织推荐

各市、州经信委负责组织本地区企业的推荐申报工作。每年 3 月，符合相关条件的企业填报《企业申请书》和《巩固（培育）提升计划书》（附件 1、附件 2），同时附上国家或省相关行业协会（部门）近三年行业产品生产排名或其他佐证材料，并对申报资料真实性负责。6 月底前，各市州经信委对相关数据和资料的逻辑性和完备性审核把关，视情况现场复核或委托三方论证，提出推荐意见，正式行文上报省经信委。省经信委每年从省级隐形冠军企业中择优向工信部推荐申报国家级制造业单项冠军示范企业和培育企业。

（二）论证公告

省经信委组织专家对推荐企业进行论证，视具体情况和需要，委托三方机构对企业提供的相关数据进行核实，对通过核实论证的企业，网上公示其企业基本情况，公示无异议的，公告为"湖北省支柱产业细分领域隐形冠军示范企业""湖北省支柱产业细分领域隐形冠军培育企业"和"湖北省支柱产业细分领域科技小巨人企业"。

四、培育管理

（一）培育提升

隐形冠军示范、培育和科技小巨人企业要认真落实和组织实施巩固（培育）提升工作，要围绕细分市场进一步做专、做精、做强，加大研发和改造投入，持续提升技术创新能力，提高产品质量，培育国内外品牌，全面巩固和提升国内外市场地位。各地经信部门要加强服务协调，加大政策支持和扶持力度。组织企业开展同行业隐形冠军企业对标活动，瞄准标杆企业查找出差距和薄弱环节，不断加以改进，向标杆企业看齐。组织专家开展培育提升诊断咨询活动。对培育提升较快的企业进行专项奖励。

（二）动态管理

省经信委每年对省级隐形冠军企业巩固（培育）提升情况进行评估并实行动态管理。企业以2年为周期，视评估结果进行动态调整。每年6月底前，申请评估的企业须填写《评估申请表》（见附件3）报市级经信委。市级经信委填写评价意见后报省经信委。省经信委组织专家进行考核评估，对考核进位快的企业通报表彰。对达不到相关要求的企业按程序撤销或降低层级。对达到要求的企业，公告保留称号。对培育企业达到示范企业标准的，公告为示范企业。

五、政策措施

（一）加强政策支持。研究出台支持隐形冠军示范和培育企业专项政策。积极争取国家及省发改、财税、科技、国土、金融等部门支持，集中省级支持工业发展要素（资金、项目）向隐形冠军企业倾斜，省技改资金重点支持隐形冠军企业改造升级、品牌提升；支持隐形冠军企业提升自主创新能力和品牌建设。建设各类国家、省级企业技术中心、工程中心、设计中心，牵头建立产业创新联盟。以质量保障品牌，以技术提升品牌，建设和打造一批"百年老店"；支持隐形冠军企业加强两化融合，提高企业信息技术应用水平和智能制造能力；支持隐形冠军企业积极发展绿色制造，发展循环经济，促进资源节约和循环利用。开展服务型制造等生产和营销模式创新。

（二）开展推广示范。加强对隐形冠军企业的跟踪管理，认真总结企业在培育提升工作中典型经验和好的做法，每年选择一批典型经验，通过编写案例集、组织培训班、召开经验交流会、企业现场会等多种形式进行示范推广。总结归纳国内外隐形冠军企业的成功经验，组织部门和企业学习交流。

（三）强化组织领导。各级经信部门要做好隐形冠军企业培育提升工作的组织实施，加强对示范企业和培育企业的指导、跟踪和服务，建立工作阶段性总结制度。鼓励地方对隐形冠军企业给予政策支持。相关行业协会要加强服务，指导企业开展对标，提供培育提升诊断咨询服务，推广典型成功经验。

附件：1. 支柱产业细分领域隐形冠军企业申请书

2. 隐形冠军示范培育企业巩固（培育）提升计划书

3. 支柱产业细分领域隐形冠军企业评估申请表

云南制造业单项冠军企业培育提升专项行动实施方案

（云工信产业〔2016〕195号）

制造业单项冠军企业是指长期专注于制造业某些特定细分产品市场，生产技术或工艺国内国际领先，单项产品市场占有率位居国内国际前列的企业。制造业单项冠军企业是制造业创新发展的基石，实施制造业单项冠军企业培育提升专项行动，有利于引导企业树立"十年磨一剑"的精神，长期专注于企业擅长的领域，走"专特优精"发展道路；有利于贯彻落实制造强国战略《云南省人民政府关于贯彻制造强国战略的实施意见》，突破制造业关键重点领域，促进制造业迈向中高端，为实现制造强国战略目标提供有力支撑；有利于在全国全球范围内整合资源，占据全国全球产业链重要地位，提升制造业市场竞争力。现就开展制造业单项冠军企业培育提升专项行动制订以下实施方案：

一、总体要求

（一）基本思路

围绕实现制造强国战略目标，以企业为主体，以市场为导向，开展制造业单项冠军企业培育提升专项行动，加强示范引领和政策支持，引导企业长期专注于细分产品市场的创新、产品质量提升和品牌培育，带动和培育一批企业成长为单项冠军企业，促进单项冠军企业进一步做优做强，巩固和提升其国际国内市场地位，提升我省制造业核心竞争力，促进制造业提质增效升级。

（二）主要原则

坚持企业主导与政府引导相结合。以企业为主体，以市场为导向，充分调动企业的积极性和创造性。政府主要是加强服务和政策引导，为企业创造良好的发展环境，引导和支持企业创新发展。

坚持培育与提升相结合。既要重视单项冠军企业的巩固提升，发挥其引领带动作用；也要重视发现和培育一批有潜力的企业，引导和支持其创新发展为名副其实的单项冠军企业。

坚持示范引领与总结推广相结合。筛选并公布一批制造业单项冠军示范企业与单项冠军培育企业名单，发挥其引领带动作用。注重总结企业的成功经验和好的做法，通过多种方式进行推广。

（三）目标任务

到 2025 年，总结提升 10 家云南制造业单项冠军示范企业，巩固和提升企业全球市场地位，技术水平进一步跃升，经营业绩持续提升；发现和培育 20 家有潜力成长为单项冠军的企业，支持企业培育成长为单项冠军企业，总结推广一批企业创新发展的成功经验和发展模式，引领和带动更多的企业走"专特优精"的单项冠军发展道路。

二、主要条件

企业可根据自身情况自愿申请单项冠军示范企业（以下简称示范企业）或单项冠军培育企业（以下简称培育企业）。申请示范企业和培育企业的条件为：

（一）示范企业

1. 聚焦有限的目标市场，主要从事制造业 1 - 2 个特定细分产品市场，从事 2 个细分产品市场的，产品之间应有直接关联性，特定细分产品销售收入占企业全部业务收入的比重在 60% 以上。

细分产品可参照现行《统计用产品分类目录》的产品分类或行业分类惯例，企业近 2 年研发上市且无法归入《统计用产品分类目录》的产品视为新产品。

2. 在相关细分产品市场中，拥有强大的市场地位和很高的市场份额，单项产品市场占有率位居全球前 20 或全国前 10 位。

3. 生产技术、工艺国际或国内领先，产品质量精良，相关关键性能指标处于国际或国内同类产品的领先水平。企业持续创新能力强，拥有核心自主知识产权（在中国国境内注册，或享有独占许可权利，并在中国法律的有效保护期内的知识产权），主导或参与制定相关业务领域技术标准。

4. 企业经营业绩优秀，利润率超过同期同行业企业的总体水平。企业重视并实施国际化经营战略，市场前景好。

5. 企业长期专注于瞄准的特定细分产品市场，从事相关业务领域的时间达到 5 年或以上，或从事新产品生产经营的时间达到 2 年或以上。

6. 符合工业强基工程等重点方向，从事细分产品市场属于制造业关键基础材料、核心零部件、专用高端产品，以及属于制造强国战略重点领域技术路线图中有关产品的企业，予以优先考虑。

7. 制定并实施品牌发展战略，建立完善的品牌培育管理体系并取得良好绩效，公告为工业和信息化部工业品牌建设和培育示范的企业以及列入工业和信息化部质量标杆的企业优先考虑。

8. 企业近三年无环境违法记录，企业产品能耗达到能耗限额标准先进值。

9. 具有独立法人资格，具有健全的财务、知识产权、技术标准和质量保证等管理制度。

（二）培育企业

1. 聚焦有限的目标市场，主要从事制造业 1－2 个特定细分产品市场，从事 2 个细分产品市场的，产品之间应有直接关联性，特定细分产品销售收入占企业全部业务收入的比重在 50% 以上。

2. 在相关细分产品市场中，拥有较高的市场地位和市场份额，单项产品市场占有率位居国内前 20 位。

3. 生产技术、工艺国内领先，产品质量高，相关关键性

能指标处于国内同类产品的领先水平。企业创新能力较强，拥有自主知识产权。

4. 企业经营业绩良好，利润水平高于同期一般制造企业的水平。企业重视并实施市场化经营战略，市场前景好，有发展成为相关领域国际或国内领先企业的潜力。

5. 专注于企业瞄准的特定细分产品市场，从事相关业务领域的时间达到 2 年或以上。

6. 符合工业强基工程等重点方向，从事细分产品市场属于制造业关键基础材料、核心零部件、专用高端产品，以及属于制造强国战略重点领域技术路线图中有关产品的企业，予以优先考虑。

7. 实施系统化品牌培育战略并取得良好绩效，公告为工业和信息化部工业品牌建设和培育试点的企业、列入省级质量标杆名单的企业优先考虑。

8. 企业近三年无环境违法记录，企业产品能耗达到能耗限额标准先进值。

9. 具有独立法人资格，具有健全的财务、知识产权、技术标准和质量保证等管理制度。

三、组织实施

（一）组织推荐

各州、市工业和信息化委负责组织本地区制造业企业的推荐工作。企业根据相关条件要求自愿申请示范企业或培育企业，申请示范企业的，填写《企业申请书》（见附件1）；申请培育企业的，填写《企业申请书》，并编制《培育发展方案》（参考附件2），明确今后3-5年的目标任务、具体计划和措施。

各州、市工业和信息化委按照本方案要求，组织遴选并推荐企业，提出推荐意见，连同正式上报文件、申请书、培育发展方案等（纸质材料一式三份）报送省工业和信息化委（产业政策处）。

（二）论证公告

省工业和信息化委组织专家对推荐企业进行论证，对通过论证的企业，网上公示其企业基本情况，公示无异议的，分别公告为"云南制造业单项冠军示范企业"（以下简称示范企业）和"云南制造业单项冠军培育企业"（以下简称培育企业）。

（三）培育提升

公布的示范企业和培育企业（以下统称两类企业）要部署落实和组织实施培育提升工作。示范企业要围绕细分市场进一步做专、做精、做强，加大研发投入，持续提升技术创新能力，提高产品质量，培育国际品牌，全面巩固和提升全球市场地位。培育企业要按照《培育发展方案》，明确任务分工和实施进度，确保资金投入，每年报送相关工作进展情况，力争尽早达到示范企业的条件要求。组织企业开展同行业单项冠军企业对标活动，瞄准标杆企业查找出差距和薄弱环节，不断加以改进，向标杆企业看齐。组织专家开展培育提升诊断咨询活动。

（四）动态管理

省工业和信息化委对两类企业实行动态管理，对示范企业每3年组织一次评估，培育企业在落实完成《培育发展方案》各项任务、自评达到示范企业要求后提出评估申请。申请评估的企业须填写《评估申请表》（见附件3）报州市工业和信息化主管部门。州市工业和信息化主管部门填写评价意见后报省工业和信息化委。省工业和信息化委组织专家进行评估，对达不到相关要求的企业按程序撤销相关公告，对达到示范企业要求的培育企业，公告为"云南制造业单项冠军示范企业"。省工业和信息化委将根据最终评审结果，从中择优向工业和信息化部推荐申报国家制造业单项冠军示范（培育）企业。

四、保障措施

（一）加强政策支持。对两类企业申报国家或省级有关技术改造、工业强基工程、重大专项、节能减排、工业跨越发展等资金支持的项目，以及申报国家级或省级企业技术中心、技术创新示范企业、工业设计中心的，予以优先支持。加强对企业的跟踪，分析企业发展面临的突出问题，研究完善促进制造业单项冠军企业创新发展的政策措施。

（二）开展总结示范。加强对两类企业的跟踪管理，认真总结企业在培育提升工作中典型经验和好的做法，每年选择一批典型经验，通过编写案例集、组织培训班、召开经验交流会、企业现场会等多种形式进行示范推广。总结归纳国际国内单项冠军企业的成功经验，组织企业学习交流。

（三）强化组织领导。各州、市工业和信息化主管部门要做好单项冠军企业培育提升工作的组织实施，加强对示范企业和培育企业的指导、跟踪和服务，建立工作阶段性总结和监督检查制度。鼓励地方对两类企业给予政策支持。相关行业协会要加强服务，指导企业开展对标，提供培育提升诊断咨询服务，推广典型经验。

附件：1. 企业申请书

2. 培育发展方案（编制提纲）

3. 评估申请表

江西省制造业单项冠军企业认定管理办法（试行）

（赣工信产业字〔2017〕315号）

第一章 总 则

第一条 为贯彻落实制造强国战略，突破制造业关键重点领域，促进制造业迈向中高端，推动我省工业结构调整和转型升级，根据《工业和信息化部关于印发〈制造业单项冠军企业培育提升专项行动实施方案〉的通知》（工信部产业〔2016〕105号）精神，结合我省实际，制定本办法。

第二条 本办法所指的制造业单项冠军企业是指长期专注于制造业某些特定细分产品市场，生产技术或工艺先进，单项产品市场占有率位居全国前列的企业。

第三条 江西省工业和信息化委员会（以下简称省工信委）负责全省制造业单项冠军企业的评审和认定。各设区市、省直管试点县（市）工信委（局）负责本地企业的初审和推荐上报，并协助省工信委对被认定为制造业单项冠军企业的指导和管理。

第四条 制造业单项冠军企业认定，遵循自愿、择优和公开、公平、公正的原则。

第二章 基本条件

第五条 企业可根据自身情况自愿申请制造业单项冠军示范企业（以下简称示范企业）或制造业单项冠军培育企业（以下简称培育企业）。

第六条 申请示范企业的条件为：

（一）聚焦有限的目标市场，主要从事制造业1-2个特定细分产品市场；从事2个细分产品市场的，产品之间应有直接关联性，特定细分产品销售收入占企业全部业务收入的比重在42%以上。

细分产品可参照现行《统计用产品分类目录》的产品分类或行业分类惯例，企业近3年研发上市且无法归入《统计用产品分类目录》的产品视为新产品。

（二）在相关细分产品市场中，拥有较强的市场地位和较高的市场份额，单项产品市场占有率位居全国前10位。

（三）生产技术、工艺国内领先，产品质量精良，相关关键性能指标处于国内同类产品的先进水平。企业持续创新能力强，拥有自主知识产权。

（四）企业经营业绩良好，利润率高于同期同行业企业的总体水平。市场前景好，有发展成为相关领域国内乃至国际领先企业的潜力。

（五）企业长期专注于瞄准的特定细分产品市场，从事相关业务领域的时间达到 5 年及以上，或从事新产品生产经营的时间达到 3 年及以上。

（六）符合工业强基工程等重点方向，从事细分产品市场属于制造业关键基础材料、核心零部件、专用高端产品，以及属于制造强国战略重点领域技术路线图中有关产品的企业，予以优先考虑。

（七）制定并实施品牌战略，建立完善的品牌培育管理体系并取得良好绩效。

（八）企业近三年无违法记录，企业产品能耗达到能耗限额标准值。

（九）企业落实产品质量主体责任，建立健全内部产品质量管理制度，在近三年省级以上产品质量监督抽查中无不合格产品。

（十）具有独立法人资格的规模以上工业企业，具有健全的财务、知识产权、技术标准和质量保证等管理制度，国家实施市场准入管理的产品，企业应当依法取得相应的资质。

第七条　申请培育企业的条件为：

（一）聚焦有限的目标市场，主要从事制造业 1－2 个特定细分产品市场；从事 2 个细分产品市场的，产品之间应有直接关联性，特定细分产品销售收入占企业全部业务收入的比重在 30% 以上。

（二）在相关细分产品市场中，拥有较高的市场地位和市场份额，单项产品市场占有率位居全国前 20 位。

（三）生产技术、工艺先进，产品质量高。企业创新能力较强，拥有自主知识产权。

（四）企业经营业绩良好，利润水平高于同期一般制造企业的水平。市场前景好，有发展成为相关领域国内领先企业的潜力。

（五）长期专注于企业瞄准的特定细分产品市场，从事相关业务领域的时间达到 3 年或以上。

（六）符合工业强基工程等重点方向，从事细分产品市场属于制造业关键基础材料、核心零部件、专用高端产品，以及属于制造强国战略重点领域技术路线图中有关产品的企业，予以优先考虑。

（七）企业重视并实施品牌战略，建立完善的品牌培育管理体系并取得良好绩效。

（八）企业近三年无违法记录，企业产品能耗达到能耗限额标准标准值。

（九）企业落实产品质量主体责任，建立健全内部产品质量管理制度，在近三年省级以上产品质量监督抽查中无不合格产品。

（十）具有独立法人资格的规模以上工业企业，具有健全的财务、知识产权、技术标准和质量保证等管理制度，国家实施市场准入管理的产品，企业应当依法取得相应的资质。

第三章　申报程序

第八条　申报企业须通过所在县（市、区）工信委（局）向设区市工信委提出申请（省直管县、市除外），并提交以下材料：

（一）《制造业单项冠军示范（培育）企业申请书》（详见附件1）；

（二）培育发展方案（申请培育企业时适用）（详见附件2）；

（三）企业营业执照副本复印件，全国工业产品生产许可证（国家实施市场准入管理的产品适用）复印件；

（四）主营产品的市场占有率相关证明材料（可由行业协会或相关的中介机构提供）；

（五）近3年获得的知识产权、质量认证、质量荣誉、品牌荣誉等相关证明材料；

（六）专业机构出具的专项审计报告，包括但不限于销售收入、单个主要产品的销售收入、R&D支出与主营业务收入之比等申报表格中的财务指标；

（七）其他证明材料。

第九条　设区市工信委和省直管县（市）工信委（局）组织对申报企业进行初审，择优推荐，并在规定时间内将推荐上报文件和推荐企业的申请材料报送省工信委。

第十条　省工信委组织专家对各地推荐企业的申请材料进行审核评定，确定企业名单，并在省工信委网站公示。

第十一条　省工信委对公示无异议的企业认定为"江西制造业单项冠军示范企业"和"江西制造业单项冠军培育企业"。

第四章 管 理

第十二条 省工信委对两类企业实行奖励和管理。

第十三条 有下列情况之一的，撤销其江西省制造业单项冠军示范（培育）企业称号：

（一）弄虚作假、违反相关规定或有违法行为的；

（二）所在企业自行要求撤销的；

（三）所在企业被依法终止的。

第十四条 因第十三条第（一）项原因被撤销江西省制造业单项冠军示范（培育）企业称号的，企业在三年内不得申请。

第五章 附 则

第十五条 本办法由省工信委负责解释。

第十六条 本办法自发布之日起实施。

天津市工业和信息化委落实
《天津市关于加快推进智能科技产业发展若干政策》实施细则

（津工信规划〔2018〕4号）

根据《天津市人民政府办公厅印发天津市关于加快推进智能科技产业发展若干政策的通知》（津政办发〔2018〕9号）（以下简称《若干政策》），制定本实施细则。

一、政策支持目标

落实天津市关于加快推进智能科技产业发展的若干政策，抢抓智能科技产业发展的重大战略机遇，加强政策引导和扶持，用好智能制造财政专项资金，以智能制造产业链、创新链的重大需求和关键环节为导向，重点支持传统产业实施智能化改造，支持工业互联网发展，促进军民融合发展，加快智能机器人、智能软硬件等新兴产业引育，着力打造一批样板车间、示范工厂，为智能科技企业提供应用场景和市场空间，不断优化我市智能科技产业发展环境。

二、"智造"政策十条

（一）支持企业智能化升级

1. 支持智能制造试点示范项目建设。支持市级智能制造试点示范和应用展示中心建设，树立智能制造示范标杆，参照申报国家级智能制造试点示范项目标准，被认定为市级示范智能工厂、数字化车间，且通过竣工验收的智能制造企业，给予一次性300万元补助。市级智能制造试点示范项目获得国家工信部智能制造试点示范立项批复后，再次给予200万元补助。

2. 支持企业购置先进设备实施智能化改造。对已经开工且在年内竣工，项目总投资在1 000万元以上的在建项目，由企业自行选择通过以下三种方式之一给予一次性支持：一是按设备总投资的3%给予补助；二是按设备贷款金额的5%给予贴息（最高不超过实际贷款利率）；三是按设备融资租赁综合费率（租赁利率与手续费之和）中的8个百分点给予补贴（最高不超过实际综合费率）。

每个项目资金支持总额不超过5 000万元。

3. 支持本市工业企业开展智能化改造咨询诊断。对经认定的第三方专业机构为企业建设智能工厂、数字化车间和实施智能化改造提供的咨询、诊断服务，按照每家企业不超过8万元的标准给予服务机构奖励；对制定智能制造整体解决方案并启动实施的企业，按照实际支付服务费用的50%给予补贴，最高不超过50万元；对列入国家和市级两化融合管理体系贯标试点，两年内通过国家贯标评定的企业，给予一次性50万元补贴。每家企业上述行为补贴资金之和最高不超过100万元。

（二）支持工业互联网发展

1. 支持企业向"互联网＋智能制造"转型。支持本市企业围绕信息技术重点环节的应用、传统产业网络化升级改造、互联网制造新模式、互联网的"双创"等各类支撑平台、工业云和工业互联网平台、工业互联网体验中心等方向，对列入市级示范的项目，按项目实际投资额的20%给予补助，最高不超过200万元。

2. 支持工业企业上云。兑付向科技型、创新型、高成长型、"专精特新"等国家及市级各类试点示范企业和重点培育企业发放，并经企业按规定使用的"云惠券"。支持工业企业核心业务系统和重点设备"上云上平台"，运用工业互联网新技术、新模式实施数字化、网络化、智能化升级，对企业业务系统云端迁移示范项目给予不超过实际投资额20%、最高不超过50万元的资金支持。

（三）支持机器人产业发展

1. 支持实施"机器换人"工程。支持我市企业购买使用机器人、具备联网功能数控机床、增材制造等智能制造核心装备，提升企业智能化生产水平，对首次购买使用工业机器人等智能装备的应用企业，所购产品须用于本企业生产活动，按购买价格的15%给予补助，每家企业年度补助总额不超过1 000万元。

2. 支持本市自主品牌机器人发展。鼓励本市自主品牌机器人骨干企业以优惠价格销售给本市企业，以优惠30%的价格向本市企业销售机器人并实际使用的，对生产企业按销售优惠额度给予事后奖补，最高不超过30%。销售价格是由第三方机构在充分市场调研基础上，已有型号的机器人主要参考生产企业上一年度销售平均价格，新型机器人主要参考同类型产品平均销售价格。

（四）支持集成电路产业发展

1. 支持本市集成电路设计企业发展。支持集成电路设计重点企业发展，对上一年度年销售收入首次超过 5 000 万元的企业，给予一次性 200 万元奖励；上一年度年销售收入首次超过 1 亿元的企业，给予一次性 300 万元奖励。

2. 支持集成电路产业重点项目建设。对获批国家"核高基"等重大专项资金支持项目，以及"芯火"基地（平台）等集成电路产业试点示范项目，按实际获得国家支持金额给予等额资金奖励，每个项目最高不超过 3 000 万元。

（五）支持软件和信息服务业发展

1. 支持软件和信息服务业企业发展。支持软件和信息技术服务业重点企业发展，对上一年度软件和信息技术服务业收入首次超过 1 亿元的企业，承诺三年内保持增长的，给予一次性 100 万元奖励，奖励资金需用于研发投入和奖励核心研发人员（奖励不可重复享受）；对上一年度软件和信息技术服务业收入首次超过 10 亿元的企业，承诺三年内保持增长的，给予一次性 200 万元奖励，奖励资金需用于研发投入和奖励核心研发人员（奖励不可重复享受）。

2. 支持软件和信息服务业示范项目。支持软件和信息技术服务业重点项目建设，获得国家"核高基"重大专项的软件和信息服务业项目，给予国家支持资金 1:1，最高不超过 1 000 万元的配套资金补助；获得国家软件和信息服务业领域试点示范应用项目，给予实际投资额 20%，最高不超过 500 万元的资金补助。

（六）支持大数据产业发展

1. 支持大数据产业重点项目。支持大数据企业面向重点行业领域，围绕数据采集存储、分析挖掘、安全保护等环节突破关键技术瓶颈，研发大数据存储管理、大数据分析挖掘、大数据安全保障等领域产品。对符合条件的项目给予不超过项目实际投资额 20%，最高不超过 500 万的资金支持。

2. 支持大数据应用示范工程。支持大数据企业在重点行业研发、设计、生产、管理等全生命周期深入应用，积极申报工业和信息化部等部门批准的国家级试点示范，对获批项目企业给予一次性奖励，按照项目实际投资额的 20% 给予补助，最高不超过 500 万元。

（七）培育新模式应用示范

1. 支持智能制造新模式应用项目。对承担国家智能制造标准化与新模式项目的工业企业，经验收合格后，按实际获得国家支持金额给予等额资金奖励，每个项目最高不超过 1 000 万元。参照《工信部智能制造综合标准化与新模式应用项目要素条件》，被认定为市级智能制造新模式应用项目的企业，经验收合格后，给予不超过项目实际投资额 15%，最高不超过 800 万元的补助。总补助资金不超过项目实际投资额。

2. 支持首台（套）重大技术装备集成应用。参照《国家首台（套）重大技术装备推广应用指导目录》中重点支持方向，根据我市装备技术水平，确定我市首台（套）重大技术装备产品名单，对列入名单的制造企业，按照所列装备年度最多不超过三批次、100 台（套），单台（套）销售额的 3% 给予补助。其中，成套设备奖励最高不超过 300 万元，单台设备奖励最高不超过 200 万元，关键零部件奖励最高不超过 100 万元。对获得国家首台（套）重大技术装备保费补贴的企业，额外给予一次性 150 万元奖励。

（八）加强智能科技领域军民融合发展

1. 支持智能科技领域军民融合产业化项目。支持军民融合领域企业智能软硬件产品产业化及提升产业化水平投资项目，按照实际投资额的 30% 给予补助，单个项目最高不超过 500 万元。对纳入《关于加快军民融合龙头工程、精品工程和重要项目建设意见》和《天津市智能科技领域军民融合专项行动计划》的智能科技领域军民融合重点示范项目优先支持。

2. 支持军民两用技术双向转化研发。支持军工技术转民用研发，对我市企事业单位参与武器装备、网信军民融合、国防科技工业等领域军民融合研发，按照企业对该项目研发经费的 30% 给予补助，单个项目最高不超过 200 万元。

3. 支持企事业单位获取军工资质。对通过武器装备科研生产单位保密资质认证、武器装备科研生产许可证认证、国军标质量管理体系认证、武器装备承制单位资格名录认证的企事业单位，给予一次性补助，每个证书给予 15 万元补助，每个单位合计不超过 50 万元。

（九）提升智能科技研发创新能力

1. **支持制造业创新中心建设。** 支持制造业创新中心提升创新能力，鼓励市级制造业创新中心搭建检测实验室、购买研发仪器设备，增强自身创新能力建设。对市级制造业创新中心的创新能力建设项目给予无偿资助，每个项目每年支持不超过500万元，连续支持3年。支持市级制造业创新中心创建国家制造业创新中心，对升级成为国家制造业创新中心的，以资金配套补贴方式给予资金支持，以获得国家制造业创新中心专项资金数额为依据，给予1:1地方资金配套支持。

2. **支持创建国家级企业研发平台。** 支持天津市企业技术中心所在企业创建国家企业技术中心。对由天津市推荐申报，并认定为国家企业技术中心的企业，一次性奖励50万元。

（十）培育引进骨干企业

1. **支持制造业单项冠军企业。** 支持企业长期专注于制造业特定细分产品市场，不断提升生产技术和产品市场占有率。对被国家工信部认定为制造业单项冠军的我市智能科技领域企业，给予2 000万元奖励；认定为单项冠军产品的，给予500万元奖励。

2. **支持智能科技龙头企业。** 支持本市智能科技领域龙头企业发展，对技术水平处于行业领先地位、主要产品市场占有率全国领先的龙头企业，经认定后给予资金奖励。对于主营产品市场占有率全国前三的龙头企业，给予500万元资金奖励；对于主营产品市场占有率位居全国前十且全市前两位的龙头企业，给予300万元资金奖励。

其他国家要求和市政府批准事项。

上述政策所需资金由市、区两级财政分别承担50%。

三、支持方式

1. **项目类。** 专项资金采取无偿资助方式对项目予以支持。视项目建设周期，采取一次性补助和分阶段补助两种形式。对于项目建设周期在一年及以内的项目，采取一次性奖补的方式；对于项目建设周期在一年以上的，分阶段目标进行考核，考核通过的通过再立项下达专项资金。

2. **奖补类。** 对达到奖励补助标准的企业，通过第三方机构认定后，予以一次性奖补。

3. 市财政专项资金拨付后1个月内，各区1:1配套资金需足额及时到位。

4. 优先支持。对国家新型工业化产业示范基地、制造强国示范区内的企业、项目，同等条件下优先考虑。

四、申报及评审

（一）申请单位应在天津市注册一年以上，税务征管关系在本市范围内，运营和财务状况良好。

（二）企业应在天津市两化融合评估系统（tjpg.cspiii.com）中完成年度两化融合发展水平自评估。

（三）已通过其他渠道获得天津市财政资金支持的项目，不得申请本资金。同一项目，不得重复申报。

（四）详细申报要求见每年度专项申报指南。

五、绩效评价和监督管理

（一）专项资金实施全过程绩效管理。市工业和信息化委按照本市绩效评价管理办法规定，完成对上一年度专项资金安排使用情况的绩效自评。市工业和信息化委、市财政局可通过政府购买服务等方式确定绩效评价实施单位，对专项资金的分配使用、实施效果等进行评价，所需经费可在专项资金中列支。

（二）专项资金申报单位对提出的申报材料负责；专项资金项目承担单位对资金使用负责。对于专项资金申报单位和专项资金项目承担单位提供虚假申报材料、恶意串通等骗取专项资金违法行为，依照《财政违法行为处罚处分条例》等国家有关规定进行处理。有关财政、工业和信息化等部门及其工作人员存在违规分配或使用资金，以及其他滥用职权、玩忽职守、徇私舞弊等违法违纪行为的，按照《中华人民共和国预算法》《中华人民共和国公务员法》《中华人民共和国行政监察法》《财政违法行为处罚处分条例》等有关国家规定追究相应责任；涉嫌犯罪的，移送司法机关处理。相关企业在专项资金申请、管理、使用过程中存在违法违纪行为的，依照相应法律法规处理，追回财政专项资金，两年内停止其财政资金申报资格，并向社会公开其不良信用信息。

注：政策最终解释以《天津市智能制造资金管理暂行办法》和《天津市智能制造项目管理暂行办法》为准。

宁波市制造业单项冠军培育工程三年
攻坚行动计划（2017－2019年）

（甬工推进办〔2017〕13号）

为贯彻落实《"制造强国战略"宁波行动纲要》，扎实推进制造强市建设，根据工信部《制造业单项冠军企业培育提升行动实施方案》和《宁波市建设"制造强国战略"试点示范城市实施意见》文件精神，特制订本行动计划。

一、总体要求

制造业单项冠军企业是指长期专注于制造业某些特定细分产品市场，生产技术或工艺国际领先，单项产品市场占有率位居全球前列的企业。制造业单项冠军企业是制造业创新发展的基石，实施宁波市制造业单项冠军培育工程，有利于引导企业树立"十年磨一剑"的精神，长期专注于企业擅长的领域，走"专精特新"发展道路；有利于贯彻落实制造强国战略，突破制造业关键重点领域，促进制造业迈向中高端，为实现制造强市战略目标提供有力支撑；有利于在全球范围内整合资源，占据全球产业链重要地位，提升制造业国际竞争力。

（一）基本思路

围绕制造强市战略，选择一批行业地位突出、技术领先、发展潜力大、符合产业导向、有望成为细分领域制造业单项冠军的企业进行重点培育，以企业为主体，市场为导向，结合大企业大集团、"三名"企业、龙头骨干企业、高成长企业、示范企业培育计划和工业强基工程，集中要素资源，营造有利于企业做大、做优、做强、做精的良好氛围，带动一批企业成长为单项冠军企业，促进冠军企业进一步做优做强，巩固和提升其行业地位。通过示范认定、经验总结和模式推广，引导更多企业走"专精特新"发展道路，进一步夯实我市制造业发展基础，助力全市社会经济转型升级。

（二）培育企业遴选条件

单项冠军培育企业遴选条件主要包括以下几点：

1. 主要从事制造业 1－2 个特定细分产品市场，特定细分产品销售收入占企业全部业务收入的比重在 50% 以上；

2. 在相关细分产品市场中，拥有较高的市场地位和市场份额，单项产品市场占有率位居国内前 10 位；

3. 长期专注于企业瞄准的特定细分产品市场，从事相关业务领域的时间达到 3 年以上；

4. 生产技术、工艺国内领先，产品质量高，相关关键性能指标处于国内同类产品的领先水平，创新能力较强，拥有自主知识产权等。

（三）培育企业遴选步骤

单项冠军企业认定工作分为调查入库、遴选认定、跟踪考核等环节。通过企业自荐、各区县（市）经信部门或工业行业协会推荐，逐步将单项产品市场占有率位居国内前 10 位的企业纳入后备企业名单，形成制造业单项冠军培育后备企业名录库；开展市级单项冠军培育企业遴选评审，通过企业申报并制定培育发展方案、专家评审并提出培育发展意见建议、评审结果公示等环节，确定列入宁波市制造业单项冠军培育企业名单；对列入培育名单的企业进行跟踪和考核，实行优胜劣汰、能进能出的动态化管理，推动单项冠军培育工程取得实效。

二、总体目标

至 2019 年，纳入市制造业单项冠军企业培育库的企业达到 200 家以上，列入市制造业单项冠军培育企业 100 家（其中认定市制造业单项冠军示范企业 40 家左右）；争取列入国家制造业单项冠军示范企业 10 家，国家制造业单项冠军培育企业 20 家；其中，2017 年，列入市制造业单项冠军培育企业 60 家（其中认定市制造业单项冠军示范企业 20 家左右），争取列入国家级培育企业 4 家、国家级示范企业累计达到 4 家。

三、重点任务

（一）推进大企业大集团培育，促进一批综合实力强的企业成为单项冠军

实施大企业大集团培育计划，促使一批经营规模大、经济效益好、技术创新能力强、主导产品突出的优势企业加快发展、创新发展，形成一批综合实力强、

具有国际影响力、行业竞争力的大企业大集团。营造大企业大集团发展的良好环境，鼓励企业充分利用人才、资金等各种优势，不断开拓新业务；支持企业实施兼并、重组、上市战略，做大总部经济，不断扩大企业规模，提高综合实力；聚焦重点产业领域，引导企业树立国际化经营理念，支持企业以股权投资、战略联盟和技术许可等方式开展跨国经营，鼓励企业利用技术并购、品牌并购和资产并购等方式抢占产业主导权，培育一批具有较强国际竞争力的跨国企业集团；鼓励企业实施"三名"战略，推动企业技术创新、管理创新、制造方式创新和商业模式创新，促进企业练好内功、做大做强。实行单项冠军企业培育与大企业大集团培育相结合，引导大企业大集团在做大、做强实体经济的基础上，做精、做优主业，发挥综合实力强的优势，加大投入，加快主导产品创新发展，提高行业竞争力，力争使主导产品成为细分领域的单项冠军。至 2019 年，力争培育形成千亿级企业 3～5 家，培育形成年收入 100 亿元以上企业 20 家，省"三名"培育试点企业 15 家，市"三名"培育试点企业 50 家。

（二）推进行业骨干企业培育，促进一批产业带动性强的企业成为单项冠军

在"3511"产业特别是稀土磁性材料、高端金属合金材料、石墨烯、专用装备、关键基础件、光学电子、集成电路、工业物联网等八大细分行业，实施行业骨干企业培育计划，鼓励行业骨干企业通过创新、投资、并购等多种途径做大做强，建立行业骨干企业培育机制，发挥行业骨干企业对产业发展的支撑和带动作用。实行单项冠军企业培育与行业骨干企业培育相结合，引导企业在巩固现有全市行业领先地位的基础上，开拓创新、勇争一流，力争换挡升级，跃升成为该细分领域的全国行业冠军。至 2019 年，每个细分领域培育行业骨干企业 3－5 家。

（三）推进高成长企业培育，促进一批增长爆发力强的企业成为单项冠军

在新材料、高端装备和新一代信息技术等重点行业及其他行业中的"机器换人"、智能制造、服务型制造业等新型制造模式企业中遴选一批成长潜力大、创新能力强、科技含量高、商业模式新、产业特色鲜明的高成长企业进行重点培育，建立高成长企业培育与评价机制，每年动态选择一批企业纳入高成长企业培育计划，制定专项扶持政策，支持企业加大技改投入、加快发展，对达到培育目标的给予奖励。通过落实扶持政策，加大工作推进力度，形成一批具有持续创新能力、爆发增长性的高成长企业，带动全市工业经济快速发展。实行单项冠军企

业培育与高成长企业培育相结合，引导部分行业地位较高、技术水平较好、有潜力成为单项冠军的高成长企业，进一步加大投入，提高技术水平、产品质量和市场竞争力，加速成为细分领域的单项冠军。至2019年，列入高成长企业培育计划达到100家企业。

（四）推进各类示范企业培育，促进一批创新能力强的企业成为单项冠军

实施创新型领军企业培育计划，围绕云制造、大规模个性化定制、服务型制造等生产性服务业领域，开展新模式、新业态的示范探索，培育一批重点领域具有持续创新能力的示范引领性企业；聚焦智能制造、绿色制造等重大工程，制定专项企业试点示范培育计划，培育一批重点工程示范引领性企业；开展技术创新、产品创新、两化融合等领域示范企业培育，形成一批特征明显、技术领先、模式创新、行业带动性强的典型示范企业，通过典型案例的总结提炼、学习交流和宣传推广，进一步扩大我市示范企业的影响力，带动和引领全市企业转型升级。实行单项冠军企业培育与各类示范企业培育相结合，引导企业实施创新战略，围绕制造强国战略行动纲要、制造业＋互联网等方面，先行先试，勇于创新，在不同应用领域、不同发展方向，积极探索，创新发展，促使一批创新能力强的先进典型发展成为单项冠军企业。至2019年，国家级技术创新示范企业达到10家、市级技术创新示范企业50家，培育形成智能制造等各类示范企业50家以上。

（五）推进"专精特新"企业培育，促进一批行业竞争力强的中小企业成为隐形冠军

实施"专精特新"企业培育计划，鼓励中小企业集聚要素资源，深耕主业；树立"工匠精神"，开展精细化管理和全过程质量管控；聚焦特色优势，形成特有的核心竞争力；开展技术创新、管理创新和商业模式创新，增强快速更新能力，逐步推动中小企业向"专业化、精品化、特色化、创新型"发展。实行单项冠军企业培育与"专精特新"企业培育相结合，推动关键基础材料、核心基础零部件（元器件）及其他领域的中小型生产企业，专注核心业务，增强专业化生产和协作配套的能力，追求产品品质，注重特色发展，增强持续创新能力，成为国内外细分市场的领导者，形成一批走"专精特新"发展道路的"隐形冠军"。至2019年，争取50家中小企业纳入省隐形冠军培育库，10家中小企业成为省隐形冠军企业。

四、保障措施

（一）建立培育推进机制

建立市制造业单项冠军培育工作联合推进机制，明确培育工程各项工作的责任主体，充分发挥市级各部门、各级经信部门、各工业行业协会的作用。建设制造业单项冠军企业培育库，征集各细分产品领域专家，成立市制造业单项冠军企业审核专家组，为市制造业单项冠军企业认定评估工作提供保障。组织优质服务机构为培育企业提供针对性专项服务，有条件的区县（市）可以提供一对一"订单式"服务，提高培育的有效性。

（二）加强精准服务

积极开展针对性帮扶，助力培育企业进一步巩固提升和发展创新。加大对培育企业技术创新支持力度，鼓励企业建立和完善企业技术创新机构，不断提高企业创新能力；支持培育企业实现研发、生产、管理、销售等全流程和全产业链的信息化集成应用；支持培育企业提升质量控制技术，完善质量管理机制，促进质量标准提升工作；鼓励企业建立品牌培育管理体系，开展品牌建设、品牌打造、品牌宣传推广等活动，逐步树立企业品牌在细分产业中的行业地位。

（三）实施动态化管理

要求培育企业对照单项冠军企业培育发展方案开展年度自评，每三年由市经信委组织专家对企业进行综合评价，淘汰评价不合格的企业，并将符合要求的潜力企业纳入到培育企业名单中。评价合格并符合相关条件的，推荐申报国家级制造业单项冠军培育（示范）企业，并优先推荐申报国家相关支持项目。评价优秀的培育企业作为认定市级单项冠军示范企业的依据。通过实行优胜劣汰、能进能出的动态化管理，有效保障单项冠军企业培育品质，提高培育成效。

（四）加大宣传和政策支持力度

通过组织培训班、召开经验交流会等多种方式，开展企业之间培育工作的经验交流，巩固和推进全市培育工作取得成效。每年认定一批市级制造业单项冠军示范企业进行总结推广，带动更多的企业走"专精特新"的单项冠军发展道路。

强化对各类制造业单项冠军企业的扶持力度，优先享受技术改造、工业强基、企业信息化提升、节能减排、产品创新、品牌培育等相关政策，对符合条件的企业实施"一企一策"和财政贡献奖励等扶持政策；对被列入国家级制造业单项冠军示范（培育）的企业和被认定为市级单项冠军示范的企业给予一定奖励。

（五）合力扶持促进发展

各部门要形成合力，共同做好单项冠军企业培育工作。科技部门要帮助企业提升技术创新能力，开展产学研合作，优先安排承担相关科技专项；执法部门要为单项冠军培育企业的发展提升保驾护航，保护企业品牌、知识产权，打击假冒、侵权行为；金融部门要重点支持培育企业发展，帮助符合条件的企业在境内外上市；人才部门要积极帮助企业引进急需人才，表彰贡献突出的优秀企业家；宣传部门要加强对单项冠军企业的宣传力度，大力宣传企业和企业家创新发展、追求卓越的典型事迹，引导更多的企业走"专精特新"的单项冠军发展道路。

青岛市关于促进先进制造业加快发展的若干政策

（青政发〔2017〕4号）

为全面落实《国务院关于印发〈制造强国战略〉的通知》（国发〔2015〕28号）和《国务院关于深化制造业与互联网融合发展的指导意见》（国发〔2016〕28号），进一步发挥财政政策的激励引导作用，加快推进具有国际竞争力的先进制造业基地建设，现制定如下政策：

一、支持企业做大做强

（一）培育具有国际竞争力企业。对符合我市产业升级方向，首次入选"世界500强""中国500强""山东省100强"的制造业企业，分别给予1 000万元、300万元、100万元奖励。对年营业收入首次超过500亿元、100亿元、50亿元、30亿元的制造业企业，分别给予企业经营者100万元、50万元、30万元、20万元奖励；对年营业收入首次超过10亿元的高技术制造业、战略性新兴产业企业，给予企业经营者20万元奖励。央企、跨国公司、中国500强、行业排名前十名的领军企业在我市新设立公司、迁入大型企业并达到总部企业认定标准的，按"一企一策"原则给予综合支持。

（二）培育具有专长的中小企业。对经工业和信息化部认定的全国制造业单项冠军示范企业、培育企业，分别给予100万元、50万元奖励；新认定的中小企业"隐形冠军"给予相应奖励。对"专精特新"小微企业技术改造、产业链协作配套项目给予补助。

二、加快产业转型升级

（三）鼓励企业加大技术改造。实施技术改造事后奖补政策，对达到一定标准的规模以上制造业企业，综合考虑上一年度项目设备投资和新增财政贡献，给予事后普惠奖补，单个项目最高不超过300万元；其中高技术制造业和战略性新兴产业企业，单个项目最高不超过500万元。鼓励企业"机器换人"，对购买使用工业机器人产品的企业，按设备购置款的10%给予最高不超过200万元补助；在危险程度高的化工、民爆等行业，推广应用安防、排爆、巡检、救援等特种机器人的，单个企业最高补助不超过500万元。

（四）深化制造业与互联网融合发展。对实现计算机辅助设计应用、管理信息系统集成应用、工业控制系统信息安全提升等具有"互联网＋"融合特征，且投资100万元以上的竣工项目，按照项目投入的10%给予最高不超过100万元补助。面向重点行业开展制造业与互联网融合发展应用试点示范，对新认定的互联网工业平台、智能工厂或互联工厂、数字化车间或自动化生产线，分别给予300万元、100万元、50万元奖励。

三、培育壮大新兴产业和高技术制造业

（五）引导新兴产业加大投资。对新注册并开工建设的智能制造装备、高技术船舶、新材料、新能源等"蓝色、高端、新兴"产业，及医药制造、仪器仪表等高技术制造业项目，按照银行实际发生贷款利息总额的50%给予贴息，单个项目贷款贴息年限最长不超过3年，累计贴息最高不超过300万元。

（六）聚焦支持重点战略性新兴产业。做大工业转型升级等股权投资引导基金，参股基金达到100亿元，重点支持高技术制造业和战略性新兴产业发展。集中财税、金融、土地、市场等资源，优先支持先进轨道交通装备、节能与新能源汽车、航空航天、新一代信息技术等新兴产业发展，对产业链龙头或领军企业引进的总投资超过1亿元、5亿元、10亿元的产业链上下游关键配套项目，分别给予引进企业30万元、50万元、100万元奖励。

（七）支持新型工业化产业示范基地建设。鼓励区、市政府积极创建战略性新兴产业集聚区、高技术制造业集聚区、"制造强国战略"示范区、制造业与互联网融合示范区，评审验收合格后给予最高不超过5 000万元补助；对认定的国家级、省级新型工业化示范基地分别给予100万元、50万元奖励。

四、大力发展服务型制造业

（八）做大做强软件信息服务业。对新上规模企业按梯次给予最高不超过200万元奖励，对领军和高成长企业分别奖励其核心团队50万元、30万元；新入选"中国软件100强企业""国家规划布局内重点软件企业"的，给予企业200万元奖励。对新建运营的软件产业园公共服务平台项目，实施注资或按银行贷款利息的50%贴息，最高不超过2 000万元；对新引进的知名软件企业，按投资额给予最高不超过300万元补助。获得市、省、国家级优秀软件产品表彰的，

分别给予10万元、20万元、100万元奖励；给予开发具有自主知识产权的基础研究项目最高不超过300万元补助。获得软件能力成熟度模型集成（CMMI）、信息技术服务标准（ITSS）、计算机系统集成等资质认证的企业，按级别给予最高不超过50万元奖励。

（九）提高行业系统解决方案供给能力。本地企业首次推广自主研发并获得相关资质认定的大数据、云计算、移动互联网、信息安全等软件产品或解决方案，按照采购合同额的10%给予最高不超过200万元奖励。推动先进制造业企业向"制造＋服务"转型，对企业承担国家工业强基、绿色制造、服务型制造试点示范等工业转型升级重点项目，按照国家补助金额的50%给予最高不超过1 000万元配套支持。对经工业和信息化部、省、市认定的智能制造试点示范项目企业，分别给予100万元、50万元、50万元奖励；对通过省级认定的首台（套）重大技术装备，给予成套装备最高不超过100万元、单台设备最高不超过50万元奖励。

（十）支持先进制造业设计创新。对注册为企业独立法人并获准建设的国家级、省级制造业创新中心，按其实际投资额的25%分别给予最高不超过1 000万元、500万元的配套支持。对获得国家级、省级企业技术中心和工业设计中心认定的企业，分别给予500万元、50万元的一次性奖励。对采购符合我市产业发展导向的工业设计服务的制造业企业，给予最高不超过200万元补助。对获得国内外著名设计奖项及山东省"省长杯"、青岛市"市长杯"设计奖项的企业，单项给予最高不超过10万元奖励。对培育引进工业设计、时尚创意设计等国家级大师给予资助。

五、提高支撑保障能力

（十一）深化质量标准品牌建设。对首次入选"世界品牌500强"企业奖励500万元；对国家认定"三品"战略试点示范企业、工业精品的企业，分别给予100万元、50万元奖励；对获得中国驰名商标、山东省名牌产品或著名商标、青岛名牌产品或著名商标的企业，分别给予100万元、20万元、10万元奖励。对获得中国质量奖、山东省省长质量奖、青岛市市长质量奖的企业，分别给予300万元、100万元、50万元奖励。支持企业开展马德里商标国际注册，鼓励企业打造青岛标准。

（十二）加大企业金融服务支持。对金融机构向我市规模以上工业企业新增贷款，按照不超过2%的比例安排贷款风险补偿资金。设立小微企业贷款风险共担基金，对合作银行、保险机构开展的单笔不超过500万元的小微企业信用保证保险贷款，发生不良的，按不良贷款额的30%给予补偿。按照银行年度小微企业新增贷款额计提风险补偿金，计提比例由0.5%提高至1%。对符合条件的融资租赁公司开展的我市中小企业融资租赁业务，给予不超过租赁额1%的补助。对担保机构开展的中小企业担保业务、区域性股权交易市场挂牌的企业，按照现行办法给予补助。

（十三）帮助企业大力开拓市场。对参加国内知名专业展会的企业，按其实际发生展位费、特装费的50%给予最高不超过10万元补助；行业协会组织开展的产品展销、供需对接等开拓市场活动，根据实际费用，单项给予最高不超过50万元补助。

（十四）支持名优产品参与政府采购。支持企业名牌产品、"两型产品"供需对接，鼓励企业参与政府采购业务，支持轨道交通装备、新能源汽车、船舶、直升机等生产企业提供优质产品。

（十五）加强企业人才培养。实施企业家素质提升工程，每年选拔60名左右企业家赴先进国家开展智能制造、管理创新等专题培训；分批次举办企业家培训班，年培训企业家、高层管理人员1000人次。加强企业高技能人才培养。

本政策自发布之日起施行，有效期5年，由市经济信息化委会同市财政局等部门联合制定实施细则并负责解释。

附 录

附录 A 第一批制造业单项冠军示范企业和培育企业名单

表 A-1 单项冠军示范企业

序号	企业名称	注册地	主营产品
1	京东方科技集团股份有限公司	北京	手机、平板计算机显示器件
2	中钢集团邢台机械轧辊有限公司	河北	轧辊
3	中信戴卡股份有限公司	河北	铝合金轮毂
4	太原重工股份有限公司	山西	铸造起重机
5	内蒙古北方重型汽车股份有限公司	内蒙古	非公路矿用自卸车
6	沈阳鼓风机集团股份有限公司	辽宁	离心压缩机
7	大连电瓷集团股份有限公司	辽宁	瓷绝缘子
8	展讯通信（上海）有限公司	上海	基带芯片
9	法尔胜泓昇集团有限公司	江苏	金属丝绳、缆
10	无锡透平叶片有限公司	江苏	汽轮机叶片
11	徐州重型机械有限公司	江苏	轮式起重机
12	镇江液压股份有限公司	江苏	全液压转向器
13	南京高精传动设备制造集团有限公司	江苏	风电用齿轮箱
14	徐州徐工基础工程机械有限公司	江苏	旋挖钻机
15	五洋纺机有限公司	江苏	双针床经编机
16	巨石集团有限公司	浙江	无碱玻璃纤维、无捻粗纱
17	杭州东华链条集团有限公司	浙江	工业链条
18	杭州前进齿轮箱集团股份有限公司	浙江	船舶推进系统
19	海天塑机集团有限公司	浙江	塑料注射成型机
20	宁波德鹰精密机械有限公司	浙江	缝纫机旋梭
21	万向钱潮股份有限公司	浙江	汽车万向节总成
22	安徽中鼎密封件股份有限公司	安徽	橡胶密封件
23	中建材(合肥)粉体科技装备有限公司	安徽	辊压机
24	铜陵精达特种电磁线股份公司	安徽	特种耐高温铜基电磁线
25	福建龙溪轴承（集团）股份有限公司	福建	关节轴承

（续）

序号	企业名称	注册地	主营产品
26	福建泉工股份有限公司	福建	全自动混凝土砌块成型智能生产线
27	青岛科海生物有限公司	山东	衣康酸及其衍生物
28	万华化学集团股份有限公司	山东	二苯基甲烷二异氰酸酯（MDI）系列
29	山东华夏神舟新材料有限公司	山东	聚全氟乙丙烯、聚偏氟乙烯
30	山东尚舜化工有限公司	山东	橡胶促进剂系列产品
31	胜利油田新大管业科技发展有限责任公司	山东	纤维增强塑料输油管
32	山东威达机械股份有限公司	山东	钻夹头
33	淄博水环真空泵厂有限公司	山东	水环真空泵
34	山东泰丰液压股份有限公司	山东	二通插装阀
35	山东临工工程机械有限公司	山东	轮式装载机
36	山东豪迈机械科技股份有限公司	山东	硫化轮胎用囊式模具
37	雷沃重工股份有限公司	山东	谷物联合收获机械
38	歌尔股份有限公司	山东	微型电声器件
39	中南钻石有限公司	河南	人造金刚石
40	中信重工机械股份有限公司	河南	矿物磨机
41	中国一拖集团有限公司	河南	大中型拖拉机
42	中石化石油机械股份有限公司	湖北	牙轮钻头
43	长飞光纤光缆股份有限公司	湖北	光纤光缆
44	湖南省长宁炭素股份有限公司	湖南	电池炭棒
45	广州珠江钢琴集团股份有限公司	广东	钢琴
46	深圳市金洲精工科技股份有限公司	广东	印制电路板用精密微型钻头
47	深圳顺络电子股份有限公司	广东	叠层式片式电感器
48	研祥智能科技股份有限公司	广东	工业控制计算机
49	潮州三环（集团）股份有限公司	广东	光纤陶瓷插芯
50	广州广电运通金融电子股份有限公司	广东	自动柜员机
51	四川旭虹光电科技有限公司	四川	高铝超薄触控屏保护玻璃

（续）

序号	企业名称	注册地	主营产品
52	西安隆基硅材料股份有限公司	陕西	单晶硅片
53	陕西法士特汽车传动集团有限公司	陕西	重型汽车变速箱
54	新疆金风科技股份有限公司	新疆	直驱永磁风力发电机组

注：1. 名单按企业注册地排列，不分先后。

2. "主营产品"为企业填报的主要从事的细分产品领域。

表 A - 2 单项冠军培育企业

序号	企业名称	注册地	主营产品
1	北京华德液压工业集团有限责任公司	北京	高压液压阀
2	北京东方雨虹防水技术股份有限公司	北京	防水卷材
3	北京时代之峰科技有限公司	北京	硬度计
4	长城汽车股份有限公司	河北	运动型多用途乘用车（SUV）
5	朝阳金达钛业股份有限公司	辽宁	小粒度海绵钛
6	鞍山森远路桥股份有限公司	辽宁	沥青路面再生设备、路面养护机械
7	吉林华微电子股份有限公司	吉林	半导体二极管、半导体三极管
8	吉林奥来德光电材料股份有限公司	吉林	OLED 发光材料
9	美钻能源科技（上海）有限公司	上海	水下采油树
10	常州市宏发纵横新材料科技股份有限公司	江苏	高性能纤维经编增强材料
11	常州强力先端电子材料有限公司	江苏	光刻胶引发剂
12	中兴能源装备有限公司	江苏	核工业无缝不锈钢管
13	苏州赫瑞特电子专用设备科技有限公司	江苏	磨抛设备
14	南京工艺装备制造有限公司	江苏	滚珠丝杠副
15	江苏神通阀门股份有限公司	江苏	冶金特种阀门
16	江苏海鸥冷却塔股份有限公司	江苏	机力通风冷却塔
17	南京天加空调设备有限公司	江苏	净化式空气处理设备
18	江苏牧羊控股有限公司	江苏	饲料加工机械
19	无锡威孚力达催化净化器有限责任公司	江苏	催化器

（续）

序号	企业名称	注册地	主营产品
20	中天科技海缆有限公司	江苏	海底光缆
21	浙江双箭橡胶股份有限公司	浙江	橡胶输送带
22	杭州新亚低温科技有限公司	浙江	低温泵
23	杭州杭氧股份有限公司	浙江	空气分离设备
24	浙江银轮机械股份有限公司	浙江	换热器
25	杭州科雷机电工业有限公司	浙江	热敏直接制版设备
26	万向钱潮传动轴有限公司	浙江	传动轴产品
27	浙江万向精工有限公司	浙江	汽车轮毂轴承单元
28	安徽中意胶带有限责任公司	安徽	整芯阻燃输送带
29	合肥长源液压股份有限公司	安徽	液压泵
30	阳光电源股份有限公司	安徽	光伏逆变器
31	福建铁拓机械有限公司	福建	沥青混合料厂拌热再生设备
32	江西黑猫炭黑股份有限公司	江西	炭黑
33	江西金利隆橡胶履带有限公司	江西	橡胶履带
34	江西赣锋锂业股份有限公司	江西	金属锂、碳酸锂
35	普瑞特机械制造股份有限公司	山东	不锈钢薄壁容器
36	济南沃德汽车零部件有限公司	山东	汽车发动机气门
37	天润曲轴股份有限公司	山东	中重卡曲轴
38	山东滨州渤海活塞股份有限公司	山东	活塞
39	山东恒业石油新技术应用有限公司	山东	膜分离制氮设备
40	烟台杰瑞石油服务集团股份有限公司	山东	连续油管作业机
41	山推工程机械股份有限公司	山东	推土机
42	青岛特锐德电气股份有限公司	山东	箱式变配电产品
43	烟台持久钟表集团有限公司	山东	时间同步系统
44	青岛海信智能商用系统有限公司	山东	商用收款机
45	荆州市江汉精细化工有限公司	湖北	硅烷偶联剂
46	宜昌长机科技有限责任公司	湖北	数控插齿机
47	长沙中联重科环境产业有限公司	湖南	环卫与市政机械
48	贵州安大航空锻造有限责任公司	贵州	航空锻件
49	陕西北人印刷机械有限责任公司	陕西	凹版印刷机
50	天水风动机械股份有限公司	甘肃	气腿式凿岩机

注：1. 名单按企业注册地排列，不分先后。

2. "主营产品"为企业填报的主要从事的细分产品领域。

附录 B　第二批制造业单项冠军企业和单项冠军产品名单

表 B-1　单项冠军示范企业

序号	企业名称	注册地	主营产品
1	同方威视技术股份有限公司	北京	货物与车辆安检设备
2	北京大豪科技股份有限公司	北京	刺绣机计算机控制系统
3	北新集团建材股份有限公司	北京	纸面石膏板
4	天津汽车模具股份有限公司	天津	乘用车覆盖件冲压模具
5	中材（天津）粉体技术装备有限公司	天津	立式辊磨机
6	晨光生物科技集团股份有限公司	河北	食品着色剂
7	中国第一重型机械集团大连加氢反应器制造有限公司	辽宁	百万千瓦核反应堆压力容器
8	大连华阳新材料科技股份有限公司	辽宁	非织造布生产线联合机
9	辽宁忠旺集团有限公司	辽宁	工业铝挤压材
10	哈尔滨东盛金属材料有限公司	黑龙江	铝合金添加剂
11	上海集优机械股份有限公司	上海	高强度紧固件
12	上海华峰超纤材料股份有限公司	上海	海岛型超纤非织造基布
13	沪东重机有限公司	上海	船用低速柴油机
14	常州天合光能有限公司	江苏	光伏组件
15	江苏中能硅业科技发展有限公司	江苏	太阳能级多晶硅
16	张家港康得新光电材料有限公司	江苏	显示用光学膜
17	江苏力星通用钢球股份有限公司	江苏	精密轴承钢球
18	常熟市龙腾特种钢有限公司	江苏	预应力混凝土用钢棒
19	红宝丽集团股份有限公司	江苏	聚氨酯硬泡组合聚醚
20	江苏鹏飞集团股份有限公司	江苏	水泥回转窑
21	江苏苏博特新材料股份有限公司	江苏	减水剂
22	浙江水晶光电科技股份有限公司	浙江	精密光电薄膜元器件
23	宁波舜宇光电信息有限公司	浙江	手机摄像模组
24	杭州海康威视数字技术股份有限公司	浙江	视频监控产品

（续）

序号	企业名称	注册地	主营产品
25	宁波激智科技股份有限公司	浙江	液晶显示模组
26	万丰奥特控股集团有限公司	浙江	铝合金轮毂
27	浙江双环传动机械股份有限公司	浙江	机动车辆齿轮
28	东睦新材料集团股份有限公司	浙江	粉末冶金零件
29	浙江久立特材科技股份有限公司	浙江	工业用不锈钢管
30	浙江华峰新材料股份有限公司	浙江	聚氨酯鞋底原液
31	杰克缝纫机股份有限公司	浙江	工业用缝纫机
32	桐昆集团股份有限公司	浙江	涤纶长丝
33	宁波康赛妮毛绒制品有限公司	浙江	粗梳羊绒纱线
34	宁波慈星股份有限公司	浙江	计算机针织横机
35	新凤鸣集团股份有限公司	浙江	涤纶长丝
36	安徽国星生物化学有限公司	安徽	吡啶碱
37	安徽安利材料科技股份有限公司	安徽	聚氨酯合成革
38	厦门宏发电声股份有限公司	福建	控制继电器
39	厦门法拉电子股份有限公司	福建	薄膜电容器
40	福建新大陆支付技术有限公司	福建	转账 POS 机
41	福建龙净环保股份有限公司	福建	除尘设备
42	福耀玻璃工业集团股份有限公司	福建	汽车安全玻璃
43	长乐力恒锦纶科技有限公司	福建	锦纶长丝
44	华意压缩机股份有限公司	江西	冰箱压缩机
45	山东凯盛新材料股份有限公司	山东	氯化亚砜
46	青岛明月海藻集团有限公司	山东	海藻酸盐
47	玫德集团有限公司	山东	可锻性铸铁及铸钢管子附件
48	文登威力工具集团有限公司	山东	可调手动扳手及扳钳
49	泰山体育产业集团有限公司	山东	体育器材
50	山东如意毛纺服装集团股份有限公司	山东	纯毛机织物
51	鲁泰纺织股份有限公司	山东	色织布
52	泰安路德工程材料有限公司	山东	合成纤维制经编织物
53	淄博大染坊丝绸集团有限公司	山东	丝绸面料

（续）

序号	企业名称	注册地	主营产品
54	青岛环球集团股份有限公司	山东	棉纺粗纱机
55	烟台中集来福士海洋工程有限公司	山东	半潜式钻井平台
56	山东环球渔具股份有限公司	山东	钓鱼竿
57	郑州宇通客车股份有限公司	河南	大中型客车
58	中铁工程装备集团有限公司	河南	全断面隧道掘进机
59	河南威猛振动设备股份有限公司	河南	振动筛
60	卫华集团有限公司	河南	通用桥式起重机
61	武汉光迅科技股份有限公司	湖北	光纤接入用光电子器件与模块
62	中石化四机石油机械有限公司	湖北	固井压裂设备
63	株洲硬质合金集团有限公司	湖南	硬质合金
64	佛山市恒力泰机械有限公司	广东	液压自动压砖机
65	佛山市三水凤铝铝业有限公司	广东	铝合金建筑型材
66	广东精铟海洋工程股份有限公司	广东	自升式海洋工程平台升降锁紧系统
67	重庆昌元化工集团有限公司	重庆	锰酸盐、高锰酸钾盐
68	成都成高阀门有限公司	四川	管线球阀
69	贵州钢绳股份有限公司	贵州	钢丝绳
70	陕西宝光真空电器股份有限公司	陕西	真空开关管
71	国投新疆罗布泊钾盐有限责任公司	新疆	农用硫酸钾

注：1. 名单按企业注册地排序，不分先后。

2. "主营产品"为企业填报的主要从事的细分产品领域。

表 B-2　单项冠军培育企业

序号	企业名称	注册地	主营产品
1	得力集团有限公司	浙江	文具
2	宁波弘讯科技股份有限公司	浙江	塑机控制系统
3	电光防爆科技股份有限公司	浙江	矿用防爆电器开关
4	宁波亚德客自动化工业有限公司	浙江	气动元件
5	宁波永新光学股份有限公司	浙江	光学显微镜
6	宁波柯力传感科技股份有限公司	浙江	应变式传感器

（续）

序号	企业名称	注册地	主营产品
7	百隆东方股份有限公司	浙江	色纺纱
8	宁波戴维医疗器械股份有限公司	浙江	婴儿培养箱
9	安徽合力股份有限公司	安徽	叉车
10	福建升腾资讯有限公司	福建	瘦客户机
11	山东金帝精密机械科技股份有限公司	山东	轴承保持架
12	山东泰和水处理科技股份有限公司	山东	水质稳定剂
13	山东祥维斯生物科技股份有限公司	山东	甜菜碱
14	威海海马地毯集团有限公司	山东	阿克明斯地毯
15	湖北鼎龙控股股份有限公司	湖北	硒鼓
16	广州市浩洋电子股份有限公司	广东	影视舞台灯
17	四川宏华石油设备有限公司	四川	石油钻探开采专用设备
18	西部超导材料科技股份有限公司	陕西	航空用钛合金棒材
19	海默科技（集团）股份有限公司	甘肃	多相流量计
20	青海盐湖工业股份有限公司	青海	氯化钾

注：1. 名单按企业注册地排序，不分先后。

　　2. "主营产品"为企业填报的主要从事的细分产品领域。

表 B-3　单项冠军产品

序号	产品名称	生产企业	注册地
1	组合式污水处理设备	北京碧水源科技股份有限公司	北京
2	中子吸收球	大连金玛硼业科技集团股份有限公司	辽宁
3	好望角型散货船	上海外高桥造船有限公司	上海
4	双燃料液化乙烯气体运输船	江南造船（集团）有限责任公司	上海
5	无金属自承式光缆	江苏中天科技股份有限公司	江苏
6	智能马桶盖微计算机控制器	苏州路之遥科技股份有限公司	江苏
7	压路机	徐工集团工程机械股份有限公司	江苏
8	溴化锂吸收式冷/热水机组	双良节能系统股份有限公司	江苏
9	拟除虫菊酯	江苏扬农化工股份有限公司	江苏
10	儿童推车	好孩子儿童用品有限公司	江苏
11	电子皮带秤	赛摩电气股份有限公司	江苏

（续）

序号	产品名称	生产企业	注册地
12	静电除尘器	浙江菲达环保科技股份有限公司	浙江
13	氨纶	浙江华峰氨纶股份有限公司	浙江
14	电梯门机	宁波申菱电梯配件有限公司	浙江
15	棒形支柱瓷绝缘子	中材江西电瓷电气有限公司	江西
16	接入网光模块	青岛海信宽带多媒体技术有限公司	山东
17	防焦剂 CTP	山东阳谷华泰化工股份有限公司	山东
18	覆盆子酮	山东新和成药业有限公司	山东
19	棉布	魏桥纺织股份有限公司	山东
20	空调铜管	中色奥博特铜铝业有限公司	山东
21	硫酸新霉素	宜昌三峡制药有限公司	湖北
22	气象气球	中国化工株洲橡胶研究设计院有限公司	湖南
23	明矾	衡阳市建衡实业有限公司	湖南
24	功放类金属基印制电路板	深南电路股份有限公司	广东
25	激光头用挠性电路板	深圳市精诚达电路科技股份有限公司	广东
26	光纤激光切割机床	大族激光科技产业集团股份有限公司	广东
27	低辐射镀膜玻璃	中国南玻集团股份有限公司	广东
28	中程运输（MR 型）成品油船	广船国际有限公司	广东
29	工程（工作）船	中船黄埔文冲船舶有限公司	广东
30	轮胎式装载机	广西柳工机械股份有限公司	广西
31	轴流压缩机	西安陕鼓动力股份有限公司	陕西
32	数控磨齿机	秦川机床工具集团股份有限公司	陕西
33	煤制聚乙烯	中煤陕西榆林能源化工有限公司	陕西
34	重型燃气轮机铸钢件	共享铸钢有限公司	宁夏
35	煤制聚丙烯	神华宁夏煤业集团有限责任公司	宁夏

注：名单按企业注册地排序，不分先后。

附录 C　第三批制造业单项冠军企业和单项冠军产品名单

表 C-1　单项冠军示范企业

序号	企业名称	主营产品
1	北京康斯特仪表科技股份有限公司	压力校验装置
2	山西华翔集团股份有限公司	制冷压缩机零部件
3	一汽解放汽车有限公司	半挂牵引车
4	瑞声光电科技（常州）有限公司	微型扬声器/受话器
5	江苏丰东热技术有限公司	可控气氛热处理炉
6	江苏太平洋精锻科技股份有限公司	汽车差速器锥齿轮
7	南通市通润汽车零部件有限公司	螺旋千斤顶
8	江苏恒立液压股份有限公司	车辆工程系列液压缸
9	今创集团股份有限公司	轨道交通内装饰产品
10	徐州徐工筑路机械有限公司	平地机
11	南京康尼机电股份有限公司	轨道车辆自动门系统
12	江苏天明机械集团有限公司	氨纶纺丝卷绕机成套设备
13	中材科技风电叶片股份有限公司	风机叶片
14	江苏铁锚玻璃股份有限公司	轨道交通安全玻璃
15	江苏鼎胜新能源材料股份有限公司	铝箔材
16	江苏亚星锚链股份有限公司	锚链（系泊链）
17	南通中集罐式储运设备制造有限公司	液体运输集装箱
18	浙江大华技术股份有限公司	视频监控产品
19	宁波博德高科股份有限公司	单向走丝电火花加工用切割丝
20	宁波舜宇车载光学技术有限公司	车载镜头
21	浙江欣兴工具有限公司	钢板钻
22	杭州三花微通道换热器有限公司	微通道换热器
23	宁波合力模具科技股份有限公司	压铸模具
24	万华化学（宁波）容威聚氨酯有限公司	隔热保温用组合聚醚多元醇
25	杭州传化化学品有限公司	DTY 油剂

（续）

序号	企业名称	主营产品
26	浙江大丰实业股份有限公司	舞台机械
27	浙江新澳纺织股份有限公司	精梳羊毛纱
28	浙江恒石纤维基业有限公司	风能用玻璃纤维增强材料
29	安徽昊方机电股份有限公司	汽车空调电磁离合器
30	华孚时尚股份有限公司	色纺纱
31	利辛县富亚纱网有限公司	磁性感应纱织物
32	安徽耐科挤出科技股份有限公司	塑料异型材挤出成型模具
33	厦门立达信绿色照明集团有限公司	发光二极管（LED）灯泡（管）
34	福建雪人股份有限公司	工商用制冰机
35	宁德时代新能源科技股份有限公司	锂离子动力电池
36	福建锦江科技有限公司	锦纶长丝
37	江西远大保险设备实业集团有限公司	智能电动（手动）密集架
38	浪潮电子信息产业股份有限公司	多节点服务器
39	景津环保股份有限公司	压滤机
40	烟台冰轮集团有限公司	商业冷冻冷藏制冷集成系统
41	潍柴动力股份有限公司	重型载货车用发动机
42	济南圣泉集团股份有限公司	铸造辅助材料
43	山东一诺威聚氨酯股份有限公司	聚氨酯预聚体
44	金沂蒙集团有限公司	醋酸乙酯
45	山东金河实业集团有限公司	连二亚硫酸钠
46	山东金城柯瑞化学有限公司	头孢克肟侧链酸活性酯
47	山东农大肥业科技有限公司	腐殖酸有机–无机肥料
48	山东润德生物科技有限公司	氨基葡萄糖盐酸盐
49	青岛海尔洗衣机有限公司	家用洗衣机
50	山东瑞丰高分子材料股份有限公司	PVC加工抗冲改性剂
51	肥城金塔酒精化工设备有限公司	三效溶剂回收节能蒸馏装置
52	青岛即发集团股份有限公司	棉针织内衣
53	山东南山智尚科技股份有限公司	精梳毛机织物
54	郑州市钻石精密制造有限公司	超硬刀具

（续）

序号	企业名称	主营产品
55	中原内配集团股份有限公司	气缸套
56	巩义市恒星金属制品有限公司	钢芯铝绞线用镀锌钢绞线
57	河南金丹乳酸科技股份有限公司	乳酸
58	武汉精测电子集团股份有限公司	液晶面板模组检测设备
59	武汉锐科光纤激光技术股份有限公司	中高功率光纤激光器
60	安琪酵母股份有限公司	酵母制品
61	宜昌人福药业有限责任公司	麻醉药品
62	湖南杉杉能源科技股份有限公司	锂离子电池正极材料
63	鹏鼎控股（深圳）股份有限公司	挠性印制电路板
64	广东威特真空电子制造有限公司	磁控管
65	广东兴发铝业有限公司	铝合金建筑型材
66	成都银河磁体股份有限公司	粘接稀土永磁元件
67	四川科伦药业股份有限公司	大容量注射剂
68	云南蓝晶科技有限公司	蓝宝石衬底片

注：1. 名单按企业注册地排序，不分先后。

　　2. "主营产品"为企业填报的主要从事的细分产品领域。

表 C-2　单项冠军培育企业

序号	企业名称	主营产品
1	澜起科技（上海）有限公司	DDR 系列内存缓冲控制器芯片
2	上海微创医疗器械（集团）有限公司	冠脉药物洗脱支架
3	江苏宏宝工具有限公司	手动工具钳
4	利欧集团股份有限公司	微小型动力式泵
5	宁波得利时泵业有限公司	凸轮式转子泵
6	浙江华峰热塑性聚氨酯有限公司	热塑性聚氨酯弹性体颗粒
7	浙江欧诗漫集团有限公司	珍珠系列护肤品
8	浪莎控股集团有限公司	针织袜
9	赛特威尔电子股份有限公司	独立式报警器
10	合肥泰禾光电科技股份有限公司	色选机
11	福建睿能科技股份有限公司	单系统计算机针织横机控制系统

（续）

序号	企业名称	主营产品
12	青岛盛瀚色谱技术有限公司	离子色谱仪
13	威海市泓淋电力技术股份有限公司	智能电源连接装置
14	山东开泰工业科技有限公司	铸造行业用金属磨料
15	保龄宝生物股份有限公司	低聚异麦芽糖
16	山东隆科特酶制剂有限公司	食品用糖化酶
17	金猴集团有限公司	天然皮革面普通鞋靴
18	山东立昌纺织科技有限公司	棉制野营用织物制品
19	泰山玻璃纤维有限公司	无碱玻璃纤维无捻纱及制品
20	山东海天智能工程有限公司	脑机接口康复训练系统
21	威海威高血液净化制品有限公司	空心纤维透析器
22	河南银金达新材料股份有限公司	功能性聚酯热收缩（PETG）薄膜
23	湖南泰嘉新材料科技股份有限公司	双金属带锯条
24	湖南鑫海股份有限公司	化纤制渔网
25	广东万和新电气股份有限公司	家用燃气热水器
26	贵州安吉航空精密铸造有限责任公司	航空发动机用精密铸件

注：1. 名单按企业注册地排序，不分先后。

2. "主营产品"为企业填报的主要从事的细分产品领域。

表 C-3 单项冠军产品

序号	产品名称	生产企业
1	污泥智能好氧发酵装置	北京中科博联环境工程有限公司
2	特高压干式空心平波电抗器	北京电力设备总厂有限公司
3	电焊条	天津市金桥焊材集团有限公司
4	乘用车发动机增压器涡轮壳	天津达祥精密工业有限公司
5	1000kV 单相自耦变压器	特变电工沈阳变压器集团有限公司
6	悬臂式掘进机	三一重型装备有限公司
7	医疗用高压电源变压器	上海埃斯凯变压器有限公司
8	1000MW 等级超超临界二次再热汽轮机	上海电气电站设备有限公司
9	岸边集装箱起重机	上海振华重工（集团）股份有限公司

（续）

序号	产品名称	生产企业
10	二硫化碳	上海百金化工集团股份有限公司
11	架空地线复合光缆（OPGW）	中天电力光缆有限公司
12	3C 电子产品整机装配生产设备	博众精工科技股份有限公司
13	多晶硅片	江苏协鑫硅材料科技发展有限公司
14	智能型万能式断路器	常熟开关制造有限公司
15	汽车发电机用精锻爪极	江苏龙城精锻有限公司
16	高速工具钢	江苏天工工具有限公司
17	2，3，3，3－四氟丙烯	常熟三爱富中昊化工新材料有限公司
18	半实心轮胎	江苏江昕轮胎有限公司
19	人工基因合成生物制品	南京金斯瑞生物科技有限公司
20	奥氮平片	江苏豪森药业集团有限公司
21	LED 冷链照明灯具	赛尔富电子有限公司
22	全自动单晶硅生长炉	浙江晶盛机电股份有限公司
23	铁氧体永磁元件	横店集团东磁股份有限公司
24	光学反射膜	宁波长阳科技股份有限公司
25	高导精密复合线材	新亚电子有限公司
26	移动插座	公牛集团股份有限公司
27	银合金/铜铆钉型复合电触头	福达合金材料股份有限公司
28	核电站反应堆压力容器 C 形密封环	宁波天生密封件有限公司
29	革用聚氨酯树脂	浙江华峰合成树脂有限公司
30	光伏组件封装用乙烯－醋酸乙烯酯共聚物（EVA）胶膜	杭州福斯特应用材料股份有限公司
31	活性艳蓝 KN—R	台州市前进化工有限公司
32	工业用一异丙胺	浙江新化化工股份有限公司
33	圆珠笔	贝发集团股份有限公司
34	食品用木糖醇	浙江华康药业股份有限公司
35	侧吸式吸排油烟机	宁波方太厨具有限公司
36	工业用缝纫机伺服电动机及控制系统	浙江琦星电子有限公司
37	多头计算机刺绣机	浙江越隆缝制设备有限公司

（续）

序号	产品名称	生产企业
38	锦纶弹力丝	义乌华鼎锦纶股份有限公司
39	铜管材	浙江海亮股份有限公司
40	超薄浮法电子玻璃	蚌埠中建材信息显示材料有限公司
41	LBO 晶体器件	福建福晶科技股份有限公司
42	木制活性炭	福建元力活性炭股份有限公司
43	合成纤维制染色经编织物	福建华峰新材料有限公司
44	皮带抽油机	胜利油田高原石油装备有限责任公司
45	凿岩机	山东天瑞重工有限公司
46	风力发电机主轴	通裕重工股份有限公司
47	百万千瓦级压水堆核电厂一回路主管道	烟台台海玛努尔核电设备有限公司
48	长碳链二元酸	凯赛（金乡）生物材料有限公司
49	电波钟	山东康巴丝实业有限公司
50	船舶压载水管理系统	青岛双瑞海洋环境工程股份有限公司
51	汽车发动机排气歧管产品	西峡县内燃机进排气管有限责任公司
52	油气井封层桥塞	四机赛瓦石油钻采设备有限公司
53	全断面隧道掘进机	中国铁建重工集团有限公司
54	无菌制剂机器人自动化生产线	楚天科技股份有限公司
55	登机桥	深圳中集天达空港设备有限公司
56	全棉水刺无纺布及其制品	稳健医疗用品股份有限公司
57	陶瓷砖抛光线	广东科达洁能股份有限公司
58	LED 显示屏	深圳市洲明科技股份有限公司
59	棕刚玉	重庆市赛特刚玉有限公司
60	纳米炭混悬注射液	重庆莱美药业股份有限公司
61	草甘膦原药	四川省乐山市福华通达农药科技有限公司
62	湿法净化磷酸	瓮福（集团）有限责任公司
63	JJC 型接触网检修作业车	宝鸡中车时代工程机械有限公司
64	铜铬电触头	陕西斯瑞新材料股份有限公司
65	矿产镍	金川集团股份有限公司
66	异亮氨酸	新疆阜丰生物科技有限公司

注：名单按企业注册地排序，不分先后。